除了野蛮国家，整个世界都被书统治着。

司母戊工作室

朱熹

孔子之后第一儒

杨天石——著

人民东方出版传媒
東方出版社

代序

以理制欲是人类社会永恒的道德要求

——宋明儒学关于“理”“欲”关系论述的现代启示

人类文化的发展有两条途径，一是继承和发扬本国、本民族文化的优良传统，一是吸收和借鉴外国、外族的先进文化，两条腿走路。在继承和发扬本国和本民族的优良传统方面，这好办，困难的是，还有一部分，看似糟粕、看似落后、应予淘汰、应予批判的部分，实际上经过分析、分解、扬弃、阐释，创造性地转化和发展之后，也可以点铁成金，化腐朽为神奇，成为大有用于社会主义新时期的思想成分。例如，宋明儒学关于“理”“欲”关系的论述，清代大思想家戴震就曾激烈地批判其“以理杀人”，然而，实际上它也包含着“真理的颗粒”，可以捡拾、发挥。

欲，人的欲望，或者说人的物质和文化需求，这是与生俱来的。古人说:“食色，性也。”又说:“饮食男女，人之大欲也。”这就是说，“食”和“色”是人的天性，是基本需求。没有饮食之“欲”，没有男女之“欲”，人类无法生存，社会无法发展。从这个意义上说，正是人的欲望，人的不断增长、不断发展的物质和文化需求，推动了人类的社会生产和科技进步，因此，人类社会也才能不断发展、进步，世界才一天比一天美好。孟子说：天下人都喜欢易牙那样的名厨，师旷那样的音乐家，子都那样的美男子。这是人们共同的喜好，也是人们共同的欲望。人类因为追求美味，才产生了日益丰富的美食文化和日益发达的食品工业。因为喜好悦耳之音，才发展出各种各样的乐器和各种流派的声乐和器乐作品。因为追求美，才发展出越来越精美的纺织品和纺织工业、化妆品和化妆工业。依此类推，人因为想走得快，才产生了车辆、轮船、飞机等交通工具。因为要听得远，才产生了各种各样的有线、无线通讯工具。可以说，现存的人类文明都是在满足人类欲望的基础上发展起来的，人欲是人类发展、社会发展的推进力量。人欲无尽，人类与社会的发展也无尽。人而无欲，人类、社会都将停止发展。

但是，“人欲”又是危险的。一般说来，任何社会产品、财富都是有限的，而“人欲”则是无限的。中国有句成语：“欲壑难填”，说的就是“人欲”的这种无限性。有些人，为了满足“人欲”，占有得更多，享受得更多，就会发生对劳动力和劳动产品的争夺，发生对权力和财富的追求，发生唯利是图、损人利己、尔虞我诈的种种现象。其结果是，人与人之间的矛盾、斗争日益加剧，以至不可调和，进一步诉诸压迫和暴力，社会就会发生扰攘、动乱以至血与火的战争。资本主义社会最大的弊病就在于贫富两极分化，金钱万能，物欲横流。因此，听任“人欲”膨胀，必将危害他人，危害社会、危害人类。为了避免这种状况，维持社会的秩序、安宁和进步，人类有必要制订对有限产品、有限财富的分配制度，有必要将每个人的欲望限制在合理的范围内。中国古代的“礼”，孔子所说的“克己复礼”的“礼”，后来的各种各样的等级、身份规定都是为了这一目的，伦理、道德的产生和制订也是为了这一目的。

宋儒强调“天理人欲不并立”，普遍主张“克人欲，存天理”。朱熹主张，对“人欲”，要像抓“贼”似的，将“人欲”一个一个抓出来，消灭干净，甚至主张像抓老虎一样将“人欲”抓起来。他说：“圣人所以下个克字，譬如相杀相似，定要克胜得他。”明朝的王阳明继承朱熹的思想，将“人欲”视为“心中贼”，要求人们“将好色、好货、好名等私，逐一追究搜寻出来，定要拔去本根，永不复起，方始为快”。王阳明强调，只要心中有一毫“私欲”，就会“众恶相引而来”，必须铲除干净，使“此心纯乎天理”才是。宋明儒学的这些思想我将之概括为“以理制欲”或“以理控欲”，用道德观念来控制、克服不正当的过于膨胀的欲望。

宋明儒学的错误在于：1. 以伦理为本体，将产生于特定时期、特定社会条件下的伦理道德视为“天理”，或者将它视为人的本能，与生俱来，不学而知，不习而能。2. 将“人欲”简单化地视为“罪恶”，忽视“人欲”对推动社会发展的有利一面。3. 片面夸大、神化道德和德治的作用，排斥法治，排斥讲求富国强兵的事功学派。其结果是生产不事，富国强兵之学不讲，驯至积贫积弱。鲁迅在《老调子已经唱完》一文中曾说：“宋朝的读书人讲道学，讲理学，尊孔子，千篇一律。虽然有几个革新的人们，如王安石等等，行过新法，但不得大家赞同，失败了。从此大家又唱老调子，和社会没有关系的老调子，一直到宋朝的灭亡。”

这是对历史经验的深刻总结。

人欲，人的物质欲望，人的精神欲望与生俱来，不可没有，是合理的，正当的，是推动社会进步、发展的力量，绝不能提倡僧侣主义、禁欲主义。作为社会、政府、执政党，应该充分地发展物质生产，充分地发展精神生产，以此满足人民群众的不断增长的合理的欲望。作为个人，也完全可以通过合法的、正当努力来提高自己的物质生活、精神生活水平。但是，特别应该警醒的是，“人欲”又是危险的，听任其发展、膨胀，是会通向罪恶、通向毁灭的，因此，对于这种人人皆有之“欲”，必须适当加以约束和限制。

近年来，我们揭露了不少腐败分子，揭露了不少贪官，他们之所以成为腐败分子，成为贪官，原因何在？不就是不能够控制自己对金钱的欲望，不能控制自己肉体的欲望嘛。贪污了一千万还不够，还要贪污两千万，贪污三千万，贪污一个亿、两个亿，更多亿。占有了一公斤、两公斤黄金不够，还要占有几十公斤，更多公斤。一个二奶不够，还要两个二奶，三个二奶，几十个二奶，更多二奶。所有的腐败分子，所有的我们现在已经抓出来的“老虎”，都在于他们不懂得对“欲”的控制。古人云：“人心惟危，道心惟微。”“人欲”自然属于“人心”；“道心”，大体上相当于“理”或“天理”。儒学要求用“道心”管控“人心”。不加管控，那确实是危险的。

在 21 世纪的今日，作为政府，要将以法治国和以德治国结合起来。就是说，除了“法治”，用制度的力量，用法律的力量来管住贪腐分子，使之无法贪，不能贪，同时使之震慑，不敢贪，贪了就一定会受到惩处。此外，还必须提倡道德，提倡个人修养。一方面依法治国，一方面以德治国，提倡“以理制欲”，用正确的、正当的“理”——道德观念、法律观念来管控欲望。

“理”和“欲”的矛盾是人类和人类社会的永恒矛盾，认识和发现这一矛盾是宋儒的贡献，中国思想家的贡献，因此，提倡以“理”制“欲”，或“以理控欲”，是人类社会的永恒道德要求，谓之“普世价值”，谁曰不宜？旧说认为，理学是统治人民的精神工具，这当然道出了历史真相的一面，其实，它也有教育统治者和富有者的一面，有其“普遍性”的形式。这一点，从朱熹不断给皇帝讲课，上奏章，要求皇帝“正心诚意”“收敛身心”“敬以自持”“以古之圣贤自期”等表现，可以得到证明。同样，在现代社会，它不仅是救治资本主义物欲横流的良药，也是在一切社会中反腐、反奢靡的良药。

宋儒辨析理欲关系，主张“克人欲，存天理”，本意在于维护封建社会的安定。我们加以分析，重新阐释，可以看出，它完全可以突破时间和空间的局限，适用于未来社会，可以大大提高人民的思想和道德水平，提高社会的文明度和廉洁度，创造和谐、安定、繁荣的局面。

说明

本书最初名为《朱熹及其哲学》，正如书名所示，分两部分，一部分写其生平，一部分写其哲学思想，1982 年由中华书局出版。2001 年，我访问日本京都大学期间，压缩、改写原书，增写经学思想、史学思想、文学思想、教育思想、朱熹与后世（含日本、朝鲜、越南、西方世界）等内容，更名《朱熹》，2002 年由香港中华书局出版，为该社《中国思想家宝库》中的一种。此次由香港开源书局、东方出版社分别出版繁体版和简体版，更名为《朱熹：孔子之后第一儒》。正文未做大的改动，但增加了个人多年来所写关于儒学和宋明道学的 8 篇文章，作为附录。为保存当时旧貌，一般也未做改动。

儒学讲求修身、齐家、治国、平天下之道，是以个人的道德修养为基础发展起来的伦理哲学和政治哲学，长期是中国传统文化的主干。宋、明时期，学者吸收先秦时期的老、庄之学和汉唐时期的佛学，发展为宋明道学。其中，北宋的程颢、程颐兄弟与南宋的朱熹创立以“理”为最高范畴的学派，形成“理学”，后世通称程朱学派。南宋的陆九渊与明代的王守仁（阳明）以

"心"为最高范畴，形成"心学"，后世通称陆王学派。"理学"和"心学"成为宋明道学中对峙的双峰，它们是中国传统社会后期文化的代表性品类。由于二者共同以"理"作为重要范畴，因此，习惯上通称它们为"宋明理学"。但是，细致考辨起来，二者对世界本体、道德本体的认识各不相同，其认识论、修养论也自有特点，因此，个人认为，将二者加以区别，各自命名，比较合适，否则，易于造成认识和叙述上的某些混乱与困难。

本书以写"理学"为主，但是也谈"心学"和南宋时期以陈亮为代表的事功学派，希望在和"心学"以及"陈学"的比较和联系中谈"理学"，借以彰显其特点和彼此之间的区别。在哲学思想之外，也谈朱熹的生平、社会政治思想、经学、史学、文学、教育诸方面的思想，谈其对中国后世，对日本、韩国、越南以及西方世界的影响。朱熹是孔子之后的中国大思想家和大学问家、百科全书式的学者，希望本书在不大的篇幅内，能简明扼要而又比较完整地分析其成就和局限，揭示其思想体系中的合理内核、真理颗粒与有益成分，再现其历史面貌和地位。时空变异，文化价值在流传中也不断变异，希望本书既能严格、准确地表述朱熹思想在当时当地的历史价值，也能表述它在流传中产生的后世价值和当代价值。

哲学源于生活，源于现实。一切哲学概念、范畴、命题、结论都有其现实的生活基础。例如：水流必向下，火焰必向上，朱熹从这些自然现象中抽象出了必然性、规律性的概念，得出了"理必当如此"思想，企图以此论证为臣必忠，为子必孝。又如，目能视，耳能听，舌能辨五味，这是人类在自然进化中形成的生理本能，王阳明企图以此论证，见父知孝、见弟知悌，是不学而能、不假外求的天赋“良知”。由此，朱熹和王阳明分别抽象出“理”和“心”这两个最高的哲学范畴，并且在其上建筑了完整的哲学体系。倘若依据这一路径分析，理学、心学的特质及其区别就易于豁然开朗。否则，离开生活，离开现实，从概念到概念，从范畴到范畴，往往云遮雾罩，越说越玄，越说越糊涂，不知所云。本书希望改变此前某些哲学史论著的通弊，采用比较明白易懂的写法。

思维和存在的关系（意识与物质、心与物），孰为第一性，是哲学的基本问题。多年来，哲学史家们据此将众多的哲学理论区分为唯物、唯心两派，并由此形成了固定的分析和写作模式。近年来，人们出于对这一模式的简单化、绝对化、机械化的处理不满，因此，又常常忽视或回避这一基本问题，正在探索新的分析模式。本书没有放弃对这一基本问题的考察，并企图按照中国哲学和朱熹思想的特点加以阐述，是否得当，欢迎讨论，欢迎批评。

多年来，我们的历史研究、思想史研究、哲学史研究，喜欢将历史对象分为两类。扬之则置之九天，大谈其优点、成就，讳言其缺点、不足；抑之则置之于九渊，不言或少言其正确和可以肯定的方面。这不是一种科学的、全面的、实事求是的态度和方法。本书不以这种方法为然，论人论事，力求真实、公正，不偏不倚，最大限度地接近论述对象，而又能不使读者迷失其本质和主次。

附录所收文章，有几篇似可一提。

禅宗是佛学的一个重要的宗派，土生土长，具有中国特色。它既前所未有地普及了佛学，同时也破坏了佛学。它为“心学”的形成和发展提供了思想资料，其在佛学史上的地位，和“心学”在宋明道学史上的地位也颇多相像。本书附录所收拙文《禅宗的“作用是性”说和朱熹的批判》，既是一篇研究禅学的文章，也是一篇研究“心学”的文章。

以王艮为代表的泰州学派长期被认为是王学左派，其理由之一是该学派中有樵夫、窑工等劳动者，附录中的拙文《韩贞的保守思想》解剖了窑工韩贞的思想，证明其人并无所谓“人民性和异端色彩”，至今还未看到学界对此文的批评或讨论。《关于王艮思想的评价》一文是对侯外庐、杨荣国、吕振羽、嵇文甫等哲学大家有关看法的全面挑战。当年的《新建设》编辑部送请外老审阅，外老不仅同意发表，而且决定调我到他所领导的历史研究所思想史研究室工作，其襟怀，其气度，其爱才之心，都令我至今感念不忘。任继愈先生当时正主编《中国哲学史》，特意派人持函，向我借阅韩贞的著作《韩乐吾先生集》，后来在其《中国哲学史》第 3 册中采纳了拙文的见解。不过，到目前为止，哲学史界坚持传统观点的学者也还大有人在。可以进一步讨论关于王学（也就是心学），近年来的评价越来越高，看来有认真读书、重新讨论的必要。蒋介石是王学的虔诚崇拜者，一生服膺其“知行合一”说，但是晚年到了台湾，却尖锐地批判王学是“极端唯心主义”。这一现象，仅见于其日记，向不为人所知。拙文《蒋介石和宋明理学》阐述了相关情况，希望引起学界注意。

目录
contents

小引

朱熹（1130—1200），字元晦，号晦庵。南宋著名的思想家、教育家。宋代新儒学的代表人物。在中国儒家学派中，其地位和影响仅次于孔子（前551—前479）。

朱熹学问广博，涉及哲学、经学、史学、文学及教育学等多个领域，可以说是中国中世纪的一位百科全书式的学者。《宋元学案》的编者之一全祖望（1705—1755）评价他："致广大，极精微，综罗百代矣。"这当然是一种溢美之词，但是，它确也表达了朱熹治学的部分特征。

朱熹的哲学旧称"道学"或"理学"。它以孔孟思想为主干，兼取佛道，特别是禅宗和华严宗的学说，广泛"综罗"子思（前483—前402）、董仲舒（前179—前104）、王弼（226—249）、韩愈（768—824）、李翱（772—836）、邵雍（1011—1077）、周敦颐（1017—1073）、张载（1020—1077）、程颢（1032—1085）及程颐（1033—1107）等先行者的材料，构成了一个集大成的思想体系。它比较严密，也比较精致，和陆九渊（1139—1193）的心学体系双峰并峙，将此前中国的传统儒学推向新高度。后来成为明清时期的统治思想，并且深刻地影响了亚洲的日本、朝鲜和越南等国。

朱熹哲学具有丰富的合理成分，这就是：对必然性、规律性以及事物之间的同一性和差别性的认识；某些方面向唯物主义和无神论的靠近；对认识过程和知行关系的全面、深入和细致的分析；对矛盾两个方面对立而又统一关系的认识；对人性构成中自然与社会双重因素的发现；对道德、伦理作用的重视以及对“理”与“欲”矛盾的阐述；自律精神的提倡等。这些，构成了朱熹对于中国思想史的重大贡献。

朱熹生活于儒学经典受到特殊尊崇的时代，但是，他却能冲破迷雾，拨开神光，揭示出《易经》《诗经》等著作的真实面目，推进了宋初以来的疑古惑经思潮。

朱熹又是中国古代的大教育家，以教育为一生的主要事业，其教龄长达四十年，修建书院多处，有弟子四百余人，在教育思想、读书治学方面留下了丰富的遗产。

他的著述宏富。据统计，达七十余部、四百六十余卷。其代表作有《四书集注》《四书或问》《太极图说解》《通书解》《西铭解》《周易本义》《诗集传》《楚辞集注》《资治通鉴纲目》等。其讲学语录经门人黎靖德编辑为《朱子语类》，诗文经他的儿子朱在等人编辑为《晦庵先生朱文公文集》。

第一章　改铸儒学的新需要

在中国古代社会中，宋王朝处于社会经济和生产高度发展的时期，文化也焕发异彩，在多方面取得辉煌成就，但是国力却十分孱弱。

宋王朝建立于唐末农民大起义和五代的分裂割据之后。前者使赫赫炎炎的唐王朝从此一蹶不振，后者造成了连续五十余年的混乱，像走马灯似的变换出五个朝代、十个割据政权。官僚们今日臣晋，明日降汉，后日下拜于周，几乎不知道儒学长期标榜的"忠义"等伦理为何物。这种情况，迫使宋朝统治者一开国就不得不认真地思考。太祖建隆二年（961），赵匡胤问他的宰相赵普（922—992）说："天下自唐季以来，数十年间，帝王凡八易姓，战斗不息，生民涂地，其故何也？吾欲息天下之兵，为国家长久计，其道何如？"（《续资治通鉴长编》卷二）怎样汲取唐末到五代这一段的历史经验，为宋王朝制订"长久"之计，这不仅是赵匡胤，也是宋代一切有远见的思想家所关心的。道学，可以说是对这个问题的一种答案。

宋王朝制订的国策是：防内重于防外，集权中央。太宗赵光义说："外忧不过边事，皆可预防，奸邪共济为内患，深可忧也。”（《宋史·宋绶传》）基于这样的认识，宋朝统治者对辽、西夏和金等边境民族的侵扰，长期采取妥协政策。景德元年（1004），宋真宗和辽国订立澶渊之盟，答应每年向辽方输银十万两、绢二十万疋。徽宗宣和七年（1125），金国乘灭辽余威，率军攻宋，包围北宋首都开封。第二年，金兵攻破开封，俘虏太上皇徽宗和他的儿子钦宗。建炎元年（1127），徽宗第九子赵构在南京（今河南商丘）即位后，便仓皇南逃，直到建炎四年（1130），才在临安（今杭州）建立了偏安政权。绍兴九年（1139），秦桧（1090—1155）代表高宗赵构接受和议：宋向金称臣，年贡银二十五万两、绢二十五万疋。但不久金人便撕毁和议，再度侵宋。绍兴十年（1140），宋军在对金兵的作战中取得前所未有的大捷，但高宗和秦桧却撤回宋军。绍兴十一年（1141），金兵再度南侵，宋王朝派使臣“再三叩头，哀求甚切”，高宗并保证“世世子孙，谨守臣节”，金朝统治者才答应议和，签订协议，要赵构“世服臣职”。

宋王朝的另一项国策是“不抑兼并”，以致少数人大量占有土地，“千顷而不知止”。广大农民却“无立锥之地”，不断沦为“佃客”，被迫向地主缴纳五成至八成的地租，忍受高达百分之二百至三百的高利贷剥削。此外，还要承担宋王朝的各种赋税，从事无偿的劳役，生活极为困苦。和王安石（1021—1086）同时的青年诗人王令（1032—1059）在《梦蝗》一诗中写道：一面是“一身万椽家”，一面则是“贫者无室庐”；一面是“一口千仓储”，一面则是“贱者饿无食”。这正是宋代社会贫富悬殊、贵贱迥别的生动写照。

严重的社会不公必然引起激烈的反抗。太宗淳化四年（993），川蜀地区爆发以王小波（？—994）和李顺（？—994）为首的起义。史载王小波曾说："吾疾贫富不均，吾为汝均之。"义军所至之处，没收地主和土豪的财富，除其生活需用外，"一切调发"，皆分给贫苦人民。（《梦溪笔谈》卷二五）徽宗宣和二年（1120），东南地区又爆发以方腊（？—1121）为首的起义。誓师时，方腊慷慨陈词：天下国家本同一理。如果子弟们耕田纺织，终年劳苦，得不到一点粮食、布帛，却被父兄们掠夺一空，稍不如意，还要鞭笞酷虐，至死不惜。面对这种情况，难道能甘心吗？起义群众轰雷似的回答："安有此理！"（《容斋逸史》）起义后，方腊自称"圣公"，年号"永乐"，杀官吏，"劫富室"，焚烧官舍、学宫、僧院，并迅速攻克杭州。方腊起义之后十年，湖湘地区又爆发了钟相（？—1130）、杨幺（？—1135）领导的起义，除提倡"均贫富"外，还要求"等贵贱"。钟相说："法分贵贱贫富，非善法也。我行法，当等贵贱，均贫富。"起义军把宋王朝的法律称为"邪法"，坚决打击地主、官吏，没收其财产以实现"均平"。结果，"人皆乐附而行之，以为天理当然"（《三朝北盟会编》卷一三六）。

宋王朝还面临着一个新生的社会阶层，这就是日益壮大的市民。当时，商业发达，城市繁荣，商品经济空前发展。《东京梦华录》记载开封盛况说："坊巷院落纵横万数，莫知纪极，处处拥门，各有茶坊酒店，勾肆饮食；夜市直至三更才尽，五更又复开张，如要弄去处，通宵不绝。"生活在这一环境里的市民有自己的生活方式：“新声巧笑于柳陌花衢，按管调弦于秦楼楚馆。”“集四海之珍奇，皆归市易；会环区之异味，悉在庖厨。花光满路，何限春游。箫鼓喧空，几家夜宴！伎巧则惊人耳目，侈奢则长人精神。”他们自然也有自己的世界观，公然宣称：“钱之为钱，人所共爱。”“钱如蜜，一点也甜。”这种情况，严重冲击着旧的秩序和旧的观念。程颢在《论十事劄子》中惊呼：“今礼制未修，奢靡相尚，卿大夫之家莫能中礼，而商贩之类或踰王公。礼制不足以检饬人情，名教不足以旌别贵贱，既无定分，则奸诈攘夺，人人求厌其欲而后已。”

迫于严重的社会矛盾，北宋中期，王安石曾进行改革。他认为世界的本原是“元气”，事物的发展总是“新故相除”，主张“天变不足畏，祖宗不足法，人言不足恤”。在经济上，他主张抑制兼并，限制一部分大地主和大商人的特权，并发展生产，富国强兵。王安石的改革虽然旨在维护统治集团的根本利益，也强调“经术正所以经世务”，但仍然遭到以司马光（1019—1086）为代表的旧党的反对，终致失败。

儒学历来具有调节矛盾、规范行为、安定社会的功能。为了防止臣民的僭越、篡夺和造反等“不轨”行动，堵塞物质欲望对于世人的普遍引诱，限制皇帝、皇室、贵族、官僚对权力的滥用，宋朝的思想家们力图复兴和改造儒学，以便进一步加强儒学伦理对社会各阶层的教化力量。

隋唐时期，佛学曾经是重要的统治思想，但是，佛教

“无父无君”的思想，对传统的儒学伦理又有所破坏。中唐以后，由于僧侣地主和世俗地主矛盾的尖锐化，也由于打击地方割据势力和加强中央集权的需要，韩愈提出道统说，力图打击佛学，复兴儒学。但是，韩愈的弟子李翱在崇儒的同时，又吸收佛学的某些部分，力图补充和改铸儒学。宋王朝建立后，这一复兴和改铸儒学的趋势继续发展。赵匡胤当皇帝不久，就亲自写作《孔子赞》，以示崇儒。同时，宋朝统治者也崇佛、崇道，提倡三教兼容与合流。真宗赵恒更称佛教与孔孟“迹异而道同”，“三教之设，其旨一也”。这种情况，鼓励了思想家们去做援佛入儒，或援道入儒的工作。仁宗时，周敦颐以儒学为主体，吸收佛道思想，虚构了一个以“无极”为本原的宇宙生成体系，提倡“主静”“无欲”，宣扬“君君、臣臣、父父、子子、兄兄、弟弟、夫夫、妇妇，万物各得其理然后和”，成为宋代道学的开山祖师。神宗时，周敦颐的弟子程颢和程颐站在旧党一边，指责王安石变法“用贱陵贵，以邪妨正”，大骂“介甫（王安石）之学”是“坏了后生学者”的“大患”。他们以孔孟的继承人自居，大讲《论语》《孟子》和《礼记》中的《大学》《中庸》两篇，宣扬“父子君臣，天下之定理”，并且进一步吸收佛学，提出一个以“理”为主要范畴的哲学体系。

在历史发展中，一切现实、合理的事物都会在一定的条件下，丧失自己的必然性与合理性。在统治阶层内部斗争加剧、思想紊乱和行为失范日益严重的情况下，在一次又一次农民起义的冲击下，宋王朝要为既定社会秩序的“合理性”

辩护，必然要根据新的形势做出新的论证，从而教育全体社会成员，规范其行为，以“理”为主要范畴的道学体系便产生和发展起来了。

这是一个需要儒学而又要改铸儒学的时代，这个任务是由朱熹最后完成的。

第二章　生于忧患，长于坎坷的大思想家

宋高宗建炎四年（1130）9月15日，朱熹出生于福建南剑州的尤溪县。这一年，北来的金兵烧掠了临安城；钟相等人则在洞庭湖畔举起义旗，要求“等贵贱，均贫富”。对于宋王朝来说，真可谓内忧外患，交相袭来。

一、由禅学走向道学

朱熹的父亲朱松（1097—1143），字乔年，徽州婺源（今属江西）人。出身“贱贫”，自称有过饿毙“沟壑”的危险。徽宗政和年间，朱松在福建担任县尉、监税等小吏。高宗绍兴年间，历任秘书省正字、著作佐郎、史馆校勘等一类文职。绍兴十年（1140），因反对秦桧主和，被赶出朝廷，出知饶州，朱松乘机要了一个主管祠庙的闲职。这种官，只有一个头衔，可以干领薪水，不用到职。自此，朱松便住在福建南剑州的邻邑建阳。

南剑州是程颢得意弟子杨时（1053—1135）的故乡。北宋神宗年间，杨时到北方从学于程颢，学成返乡的时候，程颢

目送他，兴奋地说：“吾道南矣！”程颢死后，杨时又到北方从学于程颐。一天，程颐瞑目端坐，杨时与游酢（1053—1123）二人侍立不去。当程颐醒来时，门外积雪已经一尺多深。这就是有名的“程门立雪”故事。晚年，杨时一直在故乡讲学，使南剑州成为程学在南方的传播中心，据说弟子达千人之多。朱松曾经从学于杨时的弟子罗从彦，因此，也热衷于二程之学，和当地道学家们交往密切。

南剑州的道学环境，朱松和道学家的关系，都对朱熹的一生产生了深刻的影响。

朱熹出生之后三天，照例举行“洗儿”典礼。朱松作诗说：“行年已合识头颅，旧学屠龙意转疏。有子添丁助征戍，肯令辛苦更冠儒！”汉高祖刘邦曾经把儒生的帽子摘下来撒尿，朱松这里大概有点牢骚，所以表示朱熹长大以后，要让他去打仗、守边，不再戴儒生的帽子。但事实上，朱熹五岁时就被送去上学，朱松作诗谆谆告诫：“故乡无厚业，旧箧有残书。夜寝灯迟灭，晨兴发早梳。”要他用功读书，以便成家立业，由鱼化龙。

就在这段时期，朱熹听人谈起天地无边的道理，引起他的思考。朱熹自述说：“某自五六岁，便烦恼道：天地四边之外，是什么物事？见人说四方无边，某思量也须有个尽处。如这壁相似，壁后也须有什么物事？”（《朱子语类》卷九四，以下简称《朱子语类》）天地有边、无边是宋代道学家们喜欢探究的问题，朱熹为此“思量得几乎成病”，天真的孩子竟严肃得如同一个哲人。

朱熹从小就埋头诵读儒家著作，有过“五年不出门庭荒”的苦读经历。八岁时读《孝经》，在书上写道：“不若是，非人也。”当一群儿童在欢笑嬉戏的时候，他却端端正正地坐在沙上用手指头画八卦。十岁左右读《孟子》，当读到“圣人与我同类者”一句时，高兴至极，从此决意学做圣人。十四岁时，朱松病危，将家事托付给崇安人刘子羽和程学传人刘子翚（1101—1147）等人。刘子羽曾在主张抗金的张浚（1097—1164）部下做参议军事，后被秦桧指使的谏官论劾，罢职还家。朱松死后，刘子羽在自己的家院旁边为朱熹母子盖了一所住宅，从此，朱熹就住在崇安。他受父辈影响，既热衷于程学，对佛学也有强烈兴趣。据说，有一次，刘子翚打开朱熹的箱子，发现其中只有一本当时著名禅宗僧侣宗杲的语录。绍兴十七年（1147），朱熹十八岁，参加建州地方的“乡贡”考试，用他从禅宗得来的体会“去胡说”，居然被考官录取。第二年，中进士。三年后，被派到泉州同安县任主簿。

绍兴二十三年（1153），朱熹去同安赴任。途中，去延平见过道学家李侗（1093—1163）一次。李侗曾和朱松一起受教于杨时的弟子罗从彦，也是程颐的再传弟子。他主张一个人进行修养，要“默坐澄心，体认天理”，因此，整天静坐，体验所谓“喜怒哀乐未发之前”的气象。李侗的这套静坐功夫，完全来源于佛学，但是，李侗又很强调儒佛的区别。因此，这次和李侗见面，李侗不赞成朱熹学禅，朱熹对李侗也不心服。

在宋代，主簿是协助县令管理簿书、赋税和教育等事务的官员。朱熹对这一职务很热心，经常查核赋税的出入簿册，限期完税，同时整理扩充县学留遗官书，建立经史阁。他经常说“修己治人之道”，要县学生员们不要只注重于科举，而要“知所以正心诚意”，“由之以入于圣贤之域”。他认为，礼是“正风俗”“防祸乱”的根本，因此，曾参考《周礼》等书，画出了一套仪器和衣服式样，以备祭孔时使用。绍兴二十五年（1155），农民起义军进攻同安，朱熹分守城西北，督斥士卒拼命守城。朱熹的政治生活一开始，就遇到了挑战。

宋代地方官员的任职期限一般是三年。到绍兴二十七年（1157）十月，朱熹任职已过四年，接任之人仍然不到，朱熹就以“奉亲讲学”为理由回到崇安。绍兴二十八年（1158）他向南宋政府要求调职，得了一个“监潭州南岳庙”的头衔。次年八月，因宰相陈康伯推荐，政府召朱熹赴临安，但同时朝中就有人要求“抑奔竞”。朱熹闻讯后，上奏称“素有心气之疾”，要求推迟入朝。

居乡期间，朱熹曾两次去延平见李侗。第二次去时，特意步行几百里。这次见面，朱熹禅风不脱，仍然夸夸其谈，受到李侗的严厉批评。朱熹只得将禅暂且放下，“且将圣人书来读”，读来读去，觉得“圣贤言语”渐渐有味，李侗的话听起来也觉得比较“缜密”，对佛学，则觉得漏洞不少。此后，朱熹就着力于以儒学为主体来构造他的思想体系。但是，他并没有抛弃佛学，而是将它熔铸进去了。

李侗非常满意朱熹，为之取字元晦，鼓励他成为一个外表不露、道德内蓄的人。李侗喜滋滋地对人夸耀道：“元晦进学甚力，乐善畏义，吾党鲜有。”他觉得，自己的学说后继有人了。后来的事实证明，李侗的眼力不错。

二、反对议和

绍兴三十一年（1161）秋，宋金关系再度紧张。这一年，在长期准备之后，金主完颜亮率兵六十余万，分四路南侵，企图一举灭宋。他志在必得，骄横地在绘有临安形胜的画屏上题诗，准备“立马吴山第一峰”。九月，金兵进抵和州（今安徽和县），准备渡江。宋朝政府再次面临严峻考验。高宗赵构于起用虞允文（1110—1174）等参谋军事的同时，做好了下海逃命的准备，同月，虞允文在采石矶指挥宋军击溃金兵，其他方面的宋军也取得胜利。不久，金东京留守完颜雍夺取政权，自立为帝。完颜亮在扬州为部将杀死，宋朝政府乘机收复了大片土地。

当宋军胜利的消息传到延平时，朱熹兴奋地与人唱和，赋诗志感，如《次子有闻捷韵》：

神州荆棘欲成林，霜露凄凉感圣心。故老几人今好在，壶浆争听鼓鼙音。

杀气先归江上林，貔貅百万想同心。明朝灭尽天骄子，南北东西尽好音。

诗中，朱熹写下了他的激动：如同久蛰闻雷；写下了他的想象：中原父老箪食壶浆，争迎宋军；也写下了他的期待：东西南北飞传捷报。

写诗可以笔走龙蛇，听凭感情驰骋；然而，在现实的政治生活中，朱熹远没有那样豪情奔放。他致函当时负责军事的大臣黄祖舜，说明进兵中原并非易事，建议重用张浚等抗金名臣，加强东南防御工事，巩固根本。绍兴三十二年（1162）六月，赵构退位，孝宗赵昚即位。在抗战力量的要求下，孝宗任用张浚为江淮东西路宣抚使，统率兵马。七月，为被秦桧陷害的抗金名将岳飞（1103—1142）平反，驱逐秦桧党人，下诏求言，积极备战。8 月 7 日，朱熹向孝宗上奏，提出建议三项：一是研读《大学》一书，掌握治理天下国家的本末、终始和先后；二是罢黜和议；三是选用“忠臣贤士”。隆兴元年（1163）三月，孝宗召见朱熹，他上表辞谢。五月，孝宗下令催促，朱熹赶到临安。这时，由于宋军出战不利，朝中形势大变。孝宗任命秦桧余党汤思退（？—1164）为右相，同时派卢仲贤赴金军议和。

朱熹仍然强烈地反对议和。11 月 6 日，他受孝宗接见时上了三道奏札。其一，再次强调《大学》之道，说是“正其本”“万事理”，这是天下最急迫要做的事情。其二，指责遣使求和的失计。其三，认为制御金军之道，“其本不在乎威强，而在乎德业；其任不在乎边境，而在乎朝廷；其具不在乎兵食，而在乎纪纲”，建议孝宗开纳谏诤，黜远邪佞，杜塞倖门，安固邦本。（《垂拱奏札》三，《朱文公文集》，以下简称《朱子文集》，卷一三）当朱熹朗读第一道奏札时，孝宗脸色温和，有对有答；当朗读到第二道、第三道奏札时，孝宗就不吭声了。奏札之外，朱熹还当面责问主和派副相周葵。周葵表示："此皆处士大言，今姑为目前计耳！"朱熹讽刺他道："国家亿万斯年之业，参政乃为目前之计耶！"（《与魏元履书》，同上书卷二四）由于这次召见，朱熹被任命为武学博士。这个职务非朱熹所长，而且要等到有空额时才补。因此，他要了一个管理南岳庙的祠职。

金方的议和条件非常苛刻，孝宗得知后，再度倾向于抗战。十二月，任命张浚为右相兼枢密使，仍然都督江淮东西路兵马。这时，朱熹曾向张浚献北伐计划，建议分军进攻关陕、西京、淮北等地，吸引金兵注意，然后密选精锐数万，直捣山东，同时号召中原豪杰响应。张浚答以他只受命主持一个方面，这样的任务恐怕担当不了。朱熹无奈，要张浚的儿子张栻（1133—1180）转告乃父，决不能跟汤思退合作。这以后，朱熹就离开临安回福建崇安去了。

隆兴二年（1164），李侗病逝，朱熹赶往延平祭悼。李侗是他一生中最重要的老师，李侗之死使他觉得仿佛失去了眼睛一样。因此，他非常哀伤。同年，孝宗抗战的决心再度动摇，从前线召还张浚，罢去相位，命他出任福州通判。八月，张浚在赴任途中得病逝世。朱熹闻讯，专程赶到豫章（今南昌），在张浚的灵船上哭悼，并一直护送到丰城。

张浚去世，汤思退更加肆无忌惮。十月，金军渡过淮水，大举入侵。十二月，宋金签订"隆兴和议"。宋割让海、泗、唐、邓、商、金六州；不再向金称臣，改称侄皇帝；原来的

"岁贡"改称"岁币"，每年交纳二十万。乾道元年（1165）四月，在南宋政府催促下，朱熹到临安就武学博士之职。因为参知政事钱端礼主和，朱熹仍然请辞。回乡之前，朱熹致函吏部侍郎陈俊卿，从多方面抨击"讲和之说"的危害。他认为，此说之所以得逞，其根源在于皇帝的"心术"受到了蒙蔽。他要陈俊卿以"格君心之非"为己任，帮助皇帝纠正过失。(《与陈侍郎》，同上书卷二四）

同年六月，崇安人魏元履编订张阐和胡铨（1102—1180）的主战言论为《戊午谠议》。朱熹在序言中说："且若必以人之众寡为胜负，则夫所谓士大夫是和之多者，又孰若六军万姓之为多耶！"（同上书卷七五）当时，"士大夫"中赞同议和者虽多，但是，朱熹却从"六军万姓"中看到了人心的向背。

这一段，是朱熹一生中最光彩的时期。

三、道学体系的形成

"隆兴和议"之后，金王朝忙于巩固内部统治，无力南侵，宋金关系暂时稳定，朱熹得以潜心研究道学。

李侗在世的时候，向朱熹传授过"未发之中"的问题。《礼记·中庸》篇说："喜怒哀乐之未发谓之中，发而皆中节谓之和。"《中庸》的作者认为：人在喜怒哀乐未发之前有一种精神实体，它是天下的根本，体察到了它，人就达到了圣人的境界，天下也就可以得到治理。宋朝的许多道学家都很注意体察"未发之中"，杨时以之传授给李侗，李侗以之传授给朱熹，但是，朱熹当时的兴趣在章句和训诂，没有注意理解。李侗死后，他追思老师的传授，觉得似懂非懂。为了弄懂李侗所传，朱熹便和张浚之子，时在潭州的张栻通信讨论。

张栻年轻时就酷爱道学，后来又到衡山从学于著名道学家胡宏（1106—1162）。这时，他正在潭州讲学。乾道三年（1167）九月，朱熹亲到潭州探访张栻，直到这年十二月，他才回到崇安。在以后的几年内，朱熹和张栻继续通信讨论，二人互有影响。

《孟子》一书记载说：齐王见有人牵牛，准备宰了祭钟，便说：放了它吧！我不忍心看它那恐惧发抖的样子，这样毫无罪过就被置于死地。孟子（约前 372—前 289）以此证明人都天赋地具有恻隐、羞恶、辞让、是非四种道德观念，称为“四端”。胡宏就此发挥，将齐王“不忍”杀牛之心称之为“良心之苗裔”，主张由此“操而存之，存而养之，养而充之”。这前者发现良心苗裔的功夫就称作“致察”或“察识”，后者的功夫就称为“操存”或“存养”。张栻曾经写过一篇《艮斋铭》，讲的就是先致察，后操存的道理。朱熹盛赞这种修养方法。他当时觉得，这种方法非常方便简捷，书可以不读，言语可以不用，既不必寻师求圣，也不必“多闻博观”，只要“默会诸心”就可以了。朱熹这一时期的修养论有点类似于禅宗的“直指本心”，不立文字的成佛论，因此，他高兴地写信告诉别人说：“原来此事与禅学十分相似，所争毫末耳。”后来，王阳明（1472—1529）曾盛赞朱熹这一时期的有关观点，视为“晚年定论”，引为同调。

朱熹在接受张栻影响的同时，也认为他的思想“失之太高”，没有阶级和次第，使得湘中学者流于虚谈。此后，他经过了一段废寝忘食的思索，又取程氏兄弟（程颢、程颐）著作研读，终于否定了张栻的看法。他认为，人在喜怒哀乐诸情未发时就要涵养，不能等待已发时再去察识。乾道六年（1170），朱熹编次和张栻讨论“已发”“未发”等问题的信稿为《中和旧说》。序言中，朱熹检讨当年的看法，认为不仅自误，而且为害极大，不可不戒。

朱熹曾在乾道三年（1167）被南宋政府任命为枢密院编修官，待次（候补）。乾道五年（1169）五月，朝廷催促朱熹到职，他因脚气病严重，上状辞谢，同时以“家贫亲老”为理由，要求得到管理庙宇一类的祠职。七月，魏元履因上疏阻止孝宗宠臣曾觌还朝无效，写信责备宰相陈俊卿，结果，被免去管理太学的职务，降为台州教授。朱熹替魏元履不平，认为“士大夫以言见逐，非国家美事”，更加不愿意到朝廷就职。同年十二月，南宋政府召朱熹赴朝。他以母亲一年前去世，丧制未终，推辞不赴。乾道九年（1173）五月，宰相梁克家对皇帝表示：“朱熹屡诏不起，宜蒙褒录。”孝宗也说：“朱熹安贫守道，廉退可嘉。”于是将朱熹的秩位升为左宣教郎，主管台州崇道观，任便居住。但是，朱熹却上表说，自己承当不起。直到淳熙元年（1174）六月，才表示接受。

朱熹之所以不愿赴朝，除了儒家有为父母守制三年之说外，主要是因为他愈来愈感到提倡道学的必要，正埋头于著述。他在致吕祖谦（1137—1181）函中说：“只欲修葺小文字以待后世，庶小有补于天地之间，今若一出，此事便做不成。”（《朱子文集》卷二五）这一阶段，是朱熹思想的形成和确定时期。他编写了大量书籍，计有:《程氏遗书》《西铭解义》《太极图说解》《通书解》《程氏外书》《伊洛渊源录》及《古今家祭礼》等十一种，可见他这一时期在钻研道学上的辛勤。

淳熙二年（1175）四月，婺州（今金华）学者吕祖谦自浙江来访。他讲学主张治经史以致用，尤其爱好司马迁（前145—？）的《史记》，开启浙东事功学派的先声，和朱熹有不一致的方面；但是，他对道学也有浓厚兴趣。到崇安后，他和朱熹共同选取周敦颐、二程和张载的语录共六百二十二条，编为《近思录》，作为道学的入门书。十天后，吕祖谦回浙江，朱熹送到信州鹅湖寺（今江西铅山县境）。不久，抚州金溪人（今江西金溪）陆九渊（子静）及其兄陆九龄（子寿）（1132—1180）应邀来聚，共同讨论道学中的问题，双方激烈争辩。陆九渊批评朱熹之学“支离”，朱熹批评陆九渊之学“太简”。这就是中国哲学史上有名的鹅湖之会。

这段时期，可以说是朱熹道学体系形成的阶段。

四、在南宋王朝的政争中

淳熙二年（1175）以后的一段时期，宋金关系继续处于稳定状态。但是，南宋统治阶层的内部矛盾却尖锐起来了。在政治上，有“内修”派和“外攘”派的斗争；在思想上，有道学派和事功学派以及道学反对派的斗争。

“内修”派将稳固南宋统治作为首务。朱熹的道学体系适应这一需要，因而得到推崇。淳熙三年（1176），参知政事龚茂良称赞朱熹“操行耿介”，孝宗任命朱熹为秘书省秘书郎，掌管图书收藏等事务。秘书省是宋王朝的所谓“储蓄秀异之才”的地方，朱熹一再推辞，不久，有人反对。孝宗写了手诏给龚茂良，认为朱熹是“虚名之士，恐坏朝廷”，于是朱熹被派主管武夷山冲祐观。淳熙五年（1178），史浩再次推荐朱熹，想让他到朝廷上来做官。参知政事赵雄提出，不如让他到地方上做点事。结果，被改派为知南康军（军是宋代的一种地方行政单位），管理地方行政。朱熹一再推辞，但朝廷不准，他只能动身，在铅山等候命令。

南康有一个白鹿洞书院，位于五老峰下，始建于唐代，与嵩阳、岳麓、睢阳并称为四大书院。后来就逐渐废圮。朱熹到任后，访求遗址，重加修建，招收学生，并为之制订学规，包括“五教之目”“为学之序”以及“修身之要”“处事之要”“接物之要”等多方面的内容。明清时期，书院林立，大都沿用这套学规。

南康地瘠民贫，这年又发生旱灾，百姓纷纷流亡，朱熹想起了唐代诗人韦应物（约737—约791）的两句诗：“身多疾病思田里，道有流亡愧俸钱”，非常感慨。为了催缴赋税，朱熹对下级吏役采取了“监禁”“断遣”的严厉措施。这年冬天，有人写信责备朱熹“烦刑暴敛”，他本来就不愿意在南康做官，遂上书要求辞职，附信要求担任白鹿洞书院洞主。

同年，南宋各地大旱，孝宗要地方守令说明民间利病。朱熹就此上奏，提出赋税苛重等问题，指责孝宗："欲恤民则民生日蹙，欲理财则财用日困，欲治军则军政日紊，欲恢复土宇则未能取中原尺寸之土，欲报仇雪耻则未能系单于之颈而饮月氏之头。"（《庚子应诏封事》，《朱子文集》卷一一）据朱熹分析，其原因在于：宰相诸人失职，皇帝亲近并且共谋国家大事的人只是"一、二近习之臣"，他们使得皇帝"不信先王之大道，而悦于功利之卑说"。

"隆兴和议"签订以后，孝宗不甘心自此罢休。他推行理财备战方针，企图恢复中原。在思想上，他倾向于当时正在兴起的事功学派，对道学则有些厌弃，认为儒生"不达时变"，不知道治理天下和国家的根本。朱熹所批评的，正是孝宗当时确定的国策。因此，他估计皇帝一定大怒，做好了贬官和流放的准备。在致吕祖谦的信函中称："此间只有三五担行李，及儿甥一两人，去住亦不费力，但屏息以俟雷霆之威耳！"（《答吕伯恭》，同上书卷三四）果然，孝宗读后大发脾气，命宰相赵雄分析。赵雄说：朱熹是个狂生，词穷理短，处分他反而替他扬了名，不如大度包容。吕祖谦也动员得到皇帝喜欢的大臣周必大（1126—1204）出来帮着说话，朱熹才得以免除处分。

淳熙八年（1181）三月，浙东旱灾，发生饥荒，朱熹因宰相王淮推荐，被任命为提举两浙东路常平茶盐公事。本年末，朱熹在延和殿见到孝宗，连上七道奏札，把当时社会矛盾和天灾的根源归结为孝宗"未能循天理、公圣心以正朝廷之大体"。他大讲其天人感应之说，要孝宗反躬引咎。（《辛丑延和奏札》，同上书卷一三）在南康时，朱熹曾要求孝宗为白鹿洞书院题额，颁给高宗御书石经和《九经注疏》，当时受到反对，“朝野喧传，相与讥笑，以为怪事”。这次见孝宗前，王淮又派人建议他不要向皇帝提这件事，但朱熹在奏札中，还是提出了这一要求。

淳熙九年（1182）正月，朱熹巡视绍兴、婺州、衢州等地。他发现灾情空前严重。浙东全境，饥民数目在一百三十万人以上。朱熹认真办理荒政，参劾不力官吏和地方豪强。但是，在这一过程中，朱熹也错误地参劾了台州知州唐仲友。

唐仲友是浙中金华的著名学者。他治学范围较广，自地理、刑政、军赋以至经史、传记等都是研究的对象，治理台州期间，“锄奸治恶甚严”。他的政治主张和坚持抗金的陈亮（1143—1194）同调，很看不起朱熹那一套。因此，朱熹到台州后，就轻信诬告，拼凑大量罪名，在孝宗面前告了五状，连他刊刻荀子（约前313—前238）、扬雄（前53—18）、王通（即文中子，584—617）、韩愈等人的著作也列为罪状。不仅如此，又逮捕官妓严蕊，非刑逼供，强迫她承认和唐有不正当关系。在弹劾状子中，朱熹还牵连攻击到了宰相王淮和推荐唐仲友任江西提刑的吏部尚书郑丙等人。这就不能不引起郑丙等人的反击。

同年，在王淮支持下，郑丙上疏孝宗，指出近年有所谓“道学”者，“欺世盗名，不宜信用”（《宋史纪事本末》卷八〇）。监察御史陈贾当面对孝宗说：近世讲道学的人大都言行不一。孝宗采纳陈贾的意见，朱熹被解职。淳熙十年

（1183），朱熹回到福建，在武夷山修建精舍，广泛招收门徒。由于受到郑丙等人的指责，又亲身感受到浙东事功学派蓬勃发展的气势，此后一段时间内，朱熹的主要精力集中于批判浙东事功学派。

当时，在浙东和浙中，存在着几个崇尚功利主义或倾向于功利主义的学派，即金华学派、永嘉学派和永康学派，因为地属两浙东路，所以统称浙东学派。

金华学派的创始人是吕祖谦，他在淳熙八年（1181）逝世，其弟吕祖俭和学生们发展了他思想中的功利主义一面。这种情况使朱熹非常忧惧。他批评吕祖俭等抛弃六经、《论语》、《孟子》而推崇司马迁，不去“穷理尽性”却大谈历史的发展变迁，丢掉了“治心修身”的个人修养而好事喜功，“全然不是孔孟规模，却做管（仲）、商（鞅）见识”（《与刘子澄》，《朱子文集》卷三五），“真是不成模样”（《答孙季和》，同上书卷五四）。

永嘉学派的主要代表人物为叶适（1150—1223），其先驱人物有薛季宣（1134—1173）、陈傅良（1137—1203）等。他们在政治上主张抗金，在学术上注重研究史学和政治、经济、军事等有实用价值的学科。朱熹指责这个学派“专就利害上计较”。有人告诉朱熹，永嘉学派的人都喜爱隋末的王通，朱熹批评说：“譬如泰山之高，它不敢登，见个小土堆子，便上去，只是小。”（《朱子语类》卷一二三）

永康学派的代表人物是陈亮。他一生力主抗金，恢复中原，多次上书反对偏安妥协。在哲学上，他坚持唯物论；在伦理学上，他提倡功利主义的道德观，认为学者的首要任务是讲求富国强兵之学，不应该低头拱手、慢步缓语地去讲什么道学。淳熙九年（1182），陈亮到衢州、婺州之间探访朱熹，此后二人就经常通信，成为好友，但观点却长期尖锐对立。

对于浙东事功学派的发展，朱熹既感到“可恶”“可恨”，又感到“可畏”“可骇”“可虑”。他多次惊呼：“顷来议论一变，如山移河决”，说是“今日之病，唯此为大”。(《答吕子约》，同上书卷三六）陈亮坚决回击朱熹的挑战，在书信中展开激烈的辩论，这就是思想史上有名的“义利、王霸之辩”。它震动了当时的思想界。

淳熙十四年（1187），周必大任右相、留正任参知政事兼知枢密院事。二人都推崇道学，因此，朱熹又得到提拔，被任命为江南西路提点刑狱公事，管理赣州（今赣县）、江州（今九江）一带地方事务。南宋政府在《告辞》中对朱熹说：“尔好古道，据正不回”，要他“行尔尽心之学”。这一《告辞》对朱熹是很大的鼓励。淳熙十五年（1188）二月，朱熹拿出了他经营多年，未敢示人的《太极图说解》和《西铭解义》，显然，他认为时机合适。同年五月，王淮被罢去左相职务。朱熹听到消息，高兴至极，带病赶路入朝。路上，有人提醒他说：“正心诚意”这一类的话，皇帝最讨厌听，千万不要讲！朱熹回答说：我生平所学只有这四个字，怎么能有意不讲，欺骗皇帝呢！在见到孝宗时，朱熹上了五道奏札，要求孝宗按照道学原则进行自我修养：“一念之萌，则必谨而察之，此为天理耶？为人欲耶？”(《延和奏札》五，同上书卷一四）朱熹表示自己衰朽多病，不能出任江西提刑一职，因此，被任命为兵部郎官。这一任命不合朱熹的心意，便以“足疾”为由要求请假治疗。兵部侍郎林栗曾经和朱熹讨论过邵雍的先天象数学。林栗斥邵雍为“不知而作”，朱熹则赞美其为“高深闳阔，精密微妙”（《答林黄中》，《朱子文集》卷三七），二人意见不合。这时，林栗便上疏弹劾朱熹本无学术，自号道学，实为乱人之首。周必大、薛叔似、叶适等出面为朱熹辩护。结果，孝宗两面调和，林栗被派出知泉州，朱熹仍然出任江西提刑。七月，经考绩磨勘，南宋政府决定将朱熹提升两级。

九月，南宋政府召朱熹赴朝。这一年，陈亮视察了京口和金陵，再次上书，劝孝宗筹划北伐。他鼓励朱熹应召，但是，朱熹却回信要陈亮不要“撺掇”，让他好在山里当“闲汉”，“咬菜根”“了却几卷残书”。同年冬，陈亮到铅山探访爱国将领辛弃疾（1140—1207），二人约朱熹在赣、闽交界处的紫溪见面，朱熹却要他们先寄一份谈话提纲给他，以免成为闲应酬。届期，辛、陈二人践约前往，朱熹不到。

12 月 1 日，朱熹上《戊申封事》，强调首先要加强人们的思想道德修养，认为：“不世之大功易立，至微之本心难保；中原之戎虏易逐，而一己之私意难除。”他特别激烈地攻击道学反对派，说是十余年来，“一有刚毅正直、守道循理之士出乎其间，则群讥众排，指为道学之人，而加以矫激之罪”（同上书卷一一）。当朱熹的这道奏章送到的时候，孝宗已经睡了，赶忙起来秉烛读完。第二天，任命朱熹主管太乙宫兼崇政殿说书。这一年，孝宗已经六十二岁，做了二十五六年皇帝，他已经厌倦了，准备传位给儿子赵惇，起用朱熹的目的是要他为赵惇讲说经书。

自王淮罢相之后，南宋朝廷中的道学反对派就处于不利地位，但仍有一定力量。这时，有人指斥道学为“邪气”，朱熹得悉之后，要求辞免新职。淳熙十六年（1189）正月，南宋政府任命朱熹为秘阁修撰，主管西京嵩山崇福宫。他接受祠职，要求辞去秘阁修撰。就在这个时候，孝宗退位做太上皇，光宗赵惇即位，道学派和道学反对派之间的形势大变。

五、升沉之间

光宗一朝是道学家们得势的时候。

光宗登基的同月，朱熹为《大学章句》和《中庸章句》二书作序。这两本书，他经营多年，修改多次，现在才觉得满意了。在序言中，朱熹自称他的书有助于“国家化民成俗”和“学者修己治人”。同时，拟好了皇帝召对时的奏章，准备提出“讲学以正心”“修身以齐家”等九条建议。但是，光宗没有召见他，这道奏章也就没有递上去。四月，朱熹再次上奏要求辞去秘阁修撰。十一月，被任命为漳州知州。朱熹对光宗存有希望，推辞一次之后就接受任命。

绍熙元年（1190）二月，殿中侍御史刘光祖上书，歌颂司马光等人对王安石“新学”的批评，指责孝宗时期“因恶道学，乃生朋党，因生朋党，乃罪忠谏”。他要求光宗下令停止对道学的批判，“使是非由此而定，邪正由此而别”。(《续资治通鉴》卷一五二）刘光祖的上书标志着风向的转变，自此，南宋朝廷展开了对道学反对派的批判。

漳州流行佛教和鬼神迷信，朱熹到任后，一律严加禁止。据记载，平时传经、礼塔、朝岳之会，附鬼为妖、迎游街市等风习都不得不收敛起来。同年，光宗命朱熹在漳州清丈田亩，试行“经界”。由于官户、豪强、寺院等依仗权势，不交赋税，或用隐蔽田产等办法逃避赋税，严重影响国家财政。因此，朱熹对“经界”是热心的。但是，“经界”触及大地主的利益，朝廷上下都有不少人反对，宰相留正因此动摇，“经界”中辍。绍熙二年（1191）正月，朱熹长子去世，他便以此为理由辞职请祠。五月，到崇安邻邑建阳买屋住下。

在建阳，朱熹非常关心朝廷上对道学反对派的批判。当时，留正顾虑士大夫阶层中因此出现朋党，不愿采取过分措施，朱熹认为君子与小人，“非此胜彼，即彼胜此”，多次致函留正，要他“乘隙疾攻”。这一时期，他急于和人辩论，开始和永嘉学派的陈傅良、叶适通信，建议叶适张大嘴巴说话，直截了当，辩论到底，“不须得如此遮前掩后，似说不说，做三日新妇子模样”。(《答叶正则》,《朱子文集》卷五一）其间，留正曾任命他为知潭州荆湖南路安抚使，《告辞》推崇他可以做“世之师”“时之帅”。但是，朱熹都不肯就任。留正没有将“经界”坚持到底，半途而废，朱熹对此始终耿耿于怀，致函表示决不再进“相公之门”。直到绍熙五年（1194），光宗下旨说:“长沙巨屏，得贤为重。”当时徭民正在长沙一带造反，朱熹怕蔓延开来，才于四月赴任。到任后，朱熹首先修复著名的岳麓书院，每两天去一次，督促学生攻读儒学经籍。

同年，光宗、李皇后和太上皇孝宗之间的矛盾日益加剧。李皇后是个悍妒泼辣的女人，她请立嘉王赵扩为太子，孝宗不同意。此后，她就挟制着皇帝不去朝见孝宗，孝宗有病，二人也不去探望。五月，朱熹起草奏章，建议光宗立即谢罪改过。但是，还没有来得及递上去，孝宗就去世了。孝宗死后，光宗不肯去治丧，朝内朝外议论纷纷。七月，知枢密院事赵汝愚（1140—1196）和知阁门事韩侂胄（1152—1207）共同定策，请太皇太后（高宗赵构的皇后）下诏，宣布光宗退位做太上皇，由其子赵扩即位，史称宁宗。同月，宁宗召朱熹赴行在（京城）奏事。当朱熹闻命就道，匆匆赶路的时候，宁宗又任命朱熹为焕章阁待制兼侍讲，要他既当顾问（待制），又当教师（侍讲）。《告词》称朱熹为“儒宗”，给予高度肯定。

朱熹这次“超越非常”的任命是赵汝愚推荐的结果。

赵汝愚出身皇族，曾先后任吏部尚书、知枢密院事等职。对抗战，赵汝愚认为“其志甚美，而其事甚难”。当孝宗积极谋划北伐时，赵汝愚就力倡“自治”。在思想上，他推尊儒学，曾在廷对时说，只要“以六经为诸儒之倡”，就可以“举明主于三代之隆”（彭龟年《贺江西赵漕启》，《止堂集》卷一四）。

朱熹入朝后，于十月四日上奏札五道，要求宁宗经常向太上皇问安视膳，博取光宗欢心，同时要宁宗热心儒学，居敬持志。在奏事过程中，朱熹曾以眼昏、耳聋、足弱为理由，当面向宁宗要求，辞去侍制及侍讲职务。宁宗手批说："卿经术渊源，正资劝讲。"朱熹这才表示"仰遵圣训"。当时，临安一度出现大风沙，朱熹立即声称是"阴聚包阳，不和而散之象"，要求宁宗克己自新。同时，他开始为宁宗讲《大学》。宁宗概括朱熹所编讲章的要点是"求放心"。"求放心"见于《孟子》一书，孟子认为人心本善，要把迷失了的善心找回来。朱熹兴奋至极，叩头称谢。回去之后，马上又上了一道《乞进德札子》，要宁宗"日用之间，语默静动，必求放心""亲近儒学""以古之圣贤自期"。退朝后，朱熹对门人说："皇帝可与为善，愿常得贤者辅导，天下有望矣！"（王懋竑《朱子年谱》卷三四上）

宁宗即位后，因为皇宫被光宗占着，便下令修葺东宫。但是，朱熹不赞成，建议停罢这项工程。他要求宁宗"流涕伏地，抱膝吮乳"，向光宗请罪，同时要求宁宗禁止左右干预朝政。宁宗不悦，批给朱熹一张条子，大意是：朕怜卿年事已高，方此隆冬，难以站着讲书，已安排卿主管宫观。这份"御批"表面上很体贴朱熹，实际上把他从自己身边赶开了。赵汝愚企图阻止这份"御批"下达，并以"罢政"相要挟，宁宗不许。两天后，韩侂胄派内侍将"御批"交给朱熹，朱熹酸溜溜地上表称谢，说是蒙皇上"矜怜""无任感恩"，得旨免谢。宁宗最初是宠信朱熹的，他的态度变化反映了韩侂胄日益扩大的影响。

韩侂胄的母亲是高宗皇后的妹妹，他本人是宁宗皇后韩氏的叔祖父，属于外戚一流，因拥立宁宗有功被任为枢密院都承旨。他的受重用，日益遭到朱熹、赵汝愚等人的反对，双方矛盾日深。驱逐朱熹正是这一矛盾尖锐化的标志。年末，朱熹回到建阳考亭。

赵汝愚为了扩大自己的政治影响，曾经扬言做过一个梦：其中有孝宗授给他汤鼎，他背着白龙升天等情节。庆元元年（1195），李沐上奏，说赵汝愚以同姓居相位，将不利于社稷。结果，赵汝愚被免去相位。不久，胡纮再次上疏，指责赵汝愚"唱引伪徒，谋为不轨，乘龙受鼎，假梦为符"，结果，赵汝愚被赶出朝廷，发遣到永州地方居住。

赵汝愚的罢相和发遣是对于道学家的沉重打击，朱熹气得发狂。他写了数万字的奏章，攻韩保赵。他的子弟、门徒害怕惹祸，纷纷劝阻。朱熹让亲信门徒蔡元定占卜，得了个凶卦。朱熹吓得说不出话来，将奏章烧了，改号"遁翁"，并上书要求病休。

与此同时，在韩侂胄的支持下，展开了对朱熹道学集团的抨击。刘德秀、张贵模等人连续上书，谴责道学为"伪学"，要求销毁道学家们的"语录"。叶翥主持科举考试，凡考卷中提到"义理"的一概不取。宁宗并下令：推荐官吏，必须声明不是伪学之人；科举考试，必须书面保证不是伪学。十二月，御史沈继祖上疏，指责朱熹有"不孝其亲""不敬其君""不忠于国"等六大罪。其中，当赵汝愚病死衡州、朝野交庆的时候，朱熹却带着门徒百余人在野外号哭，并且在诗中写道"除是人间别有天"，这就不仅是怨望和不满的问题了。他还指责朱熹霸占建阳县学，贪占故人家财，引诱尼姑二人做小老婆，一年之间，接受贿赂以万计，甚至说朱熹“寓以食菜事魔之妖术”，是“大奸大憝”等等。他要求撤去朱熹的职名，罢去其“祠禄”，将其亲信门徒蔡元定送外地编管（《四朝闻见录》丁集）。沈继祖之后，余嚞进一步上书，要求将朱、蔡二人逮捕来京，斩首示众。结果，宁宗采纳沈继祖的建议，剥夺了朱熹的职名和“祠禄”，将蔡元定逮捕，送道州（今湖南道县）编管。

沈继祖等人的指责严重失实。例如“除是人间别有天”，原是朱熹于淳熙十一年（1184）所作记游诗《武夷櫂歌》中的一句，沈继祖指为同情赵汝愚之死，显系穿凿附会。但是，朱熹却一概不加申辩。庆元三年（1197）初，他两次上表，连“习魔外之妖言”“私故人之财而纳其尼女”一类极为无稽的罪名都承认下来，说沈继祖对他的揭发“谅皆考核”，自称是一个只知道传播“伪学”的“腐儒”，表示要“深省昨非，细寻今是”（《落秘阁修撰依前官谢表》，《朱子文集》卷八五）。蔡元定出发往道州了，朱熹和门徒去送行，借酒浇愁，朱熹居然喝得昏然醉睡。

闰六月，刘三杰上书，指责赵汝愚与朱熹结成死党，图谋不轨，伪学已经发展为逆党。九月，宁宗下诏，凡荐举改官，一律不用“伪学之人”。十二月，设立伪学登记簿，将赵汝愚、留正、周必大、朱熹等五十九人登记在案。至此，韩侂胄发动的反道学行动取得胜利。

庆元四年（1198），蔡元定在道州去世，朱熹身体和精神都极为衰惫。他一面加紧研读道家著作《参同契》，期望道士的“金丹”能使他长生，一面念念不忘编《礼书》。这时，他左眼失明，右眼模糊，找人抄稿子，到处遭到拒绝，又害怕为韩侂胄等人得知，招来“焚坑之祸”。但是，他还是表示，必须把《礼书》编好之后才能瞑目。

庆元六年（1200），朱熹泄泻不止。三月初九逝世。

第三章　社会政治思想

朱熹社会政治思想的核心是伦理根本论。他认为只要倡明道学，发挥儒学伦理整饬人心的作用，那么，南宋朝廷所面临的各种政治、经济及民族问题，都不难解决。

一、从“外攘”为重到“内修”为重

建立在北方的金王朝初期是一个奴隶主贵族政权，它对宋王朝发动战争，目的在于攫取财富和掳掠人民做奴隶。女真贵族在其占领区推行奴隶制，任意烧杀，霸占土地、金帛、子女。掳掠去的人民被锁上铁链，耳部刺字，标价出卖，或者赶到西夏等处换马。这种情况，严重地破坏社会生产，使中原广大人民处于水深火热之中。

在对待金王朝的态度上，朱熹有前后期的不同。前期，金兵南侵，南宋王朝面临覆灭危机，朱熹主张抵御金兵，反对议和。孝宗隆兴元年（1163），张浚任右相，朱熹曾献分兵北伐之策，希望恢复中原。但是，朱熹担心贸然北伐会导致兵败失利，也不敢盛倡此议。在《癸未垂拱奏札二》中，朱熹分析战、守、和三策说:“天下之事，利必有害，得必有失。……战诚进取之势，而亦有轻举之失；守固自治之术，而亦有持久之难；至于和之策则下矣！”他认为徽、钦两个皇帝都被金兵俘虏去了，“仁莫大于父子，义莫大于君臣。”这是不共戴天之仇，和不得。

朱熹建议拒绝敌人的一切引诱，固守江淮一带，合战守二计为一。他说:“守固而有以战，战胜而有以守，奇正相生，如环之无端。持以岁月，以必复中原，必灭胡虏为期而后已。”显然，重点在守。那么，何时北伐呢？朱熹主张“蓄锐待时”，等待时机。

战与守的是非视环境和条件而定，不具备进攻条件时主守是正确的。但是，金兵正蹂躏着中原地区，一切爱国者都不应该忍受这种“南共北，正分裂”的局面。积极创造条件，由固守发展为进攻，收复中原，这是抗战派的路线；长期满足于“自治”，不思进取，这就是偏安妥协了。

当时有一个盛行的口号叫“内修外攘”，即对内修明政治，对外攘除金虏。朱熹极为赞同，认为“自治之心不可一日忘，而复仇之义不可一日缓”。但是，随着宋金关系的缓和，朱熹愈来愈多地希望保持南宋王朝的安宁。乾道三年（1167），孝宗为了加强边备，派人到淮上视察城壁，下令修筑扬州城，遭到偏安派的反对。谏议大夫陈良祐认为此举无益，徒招敌人之疑。朱熹赞同陈良祐等人的意见，认为从此边事将不能“久宁”。乾道六年（1170），宰相虞允文建议乘钦宗在北方死去的机会，派使臣去金，索回北宋在洛阳、巩县一带的皇陵区，也遭到朱熹的反对，他写信给当时正任吏部员外郎的张栻，要他规劝孝宗，“较时量力”“不为小人邪说所乱，不为小利近功所移”。

朱熹当时有两怕：一怕“仇敌外侮”，二怕“民心内摇”。随着南宋王朝和农民之间矛盾的日益加剧，朱熹对后者的担心愈多，恢复中原的希望也就被推得愈远。淳熙十二年（1185），朱熹在《与陈丞相书》中列举南宋王朝的各种“内忧”，特别提出“民穷兵怨”的问题。淳熙十五年（1188），他把这种担心上奏孝宗，声称“一有不虞，臣窃寒心”。奏章中说：“数年以来，纲维解弛，衅孽萌生，区区东南事犹有不胜虑者，何恢复之可图乎？”（《戊申封事》，《朱子文集》卷一一）他要求南宋统治者作政策的根本改变：“先以东南之未治为忧。”同年，他对门徒说：“今五六十年间，只以和为可靠，兵又不曾练得，财又不曾蓄得，说恢复底都是乱说耳！”（《朱子语类》卷一三三）

前期，朱熹以“外攘”“恢复”为重；后期，则以“内修”“自治”为重。重点变了，对秦桧的评价也就有所不同。乾道九年（1173），他指斥秦桧之罪“上通于天”，万死不足以赎，认为南宋军民“诟詈唾斥，欲食其肉而寝处其皮”的愤慨是正当的。为此，朱熹曾于淳熙九年（1182）在永嘉砸过秦桧祠。但是，到了后期，却逐渐肯定秦桧。他说：秦桧“归来主和，其初亦是矣”（《朱子语类》卷一三三）。朱熹所不满的只是“和”得过于“草草”，一“和”到底，“犹已奉之，荡不为一毫计”。有时，他甚至赞誉秦桧“有骨力”，“所引皆是好人”（《朱子语类》卷一三一）。

朱熹认为处理民族问题，不应该依仗武力，而要“修文德以来之”。基于这一观点，他对抗战派常有指责。他批评岳飞“恃才不自晦”，似乎岳飞不是死于秦桧的陷害，而是死于他自己的骄傲和躁进。神宗时，王安石任用王韶收复了被西夏占据的熙河地区，共一千八百里地，取得了北宋王朝从未有过的大胜利。朱熹却认为完全没有必要。他说：熙州是广漠之乡，有了没益处，没有也不是损失。他批评神宗：“只管好用兵”，“费了无限钱谷，杀了无限人。残民蠹物之政，皆从此起”。（《朱子语类》，卷一二七）不仅如此，连汉武帝抗击匈奴侵扰，朱熹也斥之为“好大喜功”（《朱子语类》，卷一三五）。

由于抗金军事一再失利，朱熹到晚年愈感恢复无望。庆元四年（1198）之后，他公开表示：孝宗初年主张“和议”的人都是“端人正士”，而抗战派则是“乘时喜功名、轻薄巧言”之辈。虞允文是抗金名将，但是却被朱熹辱骂为：“其实无能，用着辄败，只志在脱赚富贵而已。”（《朱子语类》，卷一三三）他认为“复仇”“雪耻”一类口号在高宗初年喊喊是可以的，到了孝宗时期，就喊不响了。他说：“孝宗即位，锐意雪耻，然事已隔，与吾敌者非亲杀吾父祖之人，自是鼓作人心不上。”（《朱子语类》，卷一三三）乾道元年（1165），朱熹曾经说过靖康之耻“虽万世而必报”，显然在对金态度上，朱熹的早年与晚年有大幅度的变化。

应该指出的是，即使在晚年，朱熹也仍然怀念中原，以不能亲见恢复中原为憾。绍熙五年（1194），他曾感慨地叹道："某要见复中原，今老矣，不及见矣！"（《朱子语类》，卷一三三）显示出他贯彻始终的爱国感情。

二、"怀德"与"畏威"

秦汉以后，爆发过无数次农民起义。在它们强大力量的打击下，有的王朝衰落了，有的王朝倒塌了。这些事实，迫使统治者及其思想家逐渐懂得，必须认真地处理这一问题。

朱熹生活的年代，先后发生农民、茶贩、饥民等各类造反约二十次。朱熹生活的福建，更是"每三四年一次发作"。卫博在《定庵类稿》称："其民好斗，能死而不能屈，动以千百为群，盗贩茶盐，肆行山谷。"自建炎四年（1130）起，先后发生范汝为、管天下、杜八子、何白旗、姜大老等领导的多次造反。这些情况，像梦魇一样沉重地压在朱熹的心头。淳熙七年（1180），他在《庚子应诏封事》中说："生民日益困苦，无复聊赖。草茅有识之士，相与私议窃叹，以为莫大之祸、必至之忧，近在朝夕。"两年后，他在《上宰相书》中又说："试观自古国家倾覆之由，何尝不起于盗贼？盗贼窃发之端，何尝不生于饥饿？赤眉、黄巾、葛荣、黄巢之徒，其已事可见也。"显然，农民起义的威胁使朱熹经常忧惧不安。

朱熹主张适当地减轻对人民的税收，借以调节矛盾，稳定社会。宋代税目繁多，正税之外，又有各种各样的附加税。朱熹愤愤地说："古者刻剥之法，本朝皆备。"在《庚子应诏封事》中，他直率地向孝宗指出当时巧取滥收的严重情况，所谓“纳米收耗”，可以一倍、再倍地往上加；所谓“预借官物”可以一年、两年以至三年、四年地往上增。他要求南宋统治者改变这种状况。淳熙九年（1182），他在《上宰相书》中说：“财散犹可复聚，民心一失，则不可以复收。”几年后，他又向最高统治者进言：“得财失民，尤为不可。”（《戊申封事》，《朱子文集》卷一一）贪婪的统治者不知餍足地追求财富，常常因此失去民心，从而失去一切。朱熹很懂得这一点。淳熙六年（1179），李摷在广西造反，出榜宣布，“不收民税十年”。义军的这一措施得到了群众的热烈拥护，称李摷为李王，称宋军为“贼”。对此，朱熹评论说：“今日取民太重，深是不便。”（《朱子语类》，卷一三三）

朱熹一生多次办理过“荒政”。孝宗隆兴四年（1168）春夏之间，福建浦城饥民揭竿而起，朱熹即向知府请求，运粮借给饥民。这样，就使浦城举义的饥民孤立无援，不久即被扑灭。同年冬收获之后，借粮的百姓还回了粮食，朱熹即会同地方官在当地建立社仓。其办法是：平时借粮收取十分之二的利息，荒年借粮利息减半，大荒之年完全不收利息。朱熹认为此法可以“下结民心，消其乘时作乱之意”（《与王漕书》，《朱子文集》卷二七），因此于淳熙八年（1181）要求孝宗通令各地普遍设立，奉旨颁行。

为了防止农民“从乱”，朱熹积极主张清丈土地。他清楚地看到了税收问题上的不合理现象，也清楚地看到了对待“经界”的不同态度：豪家大姓、县吏乡司等不以为便，“独有贫民下户，欲行此事，有同饥渴”（《与张定叟书》，《朱子文集》卷二七）。他表示要为“贫民”着想，声称“今之为县，真有爱民之心者，十人则十人以经界为利”（《朱子语类》，卷一〇六）。

对于南宋政府的地方官吏，朱熹做过尖锐的抨击，说他们“漠然无意于民”，甚至说他们“视民如禽兽”。他本人则一贯主张“仁民”“爱民”。淳熙九年（1182），南宋政府尚书省所下文书中有“严行督责”一词，朱熹大为激动。他立即上书说：“督责二字，考之前史，则韩非、李斯惨刻无恩，诖误人主之术，非仁人之所忍言也。”（《论督责税赋状》，《朱子文集》卷二一）他对孝宗说：官府固然应该禁止农民的“强借劫夺”，但“亦须先示存恤之意，然后禁其为非，庶几人心怀德畏威，易以弹戢”（《论督责税赋状》，《朱子文集》卷二一）。在朱熹看来，一个“德”，一个“威”，必须二者兼备，老百姓的“不轨”行动才易于“弹戢”。

在农民规规矩矩时，朱熹主张施之以“仁爱”，但是，当农民揭竿造反时，朱熹就主张“围掩搜捉”“尽力扑讨”了。曾经有人建议他：为政应当以宽为本，以严作为辅助手段。朱熹不同意，他说：“某谓当以严为本。”儒家一贯标榜“不忍”之心。朱熹这时却说：“做大事岂可以小不忍为心。”

朱熹重视刑与法的作用，主张用严刑、重刑。他说：“教之不从，刑以督之，惩一人而天下人知所劝诫。”（《朱子语类》卷七八）对先秦法家学派，朱熹颇多攻击，但是对其主张严刑峻法，朱熹却颇为欣赏。据他说，刑法轻就会助长老百姓的“悖逆作乱之心”，只有用严刑、重刑，才能使人们“不敢肆意于为恶”。（《戊申延和奏札》，《朱子文集》卷一四）在中国古代曾经有过刺面涂墨、割鼻、砍足、破坏生殖机能等残酷的刑罚。这几种“肉刑”在汉文帝和隋文帝时代先后被废除，但是，朱熹却主张恢复后两种刑罚。淳熙七年（1180），他在南康明确规定，缺食的农民只能上门赊借，如果发生了“妄行需索，鼓众作闹，至夺钱米”等情况，就一定要“追捉根勘，重行决配”。接着，他又宣布，对于那些“扇惑聚众”“劫掠居民财物米谷”的农民处以严重的刑罚：抢一疋布，流放三年；抢十疋，处以绞刑；如果手持木杖，即使没有抢到财物，也要流放三千里。明末清初的思想家王夫之（1619—1692）在《读通鉴论》中说：“自宋以来，为君子儒者，言则圣人而行则申、韩也。”朱熹的思想体系内显然有申不害（约前385—前337）、韩非（约前280—前233）的成分。

据朱熹说，南宋时期经常出现“以妻杀夫”“以族子杀族父”和“地客杀地主”的情况，他要求南宋王朝诏令各级官吏，“凡有狱讼，必先论其尊卑、上下、长幼、亲疏之分，而后听其曲直之辞。凡以下犯上、以卑凌尊者虽直不右，其不直者罪加”（《戊申延和奏札》，《朱子文集》卷一四）。这就是说：“上”可以压“下”，“尊”可以凌“卑”，“下”和“卑”受了压迫和欺侮，只能忍着，不能到衙门里去告，“虽直不右”，有理也不替你伸张公道。

朱熹关于“仁民”“爱民”的种种标榜不乏主观的真诚，但是判断一个思想家不应该根据他为自己编织的幻想，而要掌握其全部体系，揭示其实质，分析其在社会生活中的实际作用。

三、以“讲明义理”治天下

在治国方略上，中国古代的思想家和政治家大体分为两派：一派重道德，一派重事功。朱熹属于前者，主张以“讲明义理”治天下。

在宋代，土地兼并问题极为严重。对此，有人主张实行“井田”制，有人主张“限田”。贺州人林勋作《本政书》，设想一夫占田五十亩，每十六夫为一井。朱熹认真地阅读过该书，也对历史上传述的“井田”制作过研究，结论是一时做不到。至于“限田”，他则称之为“戏论”！

中国古代有法治和人治之争。朱熹强调人治。他说：“其要只在得人。若是个人，则法虽不善，亦占分数多了。”（《朱子语类》卷九八）北宋时，王安石主张“祖宗不足法”，司马光等则认为祖宗之法不可变。在这一问题上，朱熹和司马光等基本一致。他说：“因祖宗之法，而精择其人，亦足以治。只是要择人。”在朱熹看来，宋太祖时代的许多法令条目就是照抄五代，“多仍其旧”，“可因则因”，他把这称之为“英雄手段”。有门徒问他，如果他当权了，该怎样对待“祖宗成宪”？朱熹回答说：“亦只是就其中整理，如何便超出做得？”有时，朱熹也承认祖宗之法，“因事制宜”，可以“变而通之”，显示出他不同于顽固派。但是，他认为这种“变通”不能违背儒学的根本原则。

对王安石及其变法，朱熹贬多于褒。他说：王安石“本是正人”，其心“固欲救人”，恭维他是“不世出之资”。但是，他却激烈地攻击王安石变法的实际效果，说他“别起得许多弊”，“有以召乱”，甚至蛮横地指责王安石是北宋衰亡的“罪之魁”。据朱熹分析，王安石变法之所以如此，乃是因为他的指导思想不端正，“只缘学术不正当，遂误天下”(《朱子语类》卷一二七)。北宋时，陈瓘著《四明尊尧录》、陈师锡著《遗帖》，对王安石多所攻击，朱熹认为他们都没有抓住要害。在朱熹看来，王安石的问题在于汲汲于“财利兵刑”一类事情，“不复知以格物致知、克己复礼为事”。(《读两陈谏议遗墨》,《朱子文集》卷七〇)

当时，南宋的抗战派为了抵御女真族的侵扰，收复中原，统一国家，积极主张改革内政，富国强兵，走先秦时管仲(？—前645)、商鞅(约前390—前338)等人走过的路。对此，朱熹嗤之以鼻。为了阻止孝宗受到影响，他在《戊申封事》中直斥“管、商功利之说”为“陋”。战国时，李悝(约前455—前395)主张勤谨耕作，增加农业产量，商鞅改革土地制度，对于国家的富强都起了积极的作用。但在朱熹看来，皆“无教化仁爱之本”，“可罪”!

朱熹认为，治理天下国家有本有末。他说:“天下事当从本理会，不可从事上理会。”什么是本呢？据朱熹表示，那就是“三纲”“五常”等儒学伦理。他在《戊申延和奏札一》中称:“盖三纲五常，天理民彝之大节，而治道之本根也。”朱熹强调:“中国所恃者德，夷狄所恃者力”，宋王朝不应该像“夷狄”那样发展军事实力，而要充分发扬伦理道德的作用。他认为政治的力量、法律的力量都比不上伦理道德，“为政以德，则无为而天下归之”（《论语集注·为政第二》）。

怎样才能充分发扬伦理道德的作用呢？朱熹认为这就要大力提倡道学，使人人包括皇帝在内都自觉地进行道德修养。他一再对皇帝说：“治道必本于正心修身。”在朱熹看来，社会的根本问题是“人心”，尤其是皇帝之心。他说，“天下之大本者，陛下之心也”“人主之心正，则天下之事无一不出于正”（《戊申封事》，《朱子文集》卷十一），就可以开万世太平之基了。

朱熹很陶醉于他的这一思想。他说：“今世文人才士，开口便说国家利害，把笔便述时政得失，终济得甚事！只是讲明义理以淑人心，使世间识义理之人多，则何患政治之不举耶！”（《朱子语类》卷十三）据朱熹说，等到“识义理”之人多起来的时候，“政治”就上去了。

朱熹一生孜孜矻矻于建立道学体系，其原因在此。

第四章　理为“天地万物之根”的世界本原论

世界的本原是什么？朱熹认为，世界的本原是理。这个理，他有时称之为太极。极是至极，有顶端和尽头的意思。太极意为“到此极尽，更没去处”，是无以复加的、最高的理。它是天地万物之理的总体，又是天地万物的最初本原。他说：“圣人谓之太极者，所以指夫天地万物之根也。”（《朱子语类》卷九四）

一、规律与伦理的综合

朱熹提出“理”，有其现实依据。他说：“且如这箇（个）椅子有四只脚，可以坐，此椅之理也。若除去一只脚，坐不得，便失其椅之理矣。”（《朱子语类》卷六二）又说，镜子可以照人，“把木板子来却照不见，为他原没这光底道理。”（《朱子语类》卷九五）在讲学中，朱熹举过不少类似的例子。例如：水流向下，火焰向上；水之必寒，火之必热；所以为春夏，所以为秋冬；此宜植某物，彼宜植某物，以至一草、一木、一禽、一兽等等。朱熹认为，“皆有至理”。

是不是事事物物都有它的理呢？是的。

从自然到社会，一切事物的运动变化都有着一定不移的基本秩序，也就是规律，古人称之为理。例如战国时期的韩非就把事物的普遍规律称为“道”，把事物的具体规律称为“理”。北宋时，自然科学水平有了空前提高，人们也就愈来愈多地探索在自然现象后面的规律。科学家沈括（1031—1095）在《梦溪笔谈》中就多次提到“理”或“至理”这一概念，如制盐之理、共鸣之理、胎育之理、磁石之理、雷震之理、养生用药之理等。他的常用语言为：“推之亦皆有理”“此理信然”“源其理”，个别地方，他并论述到“理”和“必然”的关系。

朱熹熟悉北宋科学家沈括的著作《梦溪笔谈》，对自然科学颇有兴趣。以水力转动，形成一个齿轮系统的“浑仪”是北宋时苏颂（1020—1101）发明的重要天文仪器，据《宋史》卷四十八记载，朱熹就曾家藏“浑仪”，“颇考水运制度”，致力于恢复苏颂的水力传动装置。他在天文、气象、地质、农业等方面，也具有丰富知识。《礼记》有所谓“和而后月生”，“三五而盈，三五而缺”的说法，朱熹驳斥道：“如此则气不和时便无月，恐无此理。”又说：“若以理推之，则无有盈缺也。”这里所说的理，显然指的是规律。同样，当朱熹论述除去一只脚的椅子坐不得一类自然现象时，他所说的理也显然是规律。

朱熹说：“如阴阳五行，错综不失条绪，便是理。”这里所说的“错综不失条绪”，指的是事物运动所遵循的基本秩序，即规律性。他又说：“至于所以然，则理也。”所谓“所以然”，指的是引起一定现象或结果的原因，在一定条件下，某种原因必然引起一定的结果。

在朱熹的哲学体系里，“理”还具有另外的意义；他说：“理便是仁、义、礼、智。”这个理，又叫作道。朱熹认为它适用于古今一切人，是“公共”的，人人必须遵循。他说：“身之所接，则有君臣、父子、夫妇、长幼、朋友之常，是皆必有当然之则而自不容已，所谓理也。”（《大学或问》卷二）说得很清楚，“理”乃是约束人们行为，指导君臣、父子等社会关系的普遍准则。

规律和伦理不是一个概念。朱熹把作为规律的椅子一类客观事物之“理”和作为行为规范的忠孝之“理”综合到一块儿，他就陷入谬误了。

规律为客观事物所固有，既不能由人创造，也不能由人加以改变或消灭，它具有不可违抗的必然性。人可以认识规律、运用规律，但是必须服从规律。伦理则由人制订，具有时代性、阶级性和民族性，社会经济基础改变了，伦理观念也会发生相应变化。当一种伦理观念已经陈旧，或被认为违反人性和人权时，人们可以违抗，动员舆论的、教育的力量去批判，以至运用行政的力量去废止它。

朱熹在叙述“理”这一范畴的特征时，特别强调它是天然自有的，和人的活动、意志无关。他说：“这个道理，是天生自然”“长在天地间”“不是人去做作安排”；又很强调它的不可违抗的必然性。他说：“人入于水则死，而鱼生于水，此皆天然合当如此底道理。”有时，朱熹在理字前面还要加个“定”字。他说：“天下事事物物皆有个定理。定者，如寒之必衣，饥之必食。”朱熹认为人只能服从理，顺应理。他说：金、木、水、火、土，一一都有理，“人若用之，又着顺它理始得，若把金来削做木用，把木来熔做金用，便无此理”。（《朱子语类》卷九七）经过了如此一番精心的、细致的论证之后，朱熹就下结论了。他说：“理必须是如此”，“理如此固不可易”。语气何等坚决！何等果断！然而，朱熹还有话说：“为子必孝，为臣必忠，决定是如此。”原来，朱熹是在为儒学伦理论证。

当朱熹的“顺理”思想停留在人和自然的关系上时，他是正确的。这时，他实际提出的是人应该尊重客观规律、服从客观规律的思想。他说：“自家知得物之理如此，则因其理之自然而应之。”但是，当朱熹的“顺理”思想一进入社会伦理领域时，就不一定正确了。

朱熹说：“《大学》教人，先要理会得个道理。若不理会得，见圣人许多言语，都是硬将人制缚，……（若）见得许多道理都是天生自然铁定底道理，更移易分毫不得。”（《朱子语类》卷十四）就是让所有人（包括皇帝在内）都从内心自觉地、不加怀疑地遵守儒学伦理，这就是朱熹的目的，也是宋明道学的终极目标。

二、真理与谬误并存的理气关系说

气是朱熹哲学的另一个重要范畴。

在认识史上，人们最初以为世界是由日常生活中几种具体可见的基本物质组成的。商周时期，有所谓“五行”说，即认为水、火、木、金、土五种物质是构成世界的基本元素。后来，人们认为某种单一物质（如水）是世界的本原。春秋战国时期，出现了气本体论，以一种极其细微的原始物质“气”来解释世界。此后，经过王充（27—约97）等历代唯物主义思想家的补充，气本体论逐渐丰富。到了北宋时期的张载，认为世界乃是一个通过气的聚散运动联系起来的统一体，从而建立了较为完整的气本体论体系。

朱熹承认气是构成万物的基本物质元素。他说：“一元之气，运转流通，略无停间，只是生出许多万物而已。”（《朱子语类》卷一）在此基础上，他进一步提出，“气则无不两者”，“一元之气”，分阴分阳，“二气交感”，便“化生万物”。有时则说，气具有屈伸、往来、聚散等几种运动形式，当其凝聚时，便产生“质”，即水、火、木、金、土五行。气与质这七者互相“滚合”，便生出了万物。他说：“造化之运如磨，上面常转而不止。万物之生，似磨中撒出。”由于朱熹承认阴阳二气是“化生万物”的基本材料，所以，他把它们称之为“造化之本”，明确地表示：“天下万物万化，何者不出于阴阳！”（《朱子语类》卷六五）

把气看成是包含对立两面的统一体，把“化生万物”看成是这对立两面复杂的运动——聚散“滚合”的结果，显然，这里包含着对物质构成学说的某些正确的猜测。至此，朱熹的思想很类似于气本体论。

关于理气先后，朱熹有过三种说法：一、理在先，气在后；二、不分先后；三、不可知。其中，第一说留下来的言论最多，是朱熹竭力想加以维护的；但是，第二说也经常困扰他，动摇他对第一说的信念；第三说则产生于晚年，只讲过一次，大概经过长期的、艰难的思索之后，突然感到迷惘了。

关于理气先后的这三种说法，反映了朱熹哲学思想中的矛盾：清醒与谵妄共存。

清醒成分表现于下列一组命题：其一，理气有别。朱熹认为理是理，气是气，“决是二物”。前者无形，后者有形；前者称为“形而上之道”，后者称为“形而下之器”。他说：“一物之中，其可见之形，即所谓器；其不可见之理，即所谓道。”他还特别指出，理除了无形状，还“无方所”“无声臭影响”，即没有方位、所在和声色气味。其二，理附于气，无气不立。朱熹认为“理是虚底物事”，以气为安顿、挂搭之处，没有了气，理也就失去存在的场所。其三，理气不相离。他说：“天下未有无理之气，亦未有无气之理。”他特别强调理不在形器之上、之先、之外，而是在之中。

上述三组命题正确地概括了今人所称“规律”的特点，后来曾经为王廷相（1474—1544）、王夫之等人所继承。如果朱熹停留在这里，他当然是唯物主义者。

朱熹理气关系中的谵妄成分是“理生气”论。在他看来，气有生有减、有始有终，而理则不生不灭、无始无终。曾经有门徒问他：气的运动是“一去便休”，还是“去而复来”？朱熹回答道：“一去便休耳，岂有散而复聚之气？”他并曾以烧水为例，说明当锅水已干时，要汲取新泉水补充，而不能重复使用已干之水。朱熹由此认为气聚则有，气散则无，只有理才是使气不断得到补充和更新的永恒源泉。他说："然气之已散者既化而无有矣，其根于理而日生者，则浩然而无穷也。"因此，尽管朱熹重视气在构造物质中的作用，但在他看来，那只不过是提供了材料，即所谓"生物之具"，而理才是构造物质世界的真正本原，他称之为"生物之本"。朱熹的思想乃是明确的理本体论。

母亲必然先于儿子，从理生气的命题出发，必然要承认理在气先，承认物质世界出现之前，就有一个理的世界，并承认理可以离气而存在。他说："未有天地先，毕竟是先有此理。有此理，便有天地；若无此理，便亦无天地、无人、无物，都无该载了。"(《朱子语类》卷一）又说："万一山河大地都陷了，毕竟理却在这里。"

至此，朱熹的哲学体系中就出现了两组命题。一组：理附于气，理气不相离，理气本无先后之可言；另一组：理生气，理与气可以相离，理先气后。两组命题互相矛盾，承认一组必然要否定另一组。朱熹于进退维谷中力图调和它们，认为第一组命题适用于观察现在的事物；第二组命题则"推其本"，适用于阴阳起源、万物生成之际。有时，他又说："有理而后有气，虽是一时都有，毕竟以理为主。"这一段话明显地自相矛盾，既然"有理而后有气"，为什么又说"一时都有"呢；对于这个问题，朱熹解释说："此本无先后之可言，然必欲推其所从来，则须说先有是理。"朱熹设想理生气，然后进入气之内的整个过程是不需要时间的，“才有此理，便有此气；才有此气，便有此理”，且极端紧凑、极端迅速，朱熹以为这样问题就解决了。

然而，他不了解时间是运动着的物质的存在形式，任何具体的运动过程都不可能没有时间。

从理在气先的观点出发，朱熹又提出了他的理在事先的观点。他说:“未有这事，先有这理，如未有君臣已先有君臣之理，未有父子已先有父子之理。不成元无此理，直待有君臣父子，却旋将道理入在里面?”(《朱子语类》卷九五)

提出理这一范畴来并不是朱熹的过错。在朱熹有关的论述里，人们曲折地看到了他对于必然性、因果性和规律性等问题的认识。这是认识史上的一种进步。在中国哲学史上，对于规律及其特征做了如此充分论述的，还不多见。朱熹的过错在于他把规律和伦理综合为一个范畴，然后又把它虚构为派生万物的本体。这样，朱熹思想中那些清醒的理智成分也就被淹没了。

三、万物之间的同一与差别

朱熹有一个著名的哲学命题，叫作理一分殊，讲的是一理和万物、一理和万理的关系。

朱熹将物分为三类:“有血气知觉者”“无血气知觉而但有生气者”“生气已绝而但有形质臭味者”，大体相当于我们今天所说的动物、植物和无生物。他认为世界上的万物各有差别，称之为“分殊”，但是，它们的理又是相同的，故称为“理一”。

在朱熹看来，万物产生于一理，世界上形形色色的事物都是理的派生品：“牛得之为牛，马得之为马，草木得之而为草木。”但是，朱熹又认为这些源于一理的事物在形成差别之后，即彼此固定，“各有一定之分”：牛不可为马，马不可为牛；李四不可为张三，张三不可为李四；天不可为地，地不可为天；大不可为小，小不可为大之类。这便是他所说的：“分，犹定位耳。”

如果说牛、马、厅、堂、桃、李、张三、李四“只是一个道理”，那么，这个“道理”怎么会忽而表现为牛，忽而表现为马，忽而表现为厅、堂、桃、李、张三、李四呢？朱熹的回答是：“同者理也，不同者气也。”据他说，事物之所以形形色色，千差万别，乃是由于气质不同。例如草木等植物都是得阴气，而能走能飞的动物都是得阳气；再往细里分，草是得阴气中的阴气，木是得阴气中的阳气；又如人是得气质之清者、正者、全者，禽兽是得气之浊者、偏者等等。

朱熹认为由于事物所禀受的气质不同，所以它们的理也就有了差异。他在《答黄商伯》函中说：“论万物之一原，则理同而气异；观万物之异体，则气犹相近而理绝不同也。”（《朱子文集》卷四六）意思是：从本原上看，万物之理都是一个，但是当理气结合，万物各自有了自己的形体之后，它们的理就不相同了。于是，就出现了马有马之理、牛有牛之理的情况，朱熹把这种情况称为：“万殊各有一理。”据他说：万殊之理也都各自固定，不可移易。他说：“马则为马之性，又不做牛之性；牛则为牛之性，又不做马底性。物物各有个理。”这样，原来是无差别境界，由于有了气的参与，就变成有差别境界了。

一方面，万物同源于一理（太极），另一方面，物物又各有个理。它们之间是个什么关系呢？朱熹认为尽管万物之理各不相同，但都是太极的完整的体现。他以雨为例说：下雨了，大窝窟便有大窝窟水，小窝窟便有小窝窟水，木上有木上水，草上有草上水，它们虽有所在的不同，但水的本质都是完整的；同样地，牛之理、马之理、桃之理、李之理、厅之理、堂之理、张三之理、李四之理虽然有“分殊”之异，但作为理的本质也都是完整的。所以他说：“人人有一太极，物物有一太极。”在《太极图说解》中，他更进一步表示，即使是“冲漠无朕”的微观世界，它所包含的理的本质也还是完整的，“动静阴阳之理已悉具于其中”。这就是说，有差别境界在实质上又是无差别的。禅宗僧侣玄觉在《永嘉证道歌》中曾说：“一月普现一切水，一切水月一月摄。”朱熹认为这两句诗很好地说明了“理一分殊”的含意。

世界上的万事万物有同一的一面，又有差别的一面。同中有异，异中有同；一般中有特殊，特殊中有一般。朱熹的上述思想显然是深刻的，已经为现代物理学和生物学所充分证明。德国哲学家莱布尼兹（Gottfricd Wilhelm Von Leibniz，1646—1716）说过这样一段话：“物质的每个部分都可以设想成一座充满植物的花园，一个充满着鱼的池塘。可是植物的每个枝丫、动物的某个肢体，它们的每一滴体液，也是一个这样的花园或这样的池塘。”莱布尼兹曾深受中国哲学的影响，这一段话很类似于朱熹的“理一分殊”说。

一切物质形态都具有相对性，都依一定的规律，在一定的条件下转化为另一种物质形态，所以事物间的差别是可变动的、相对的。朱熹的“理一分殊”命题虽然包含着辩证法的成分，但是，他把事物间的差别看成是固定的、不可移易的，这就又违反了辩证法。

在中国哲学史上，很早就有人注意到了事物之间的同一性与差别性问题。庄子认为细木头与粗大的屋柱子、丑人与美女之间是同一的。郭象（？—312）则认为事物之间在“形状”上存在差别，但是只要同得其“性”，也就无所谓差别。唐代的华严宗（佛教其中一个宗派）把世界分为“理法界”和“事法界”，认为“理法界”是派生“事法界”的本原，同时又普遍地、完整地存在于每个事物或现象中。《华严发菩提心章》说：“所遍之事，分位差别，一一事中，理皆全遍。”意思是说，“事法界”虽然千差万别，但“理法界”却是统一的、平等的。

朱熹在提出“理一分殊”的命题时，明显地接受了庄子、郭象，特别是华严宗的影响，但是又有所扬弃。在作为物质世界本原的“太极”面前，他认为一和万并没有区别，但是，在现实的物质世界面前，他却坚决摒弃相对主义，认为事物之间的差别固定而不可移易。

说明自然是为了说明社会，朱熹提出“理一分殊”，目的在于为古代社会的等级制辩护。

张载在《正蒙·乾称》篇里讲到“乾称父，坤称母”“民吾同胞，物吾与也”，认为天地是父母，百姓是同胞，万物是同伴；又讲道：帝王是天地的嫡长子，大臣是嫡长子的家务总管等等。张载自己把这一段话写出贴在住室的西窗上，作为座右铭。程颐对这一段话极为欣赏，改题为《西铭》。在《西铭》的注释中，朱熹认为世界万物都是天地的子女，而天地又是由理派生出来的，因此叫“理一”；而万物一经产生，就有了“大小”和“亲疏”的分别，“亲疏异情，贵贱异等”，这就叫“分殊”。朱熹特别强调“分殊”。他说：“不可认做一理了只滚做一看，这里各自有等级差别。”（《朱子语类》卷九八）

中国古代社会是高度发展了的等级制社会。朱熹说：“万物皆有此理。理皆同出一原，但所居之位不同，则其理之用不一。如为君须仁，为臣须敬，为子须孝，为父须慈，物物各具此理，而物物各异其用，然莫非一理之流行也。”（《朱子语类》卷十八）朱熹这里说的“所居之位”，指的就是人们在社会等级划分中所处的地位。“所居之位”不同，他们所应遵守的道德规范以及政治、经济权利也就有了差异，“只是这一个道理流出去，自然有许多分别”。他把这些“分别”称为“天分”或“定分”。朱熹要人们“惟分是安”，不得有丝毫超越。他说：“且如嗜刍豢而厌藜藿，是性如此，然刍豢分无可得，只得且吃藜藿。”在朱熹看来，虽然人人都喜欢吃猪肉而讨厌吃野菜，但是，如果“天分”注定了你没有猪肉可吃，那就老老实实地吃野菜吧！

朱熹又说："如君臣之间，君尊臣卑，其分甚严，若以势观之，自是不和，然其实却是甘心为之。皆合于理，而理自和矣。且天子之舞八佾，诸侯六、大夫四，皆是当如此。"（《朱子语类》卷二三）佾是奏乐舞蹈的行列，一佾八人。按《周礼》的规定，天子用八佾、诸侯用六佾、卿大夫用四、士用二，它是中国古代社会等级制的一种规定。朱熹认为这种等级差别"皆是当如此"，照此奉行，就叫合"理"，不照此奉行，如诸侯僭天子、大夫僭诸侯，就叫不合"理"。

战国后期，荀子（约前313—前238）认为社会物质财富满足不了人们的普遍要求，必然发生争乱，因此，先王"制礼义以分之，使有贫富贵贱之等"，所以他主张"明分"，要求人们承认等级差别。朱熹吸取了前代的有关学说，提出了"理一分殊"说，为礼——中国古代社会的等级制作了新的理论论证。他这一论证要比孔子、荀子精致得多。礼就是"天理之节文"，一切关于礼的繁文末节的规定都是自然之理。他说："主人升东阶，客上西阶"；"上东阶，先右足；上西阶，则先左足"等等，"自是理合如此"。因此，君用八佾，臣用六佾、四佾、二佾，这叫"分殊"；我吃猪肉，你吃野菜，这也叫"分殊"。"各自有一个理，又却同出于一个理"，都是太极的完整无缺的体现。朱熹希望经过这样的论证后，就能够克服"相攘相夺"的情况，使人人都安于"本分"，"你得你底，我得我底"，过着"和而有别"的生活。

"人人有一太极，物物有一太极"，朱熹的"理一"说似乎是充分"平等"的理论，然而，就在这"平等"的"理一"

说中却安排了极为不平等的“分殊”内容。

四、中国式的人文主义精神

朱熹写过一首诗，叫作《春日偶作》：“闻道西园春色深，急穿芒屦去登临。千葩万蕊争红紫，谁识乾坤造化心？”当严冬占领着大地的时候，众木凋零，万花纷谢，然而，春天一到，千葩怒放，万蕊竞发，赤橙黄绿青蓝紫，世界顿时被装点得无限妖娆。这是由于一种什么力量呢？

世界是丰富的，然而又是统一的；物质的运动形式是多样的，然而又是有规律的。以动植物而论，谁数得清它们究竟有多少种、多少类，然而在遗传上，它们却遵守着严格的秩序，并不出现“牛生出马，桃树上发李花”的情况，用朱熹的话来说，就是：“他又却自定。”这是由于什么原因呢？

朱熹认为，这一切都是由于“理”的“主宰”作用。他说：“然所谓主宰者，即是理也”，“帝是理为主”。就是说，主宰丰富而又统一的物质世界的最高力量是理，所谓“上帝”，指的就是理的主宰作用。

世界上的一切民族差不多都有自己的上帝创世说。商周时代，人们炮制了一个天上人间、自然和社会的最高主宰——“帝”或“上帝”。这个上帝有意志、有感情，有时高兴、有时发怒。它为人间选择统治者，安排人的富贵贫贱，并以某种方式对人实行赏罚。朱熹不完全同意这种看法。他说：“（若说）真个有个上帝，如世间所塑之像固不可。”“哪得个人在上面分付（吩咐）这个！”这里，朱熹明确地否定了有人身的上帝。他又说：“说天有个人在那里批判罪恶，固不可；说道全无主之者又不可。”这个不是人又似人的力量就是理。

两宋哲学中，有所谓天地有心、无心的争论。在这一争论中，朱熹动摇于二者之间，他说：“今须欲知得它有心处，又要见得它无心处。”但是朱熹明确地表示，天地的生物是无意识的，“无情意，无计度，无造作”，不像人一样思虑，这就明确地否定了神学目的论和世俗的上帝创世说。

关于物质世界运动、发展的根本原因，从来就有两种对立的看法：“自动自休，自峙自流”（柳宗元《非国语》），“动非自外”（张载《正蒙·参两篇》），这是唯物主义和无神论者的看法；而一切从物质世界外部找寻物质世界运动、发展的根本原因的企图都将通向唯心主义和有神论。朱熹否定有人身的上帝和神学目的论，这就走近了无神论，西方的某些教士们曾对此表示愤慨。（李约瑟称：“耶稣会的教士对于理学家以长篇扩论否认人格化的上帝一事甚表愤慨。”见《中国之科学与文明》第三册，台北版，第一百七十三页。）但是，又应该指出，他从“造化”之外、“阴阳”之外，找出了一个“所以造化”“所以一阴一阳”的主宰者——理来，这仍然是变相的上帝创世说。只不过这位上帝没有人身，即没有肉体，没有眼和鼻，也没有喜怒哀乐罢了。

在社会发展中，人们不断修改自己的“上帝”。最初出现的是有人身的上帝，然后逐渐出现无人身的上帝。殷墟文字记载，“帝其令风”“帝其令雨”。这里的上帝就是有人身的。

随着奴隶制的崩溃和无神论思想的兴起，奴隶主阶层逐渐以“天”的概念代替了“上帝”的概念。到了汉朝的董仲舒（前179—前104），他提出了“天人感应”说，认为“天亦有喜怒之气，哀乐之心”，天能干预人事，可以通过灾异和祥瑞表示对人们的嘉奖和谴责。这里，上帝的人身不那么强调了，但是上帝的意志和感情却仍保留着。经过了司马迁、扬雄、桓谭（约前20—56）、张衡（78—139）、王充、柳宗元（773—819）、刘禹锡等唯物主义思想家的批判，到了朱熹生活的时代，上帝的意志和感情也保留不住了，于是出现了朱熹所说的“无躯壳底圣人”——理。

必须指出，朱熹在大力推尊他的无人身的上帝的同时，并不完全排斥有人身的上帝。他把《尚书》中“帝乃震怒”的“帝”解释为“理”，这个“理”，虽不是人，但却可以发怒。他很相信董仲舒的“天人感应”说，认为水旱之灾，气候异常，地震山摧，都是天对人的谴告，必须“修德正事”，才能使“上帝鬼神，收还威怒”，变灾为祥。这类情况，大抵见之于他劝宋朝皇帝“克己自新”的奏札。政治的需要牺牲了理论原则。这里，有人身的上帝又再神气活现地出现了。

在对于一般鬼神的看法上，朱熹也表现了类似的情况。某些时候，他否定了有人身的鬼神，力图用一种新的鬼神观来代替它们，而最终则又承认了有人身的鬼神。

佛教主张“神不灭”，认为人虽死，但精神魂魄仍然存在，可以自由来往，可以转世投生。佛教的这种看法和朱熹的理不灭，理是世界主宰的观点相矛盾，因此他竭力反对，说是

“改名换姓，自生自死”“不由天地阴阳造化”，真是“岂有此理”！为了反对佛教的鬼神观，朱熹承袭过张载的某些观点。张载认为：“鬼神者，二气之良能也”，用气的不同运动形态来说明鬼神，实际上是一种无神论思想。但是，由于仍然保留了鬼神的名称，所以又可以通向有神论。

朱熹说：“鬼神不过阴阳消长而已。”由此出发，他宣称鬼神并不是“如今泥塑底神之类”，“只是气”。他举例道：风雨雷电初发是神；风止雨过，雷住电息是鬼。有时，他甚至把甘蔗的“甘香气”称为“神”，把“浆汁”称为“鬼”。这样，鬼和神的神秘性就消失了。在这方面，朱熹同样走近了无神论。但是，他又迅速走向了有神论。他认为人死之后，气并未散尽，可以通过祭祀进行“感通”，呼召先祖之气来聚。这就实际上承认人死之后仍然具有某种知觉功能，从而倒向神不灭论了。

朱熹最主张祭祖时必须“尽其诚敬”，他说：“若道无物来享时，自家祭甚底了？肃然在上，令人奉承敬畏是甚物？若道真有云车拥从而来，又妄诞！”（《朱子语类》卷三）可见他反对的只是世俗的鬼神观，他所力图塑造的是一种以气为其物质基础的新的鬼神。在小说《祝福》中，鲁迅曾经描写过一个“讲理学”的老监生——鲁四老爷。他案头放着《近思录集注》和《四书衬》。“虽然读过‘鬼神者二气之良能也’，而忌讳仍然极多”。祥林嫂因为再嫁，就被认为“败坏风俗”，“祭祖时可用不着她沾手”“不干不净，祖宗是不吃的”。这位鲁四老爷不是很像朱熹吗？

朱熹认为不仅子孙之气可以和祖先之气相通，人和天地、山川、古代圣贤之间也可以“感通”。据他说，天子祭天地，诸侯祭山川，后人祭古代圣贤，因为是祭所当祭，“道理合如此，便有此气”，都会发生“精神魂魄”互相“感通”的现象。“祭如在，祭神如神在。”从孔子起，儒家一直重视祭祀；朱熹的“感通”说为之提供了新的理论根据。因此，尽管有时朱熹学着孔子的样子，扭扭捏捏地不大愿意谈鬼神问题，但在他的门徒一再追问时，却还是肯定地说：“鬼神是本有底物事。”

第五章 “天命”与“气质”相结合的双重人性论

在中国哲学史上，首先提出双重人性的是北宋的张载和程颐。他们认为，人有“天命之性”与“气质之性”。朱熹继承了这一思想，认为人是理和气的结合。他说：“人之所以生，理与气合而已。”前者指伦理观念，它构成人的“天命之性”；后者指阴阳二气，它构成人的“气质之性”。在朱熹看来，二者都是人不可缺少的，少了一项，就“做人不得”。

一、人尽皆同的“天命之性”

朱熹从程颐那里接受过一个命题，叫作“性即理”。他说：“吾之性即天地之理。”当人未有形气之前，它叫作理；当人已有形气之后，这个理“降”到了人身上，就叫作性。朱熹把这个天降的人性称为“天命之性”。

朱熹认为当你呱呱落地，有了“人影子”的时候，“天命之性”便光临到人的“心”里了。他说：“性便是许多道理，得之于天而具于心者。”所谓“天命之性”，实际上就是儒学伦理观念。他说:“天命之性，不可形容。”“熹只以仁、义、礼、智四字言之，最为端的。”他解释道：仁是个温和慈爱底道理，义是个断制裁割底道理，礼是个恭敬撙节底道理，智是个分别是非底道理。

朱熹认为心有两种状态：一种是“寂然不动”的“未发”状态，这时候，性处于静止中；另一种是“感而遂通”的“已发”状态，这时候，性便发展为情了。他说:“在天为命，禀于人为性，既发为情。”所谓情指的是人的“恻隐、羞恶、辞让，是非”等四种感情，即孟子所说的“四端”。朱熹认为，它们是仁、义、礼、智四种道德的表现。他说：看见赤子入井了，于是形成恻隐之心；经过太庙或朝廷了，于是形成恭敬之心，其原因就在于“中间众理浑具，各各分明，故外边所遇，随感而应”。因此，他把性称为体、称为根；情称为用、称为芽，认为前者是先天的，后者是后天的。

朱熹又说:“性是天赋与人，只一同。”他不同意韩愈等人的“性三品”说，认为人人都具备着仁、义、礼、智等天性，尧、舜也好，愚人、恶人也好，“天命之性”都一样，圣贤不多出一分，愚、不肖也不欠缺一分。他说:“然圣贤禀性与常人一同，既与常人一同，又安得不以圣贤为己任？”透过这些话，我们仿佛可以看到，朱熹笑眯眯地在向“常人”们招手：大家快来当圣贤呀！

二、人的多样性决定于气禀

既然人性皆善，人性皆同，那么，现实生活中的人性为什么会有善有恶，表现出纷纭复杂的状况呢？这是孟子等人未能作出回答的。对此，朱熹用气质之性来解释。气指的是阴阳二气，质指的是金、木、水、火、土五行。朱熹认为人所禀受的气质不同，人性也就因之而发生差异，就像水中撒进了酱、盐等物，滋味不一样了。他说："天之所以命，只是一般，缘气质不同，虽有差殊。"这种人所接受的不同气质，朱熹称之为气禀。

朱熹认为，气禀决定人的道德和性格状况。他说："人之性皆善，然而有生下来善底，有生下来便恶底，此是气禀不同。"例如接受了天地的"清明浑厚"之气，就成为好人；接受了"日月昏暗""寒暑反常"的天地"戾气"，就成为不好的人；接受的木气多了，人便温厚慈祥；接受的金气多了，人便刚强坚毅。

朱熹又认为，气禀还决定人的才能和智愚状况。他说："气禀所构，只通得一路，极多样。或厚于此而薄于彼，或通于彼而塞于此。有人能尽通天下利害而不识义理，或工于百工技艺而不解读书。"（《朱子语类》卷四）就是说，由于气禀的拘牵和制约，使人只能长于一个方面，或通此，或通彼，形成了多种多样的状况。孔子曾经把人分为"生而知之""学而知之""困而学之"及"困而不学"四种，但是为什么会有这种区别，他没有作出说明，对此，朱熹做了解释。他说：气质“清明纯粹，绝无渣滓”的是“生而知之”的圣人，“清明纯粹”但稍有渣滓的是“学而知之”的贤人，“昏浊偏驳”可略具“清明纯粹之气”的是“困而学之”的众人，“昏浊偏驳”到了极点，完全没有“清明纯粹”之气的是“困而不学”的下民。

据朱熹说，连人的富贵贫贱、生死寿夭都是气禀决定的。他说：“富贵死生祸福贵贱，皆禀之气而不可移易者。”你贵为王侯、富堪敌国吗？这是由于气禀。你衣不蔽体、食不果腹吗？这也是由于气禀。而且你是长寿或是短命，仍然决定于气禀。这一切，“固是都禀于有生之初”，在你一落地时就决定了的。不仅如此，连你是怎样死法，也还是决定于气禀。你是被杀、被绞或被囚禁而死的吗？同样是“固所自取，是亦前定，盖其所禀之恶气有以致之也”。

这样，朱熹的气禀说就不仅用来说明人的道德、才智，而且也用来说明人的遭遇了。他有一段话，概括地叙述了气禀和人性以及人的命运之间的关系：“禀得精英之气便为圣为贤，便是得理之全、理之正。禀得清明者便英爽，禀得敦厚者便温和，禀得清高者便贵，禀得丰厚者便富，禀得久长者便寿，禀得衰颓、薄蚀者便为愚、不肖、为贫、为贱、为夭。”（《朱子语类》卷四）原来，气有精英、清明、敦厚、清高、丰厚、久长、衰颓、薄蚀的不同，人性和人的遭遇也就随着有了种种差异。据朱熹说，其间的关系是一定的。例如孔子禀得的是“清明之气”“低底气”“薄底气”。其中，“清明之气”使他成为圣人，“低底气”“薄底气”使他终身贫贱。颜渊呢？禀得的是“短底气”，所以死得早。这真是禀得什么气，就成什么人，气禀铁面无私地决定人的一生。

“生死有命，富贵在天”，历来，儒家学派是用“天命”论来解释人的寿夭穷通。程颐、朱熹的气禀说则与之不同。“天非有殊，人自异禀。”你富你贵吗？这是气禀好，安富尊荣就是了。你贫你贱吗？别怨天，别尤人，全怪你的气禀不好。朱熹把气禀和人的贫富贵贱之间的关系视为“必然之理”，称为“命分”。他说：“命分是兼气言之，命分有多寡厚薄之不同。”

既然气禀如此重要，它是由什么因素决定的呢？朱熹认为除天地之气外，还有父母之气。曾经有门徒问朱熹：人接受的是天地五行之气，但人又是父母所生，其间的关系如何？朱熹回答说：“便是这气须从人身上过来。”天地之气通过人体起作用，这就很有点儿接近于现代所说的“遗传”了。

现代科学已经证明，遗传决定于生物体内的一种特殊物质——基因。朱熹的气禀说肯定作为物质的气在遗传中的作用，虽然粗浅，但显然有其正确的成分。但是，人性、人的道德观念和人的才能主要是在社会环境和后天实践中形成并发展起来的，将遗传作为决定因素，必然陷入困境。据传说，尧是古代最崇高的圣人，他的儿子丹朱却很不肖；舜是继承尧的大圣人，他的父亲瞽叟不是好东西，儿子商均也不怎么样。对于此类问题，朱熹只能乞灵于“偶然”论或不可知论。他说：“气偶然如此，如瞽叟生舜是也。”但是，这一点连他的门徒也不相信。有人追问说："瞽叟之气，有时而清明；尧舜之气，无时而昏浊"，偶然清明的瞽叟可以偶然地生个好儿子，但是全体始终，浑然一片清明之气的尧舜怎么会生出个大坏蛋来呢？在门徒的追问面前，朱熹言语支吾。门徒记载说："先生答之不详。"有时，他干脆答之以"不可晓""都不须如此思量"。

朱熹很得意，自以为"气禀"论解决了千古不决的疑案。他说："孟子未尝说气质之性，程子论性所以有功于名教者，以其发明气质之性也。以气质论，则凡言性不同者，皆冰释矣。"（《朱子语类》卷四）这里，应该指出的是，"气质"或"气禀"说，并不是程颐，也不是张载的发明，它的始倡者是东汉的王充。王充认为，"人禀气而生，含气而长，得贵则贵，得贱则贱"，又认为"凡人受命，在父母施气之时，已得吉凶矣"。程颐和朱熹的气禀说明显地受了王充的影响。

三、敞开了成圣成贤的大门

按朱熹的说法，气质对人性和人的遭遇有如此重要的决定作用，那么，如果撞着了不好的气质，有无办法可以挽救呢？有的。

朱熹认为"天命之性"以"气质之性"为安顿、搭挂之处，气质之性不好，天命之性就要受到"蔽锢"，但是，天命之性仍然存在。他比喻说："理如一宝珠，在圣贤，则如置在清水中，其光辉自然发现；在愚不肖者，如置于浊水中。"这就是说，儒学伦理是永远不可磨灭的精神实体，虽是愚人、恶人也不例外，它可以被“蔽锢”，但是不会消失。

污水可以返清，宝珠可以重光。朱熹认为气质之性也可以变化，方法就是从事“格物致知”“存天理，去人欲”之学。他说：“惟学为能变化气质耳。”“只是道理明，自然会变。”

他鼓励人们“勇猛直前”“用功克治”。据他说，在经过了“人一己百，人十己千”的坚强努力后，天命之性就可以重新发生作用，“虽愚必明，虽柔必强”了。这里，朱熹是承认人的主观能动性的，但是它只停留在道德修养领域内。

愚可以转化为智，不肖可以转化为圣贤，那么，贫是否可以转化为富，贱是否可以转化为贵呢？不能。朱熹说：“人之禀气，富贵、贫贱、长短，皆有定数寓其中。”据他说，这就像是山中的一棵树，或贵而为栋梁，或贱而为厕料，都是“生时所禀气数如此定了”。绍兴三十二年（1162），朱熹给一个会“算命”的徐姓儒者作序，内称：“得于有生之初者，其赋与分量固已如是，富贵荣显固非贪慕所得致，而贫贱祸患固非巧力所可辞也。”（《赠徐端淑命序》，《朱子文集》卷七五）这里，朱熹就不允许你发挥任何一点主观能动性了。

朱熹敞开了成圣成贤的大门，但是，却坚决关闭了人们求“贵”、求“富”的希望之路。

第六章　唤醒天赋观念的“格物致知”论

秦汉之际的儒家著作《礼记》中有一篇《大学》，提出“明明德”“亲民”“止于至善”三项“纲领”，又提出格物、致知、诚意、正心、修身、齐家、治国、平天下八项“条目”。北宋时，司马光特别赞赏这篇文章，为之单独注解，著成《大学广义》。程颢、程颐继续表彰它，详加论说。南宋时，朱熹又把它和《论语》《中庸》《孟子》并列，作为“四书”之一。朱熹并打乱原本次序，分全文为“经”一章、“传”十章，宣称“经”是孔子的话，由曾子叙述，“传”则是曾子的意思，由门人所录。

《大学》称：“欲诚其意者，先致其知，致知在格物。”朱熹认为解释这一段话的“传”文大部分亡佚了，因此，他自己写了一段，放进《大学》里作为“传”：“所谓致知在格物者，言欲致吾之知，在即物而穷其理也。盖人心之灵，莫不有知，而天下之物，莫不有理，惟于理有未穷，故其知有不尽也。是以《大学》始教，必使学者即凡天下之物，莫不因其已知之理而益穷之，以求至乎其极。至于用力之久，而一旦豁然贯通焉，则众物之表里精粗无不到，而吾心之全体大用无不明矣。

此谓物格，此谓知之至也。”这段话是朱熹“格物致知”论的纲领性的叙述。

朱熹认为，人的道德修养和认识过程很像用铜镜照人。本来，镜子可以毛发毕具地照出人的形貌，但是，当它蒙受污垢后，就失去作用，必须括垢磨光，才能重新照人。这里，朱熹虽在理论上承认，人可以不学而知，但是在实际上，他还是认为人必须做主观努力。

一、“醒与睡”

朱熹认为，人的道德观念是天赋的。他说：“人心至灵，有什么事不知，有什么事不晓，有什么道理不具在这里！”但是，正像镜面蒙垢一般，人由于气禀的局限和物欲的蒙蔽，天赋观念就不能很好地发生作用。他说：“以其气质之有偏，物欲之有蔽也，是以昧其性，以乱其伦、败其则而不知反，必学以开之。”（《行宫便殿奏札》二，《朱子文集》卷一四）气质之有偏，这在上文已经分析过。物欲之有蔽，指的是人对于色、声、香、味、安逸等享受的追求。朱熹认为气禀和物欲这两个东西蒙蔽了人的本性，扰乱了伦理观念，败坏了老天爷制订的行为准则，结果，人就陷于邪恶，必须通过“格物”才能改变这种状况。

这样，在朱熹的哲学体系里，认识的任务只是使原来万理具足的受蒙蔽的人心恢复其本来面目。在这一过程中，人不曾从外界增加任何一丝一毫的新知识、新观念。他把这一过程比喻为人的睡与醒，认为人醒时，耳目聪明，应事接物，不会发生差错，但“若被私欲所引，便一似睡着相似，只更与他唤醒”。因此，在朱熹看来，所谓修养就是唤醒沉睡着的人心，消除蒙蔽，使天赋观念得以发扬。他认为人在经过长久的“用力”之后，就会“豁然贯通”，达到“众物之表里精粗无不到，而吾心之全体大用无不明”的境界，可以无所不知，无所不能。他说：“鄙贱之事虽琐屑，然孰非天理之流行者，但此理既得，自然不习而无不能耳。”张载曾将人的认识区别为“天德良知”和“闻见小知”，认为前者是天赋的，后者是“物交”的，即与客观世界接触的结果。朱熹认为一切都是天赋的，这就将张载的错误又向前发展了一步。

朱熹的“唤醒”论类似于柏拉图（Platon，前427—前347）的“回忆”说。柏拉图认为人的“灵魂”天赋地具有一切理念，但是当“灵魂”和肉体结合的时候，却由于肉体的影响而把这些理念忘记了，因此，必须通过学习，回忆“灵魂”原先旧有的知识。

人的认识能力是人脑的一种特殊功能，形成于人类的漫长进化中，但是人的认识内容（知识、观念）则是后天实践、学习的结果。朱熹的“唤醒”论貌似荒唐，然而却包含着合理的内核：人的认识能力是与生俱有的一种先天潜在能力，依赖于后天的“唤醒”——开掘与发扬。

二、在外的“儿子”与在家的“儿子”

据朱熹说，格物就是穷尽事物之理。格是“尽”的意思，又是“至”的意思。朱熹认为只有把事物之理穷尽到十分了，才能算格物；致知就是推展、扩充自己的知识以至于极点。朱熹认为人都有知识，例如儿童懂得爱父亲，长大了懂得敬兄长等，但是这种知识只停留在大略的水平上，必须从这里推展开去，达到知无不尽的极限。他说：“格物致知，彼我相对而言耳。格物所以致知。于这一物上穷得一分之理，即我之知亦知得一分；于物之理穷得二分，即我之知亦知得二分；于物之理穷得愈多，则我之知愈广。”（《朱子语类》卷十八）物是彼，知是我，二者相对，朱熹把这种关系称为“主宾”关系。他说：“知者，吾心之知；理者，事物之理，以此知彼，自有主宾之辨。”在认识过程中，人是主体，事物是客体，即所谓“宾”。例如人去认识山，人便是主体，山是客体，这是不错的。“主宾之辨”的提出，是朱熹对中国认识论史的贡献。

朱熹的格物致知有两条途径。

按朱熹的说法，理既存在于外物，也存在于人心，都是太极的分别的、完整的体现。前者被朱熹比作在外的儿子，后者被比作在家的儿子。某次，有人对他的“从外去讨得来”的认识途径发生怀疑，朱熹笑着说：“某常说人有两个儿子，一个在家，一个在外去干家事，其父却说道在家底是自家儿子，在外底不是！”（《朱子语类》卷十五）既然在外的儿子、在家的儿子都是儿子，则在物之理与在心之理都是理。因此，逻辑的结论必然是：既可以向外去认识在物之理，也可以向内去认识在心之理。

认识在物之理就是所谓向外用功。他说："上而无极、太极，下而至于一草一木一昆虫之微，亦各有理。一书不读，则缺了一书道理；一事不穷，则缺了一事道理；一物不格，则缺了一物道理。须着逐一与他理会过。（《朱子语类》卷十五）在朱熹的哲学体系里，物不仅指客观事物，也指人的行为动作，甚至还包括"一念之微"。因此，他的格物的内涵就相当广泛。他要人读书时便就文字上格，听人说话时便就说话上格，待人处世时就在待人处世上格。其中，他特别重视读书，把它列为"穷理"过程的起点。据他说，天下之理都具备于圣人所著的"经训史册"中，要想穷理，就必先读圣人之书。

有时，朱熹也提倡"格"所谓天地万物以至草木虫鱼之理，如天如何而能高、地如何而能厚、山岳如何而能凝结，以至炭的白黑、水的冷湿、车之行陆、舟之行水，"这底是可以如何使，那底是可以如何用"等，朱熹认为，一一皆在"理会"之列。他说："虽草木，亦有理存焉，一草一木岂不可以格！"（《朱子语类》卷十八）他广泛地观察、研究并思考过自然现象，在天文学、地质学、气象学、生物学等方面提出过不少重要的见解。如他认为："天地始初混沌未分时，想只有水火二者。""初间极软，后来方凝得硬。"又如他从高山化石推断地质变迁："常见高山有螺蚌壳，或生石中。此石即旧日之土，螺蚌即水中之物。下者却变而为高，柔者变而为刚。"再如，他认为月“常受日光为明”。又如，他认为人是自然变化而来：“天地之初，如何讨个人种？自是气蒸结成两个人后，方生许多万物。”“那两个人，便如而今人身上虱，是自然变化出来。”这些见解，在当时说来，都是先进的，符合或接近科学认识。

朱熹反对轻信前人，重视亲身的实践和考察。他说：“前人恁地说，亦未必尽，须是自把来横看、竖看。”（《朱子语类》卷九）他认为在认识的初级阶段，必须“先在见闻上做功夫”。他说：“如今人理会学，须是有见闻，岂能舍此？先是于见闻上做功夫，到然后脱然贯通。”（《朱子语类》卷九八）《禹贡》是中国古代的重要地理著作。朱熹曾以其亲身考察的结果纠正了其中的错误。他说：“著书者多是臆度，未必身到足历，故其说亦难尽据，未必如今目见之亲切著明耳！”他不仅家藏浑仪，而且曾用胶泥自制立体地图模型。他的学生蔡元定向他请教天文、历法方面的问题，朱熹回答说：“历法恐亦只可略论大概规模。盖欲其详，即须仰观俯察乃可验。今无其器，殆亦难尽究也。”朱熹认为只有亲身经历的知识才是真知，例如喝酒才懂得醉，吃饭才懂得饱，“人不曾吃底，见人说道是解醉、解饱，他也道是解醉、解饱，只是见得不亲切”（《朱子语类》卷一八）。一切真知都发源于直接经验。朱熹的上述思想完全符合唯物主义的经验论，对后代的影响是良好的。明代的药物学家李时珍（1517—1593）即将自己的学问称为“吾儒格物之学”。

但是，朱熹提倡“格物”，主要是为了要人们借物为踏脚石去认识那个先于物而又派生物的“理”，利用有形象的“器”去掌握无形象的“道”，并由此进入圣贤之域。因此，他在表示要逐事逐物“一一根究”的同时，马上声明，学者们用功，不可不讲先后缓急。他在《答陈齐仲》函中说：“且如今为此学而不穷天理、明人伦、讲圣言、通世故，乃兀然存心于一草木一器用之间，此是何学问！如此而望有所得，是炊沙而欲其成饭也。”（《朱子文集》卷三九）因此，他特别强调格物要“切己”，又强调要“反身”，一再表示不能“徇外夸多”，放纵自己的精力于“汗漫纷纶不可知之域”（《答吴伯丰》，《朱子文集》卷五二）。

在“向外用功”之外，朱熹还提倡过另一条认识途径，这就是“向内用功”，认识在心之理。他说：“天下之理，逼塞满前，耳之所闻，目之所见，无非物也，若之何而穷之哉？须当察之于心，使此心之理既明，然后于物之所在，从而察之，则不至泛滥矣。”（《朱子语类》卷十八）朱熹把这个过程称之为“由中而外，自近而远”。

在朱熹的哲学体系里，向外用功亦称“博观”，向内用功亦称“反求”或“内省”。在二者的关系上，朱熹主张不可偏废。有时，他激烈地批评杨时“反身而诚”的观点：“万物之理须你逐一去看，理会过方可。如何会反身而诚了，天下万物之理便自然备于我，成个什么？”（《朱子语类》卷六二）但是，朱熹有时又明确表示，必须以向内用功为主。他说：“要知学者用功六分内面，四分外面便好，一半已难，若六分外面，财尤不可。”（《朱子语类》卷一五）

人的认识过程确有向外用功和向内用功两个方面。向外用功是实践的过程；向内用功是对从实践中得来的材料进行思考、分析的过程。朱熹指出了认识过程有两个方面，这也是他对中国认识论史的贡献。但是，向外用功是基础，是认识世界、认识真理的唯一途径。离开了向外用功，向内用功就成了虚想胡猜。朱熹将二者并列起来，而且主张“六七分去里面体会”，这就又背离真理了。

必须指出的是，当朱熹感到永康、永嘉等事功学派的强大威胁时，他连“三四分去外面理会”也不要。在《与刘子澄》函中称：“近觉向来为学，实有向外浮泛之弊，不惟自误，而误人亦不少。方别寻得一头绪，似差简约。端的始知文字、言语之外，真别有用心处，恨未得面论也。浙中后来事体，大段支离乖僻，恐不止似正似邪而已。”（《朱子文集》卷三五）这里所说的“浙中后来事体”，乃是指永康、永嘉等事功学派的发展，所说“似差简约”的另一“头绪”，正是向内用功。他说：“切须去了外慕之心”，“有一分心向里，得一分力，两分心向里，得两分力”（《朱子语类》卷二）。晚年，他有时连书也不主张读。当时，他因为目疾不能观书，但自称“道理”却看得格外简约明白。因此，他提倡“闲中静坐，收敛身心”，甚至希望自己早日失明，说是：“日前外面走作不少，颇恨盲废之不早也。”（《朱子文集》卷四六）

朱熹在认识论上走过了一条“之”字形的道路。早年，主张“默会诸心”，是向内用功的禅学一路；中年，强调“一物不格，则缺了一物道理”，是向外用功一路。晚年，主张“闲中静坐，收敛身心”，这就又是向内用功的禅学一路了。

朱熹在认识论上的思想变迁，反映了道学中理学一派向心学一派发展的必然趋势。后来王阳明的“致良知”说，不仅继承了陆九渊，实际上也继承朱熹。王阳明编有《朱子晚年定论》一书，其中既有朱熹的早年之论，也确有朱熹的晚年之论。应该承认，朱熹的这部分言论和陆王之学是并无多大差别的。

三、自“铢积寸累”以至“一旦豁然贯通”

在成佛问题上，佛教有渐修和顿悟两派。渐修论者主张长期的，甚至是累世的修行，顿悟论者主张参一两句“话头”，因一两件事启发，就顿悟成佛。唐代中期之后，惠（慧）能（638—722）所创立的禅宗南派大盛；因此，顿悟之说大为流行。据说，有的人因为听了“手作拳，拳全手”的比喻就“豁然开悟”。石头和尚自回，则因在凿石时，一锤下去，火光迸出，于是就“忽然彻悟”。

在成圣问题上，道学也有渐修和顿悟两种观点。所谓渐修，指的是长期的个人修养；所谓顿悟，指的是刹那间的突然领悟。程颐曾经向往过一种“言下即悟”的境界，幻想用一两次谈话，甚至一两句话使人成圣（《河南程氏遗书》卷一八）。杨简（1141—1225）也自称听了陆九渊几句话后，就忽然“省悟”了（《谥议》，《象山集》卷三二）。

朱熹不赞成“顿悟”，认为这种观点使人“癫狂粗率”，忽略日常功夫，是“今日学者大病”。（《答胡季随》，《朱子文集》卷五三）他主张人的道德修养只能持之以渐，“铢积寸累”，一点点地积累、一步步地前进。他说：“今日既格得一物，明日又格得一物，工夫更不住地做。如左脚进得一步，右脚又进得一步，左脚又进，持续不已。”（《朱子语类》卷一八）

朱熹认为人的认识是一个由浅入深、由近及远、由表至里、由粗而精的过程。开始时，只能“看个大胚模”，然后才能“逐旋做细”。他说：“穷理须穷得尽，得其皮肤是表也，见得深奥是里也。知其粗不知其精，皆不可谓之格。”（《朱子语类》卷一八）

人的认识不是一次完成的，而是一个由感性认识到理性认识的辩证发展过程。人们在获得了丰富的感觉材料之后，还必须对它们加以改造制作，去粗取精、去伪存真，由此及彼、由表及里，形成概念和理论，从而认识事物的本质和规律。朱熹说：“天地中间，上是天，下是地，中间有许多日月星辰、山川草木、人物禽兽。此皆形而下之器也。然这形而下之器之中便各自有个道理，此便是形而上之道。所谓格物，便是要就这形而下之器，穷得那形而上之道理而已。”（《朱子语类》卷六八）朱熹这里所说的“形而上之道理”，正是指理性认识。他认为，如果人的认识达不到这个阶段，就不能算作学问。当然，朱熹并不懂得感性认识和理性认识的区别，但他看出了理有“表里精粗”的不同，人的认识是一个由下而上，由低级到高级的发展过程，这是有其合理因素的。

朱熹主张通过“万殊”去认识“理一”，由认识个别的事物而“四面凑合”，发展为对诸种事物共同本质的认识。他说：

> “学者且要去万理中千头万绪都理会，四面凑合来，自见得是一理。不去理会那万理，只管去理会那一理……只是空想象。”（《朱子语类》卷一一七）

人总是由认识个别的和特殊的事物，逐步地扩大到认识一般的事物。朱熹这里的思想完全符合人的认识秩序。

朱熹主张由“万”到“一”，由博而约，是不是主张天下之物都要“格”到呢？并不。朱熹主张类推。他说：“只要以类而推。”他并举例说：“如识得这灯有许多光，便因这灯推将去，识得那烛亦恁地光。”（《朱子语类》卷一八）他认为有了这个方法之后，十件事穷得八九件，其他一二件虽没有去穷，也可以“类推”而知。

类推是一种推理方法。它使人的认识从一个事物转进到另一个事物，是人们认识新事物、发现新原理的一种思维方法。但是，用于类比的两个事物必须在本质上有共同点或相似点，否则就是一种生拉硬扯的错误比拟，逻辑上叫作无类比附。朱熹从“这灯‘推到’那烛”是合理的，而由水之必寒、火之必热，推到为臣必忠、为子必孝，则是无类比附。

据朱熹说，经过了今日格一物、明日格一物的长期积累和“类推”之后，人的认识就发生飞跃，进入“豁然贯通”的境界了。这个境界是突然到来的，即所谓“一旦”；又是极端神秘地到来的，即所谓“忽然爆开”，“不知不觉，自然醒悟”，而一旦到达这个境界之后，人的认识和道德修养就达到极限。他描写这时的状况是："物之表里精粗无不到，而吾心之全体大用无不明。"（《大学章》）人是无所不知、无所不晓，出神入化了。

人的认识过程中有飞跃，亦即所谓突变。朱熹意识到，在"铢积寸累"的渐变基础上会产生质的飞跃——"豁然贯通"，同样有其合理因素。但是，他不了解任何这种飞跃都只是人们在认识真、善、美的历史长途中的一个阶段，只具有相对的意义，所谓"物之表里精粗无不到"的境界永远不可能出现。

四、对知行关系的全面展开

从程颐起，道学家们很喜欢讨论走路问题。程颐说："今有人欲之京师，必知所出之门、所由之道，然后可往；未尝知也，虽有欲往之心，其能进乎？"（《河南程氏粹言，论学篇》）程颐此时住在洛阳，他的意思是：从洛阳到开封，要先知道出哪道门，走哪条道，然后才能出发；如果不知道，出了别的门，走了别的道，就不知道会走到哪儿去了。程颐的话有没有道理呢？很有道理。所以他又说："说到底，须是知了方行得。"

朱熹也主张知先行后。他说："先知得，方行得。所以《大学》先说致知。"朱熹这样说，主要是为了强调儒学伦理对于个人修养和行为的指导作用。他说："格物、致知、诚意、正心、修身五者，皆明明德事。格物、致知便是要知得分明；

诚意、正心、修身便是要行得分明。”（《朱子语类》卷十四）明德，指的是天赋于人的道德观念；明明德，指消除气禀、物欲对于人的锢蔽，发扬天赋于人的道德观念；诚意、正心、修身，指按“明德”的要求进行个人修养。朱熹认为致知是知的开始，诚意则是行的开始。

知和行有着明确的界限。知属于思想，是主观；行是主观见之于客观，属于实践。朱熹把“诚意”“正心”一类活动也算作“行”，说明他关于“行”的概念和今人不同。在此之外，朱熹还有一个概念，叫“笃行”。他说：“须修身、齐家以下，乃可谓之笃行。”（《朱子语类》卷五一）这里，朱熹所说的“行”就超出了个人修养的范围，而包含着“治国”“平天下”一类的政治实践了。

“先知得，方行得”，先懂得了儒学伦理，然后才能进行道德修养，有所行动。否则，个人的道德修养就会走到别的方向，行为也就可能越出规矩。所以朱熹强调“万事皆在穷理后”，认为“经不正，理不明”，不管“如何地持守”，“也只是空”。他曾把知行关系比为眼睛和脚的关系，说是：“知行常相须，如目无足不行，足无目不见。”（《朱子语类》卷九）意思是有了眼睛，才会看清道路；没有眼睛，两只脚就不知道会迈到哪儿去了。

理论是行动的指南。自然，知对行有指导作用。但是，一切知包括道德观念、理论体系都来源于行。例如要从洛阳到开封，先要“穷究”路线，要“知”。但是，开封在东，出东门、往东走的知识还是从走路中得来的。所以从认识过程的总体上看，只能是行先于知，而不能知先于行。

朱熹部分地看出了知行之间的辩证关系。他说：“知之愈明，则行之愈笃；行之愈笃，则知之益明。”（《朱子语类》卷九四）这里，知行之间是相互影响、相互促进的。他又说：“方其知之而行未及之，则知尚浅；既亲历其域，则知之益明，非前日之意味。”（《朱子语类》卷九）从书本或别人的口述得来的知识往往感受肤浅，经过亲身实践之后，这种感受才会深刻并明晰起来。上述一段话表明，朱熹在一定程度上懂得行可以使知深化。

在知行轻重问题上，朱熹有时强调“知字上重”。曾经有人问他：“有知其如此，而行不如此者，是如何？”朱熹答道：“此只是知之未至。”他认为一个人只要真正体认了儒学伦理，就会“自然”地以之作为个人修养和行为的准绳。

在某些时候，朱熹又强调“行为重”。他说：“学之之要，未若知之之要；知之之要，未若行之之实。”（《朱子语类》卷十三）理论上懂得了“善”是什么，这是必要的，但是重要的还是“行”，只有通过“行”，才能使“善”与“我”合而为一，达到指导道德修养的目的。有时，他甚至主张以“行”来考察“知”。他说：“欲知知之真不真，意之诚不诚，只看做不做如何！”

在伦理领域内，一个人对于善是真懂，还是假懂；是诚心向善，还是三心二意，要看“做不做”。朱熹的这一思想是正确的、有价值的，他的“行为重”的思想也具有一定的合理性。

朱熹也讨论到了对于行的评价标准问题。他说："然穷理不深，则安知所行之可否哉！"朱熹认为行的是与非、可与否的评价标准是理，只有"穷理"愈深，才能对行做出正确的评价。朱熹的这一思想是错误的。真、善、美都存在于客观现实中，评价行的标准只能是社会效果。

对于知行难易问题，朱熹有时认为知易行难，有时认为知难行易。其实，难易并不是知行问题的科学表述。以往的人们对这一问题的回答大都因不同的情况和条件而异。朱熹摇摆于两种看法之间，既说明了他对此尚无定见，也说明了对这一问题不宜作简单的回答。

朱熹空前全面地展开了对知行关系多方面的论述，其中"真理颗粒"颇多，须要仔细地加以捡拾。

第七章　克人欲、存天理

按朱熹的说法，理是天赋予人而具于心的，只是被气禀和物欲蒙蔽了。因此，要通过格物去解救气禀的拘限，从正面去发扬人心的天赋之理。但是，光有这一条不够，还必须克除物欲，物欲一去，天理自现。他说：“圣贤千言万语，只是教人明天理，灭人欲。（《朱子语类》卷一二）朱熹的这一观念是孔子克己复礼思想的哲学形态，也是朱熹道学体系的核心和纲领。

一、以理制欲

什么是天理？据朱熹说，就是仁、义、礼、智等儒学伦理，就是君臣、父子、兄弟、夫妇、朋友等社会关系（《答胡斗南》，《朱子文集》卷五九），它们都是天赋予人，合当如此的。什么是人欲？就是人的耳、目、鼻、口、四肢之欲，如耳之于音乐、目之于美色、鼻之于芳香、口之于美味、四肢之于安逸等，朱熹又称之为“物欲”或“私欲”。他说：“视听言动，人所同也。非礼勿视听言动，便是天理；非礼而视听言动，便是人欲。”（《朱子语类》卷四十）这就是说“礼”是检称之为“同事异行”。又如舞八佾于庭，在周天子来说，就是天理；在作为诸侯的季氏来说，就是人欲。他把这种情况称为“同行异情”。他强调天理人欲二者泾渭分明，不能混淆。南宋初年的哲学家胡宏说过：“天理人欲，同体而异用，同行而异情。”朱熹同意这一命题的后半段，坚决反对前半段。他说：“人生都是天理，人欲却是后来没巴鼻生底。”（《朱子语类》卷一三）来源不同，自然不能称为“同体而异用”了。

伦理观念来源于社会生活，是后天才有的；耳、目、口、鼻、四肢之欲来源于人的生理本能，是与生俱有的。朱熹强调二者的区分是他思想细密的地方，但是，关于它们来源的认识则完全谬误而且颠倒了。

朱熹还有两个与天理、人欲相近的概念，这就是道心和人心，它源出于伪《古文尚书》的《大禹谟》篇。《大禹谟》篇说：“人心惟危，道心惟微，惟精惟一，允执厥中。”这十六个字据说是舜传给禹的，因此，又称为“十六字心传”。

朱熹所谓人心、道心，指的是人的两种不同的思维活动。他说：“人心亦只是一个，知觉从饥食渴饮，便是人心；知觉从君臣父子处，便是道心。”（《朱子语类》卷五八）这就是说，人心就是人的知觉和饥思食、渴思饮等生理方面的要求，源于人的“气质之性”，道心则是人的忠、孝、仁、义、礼、智等道德观念，源于人的“天命之性”。朱熹认为每个人都兼备人心、道心。虽圣贤，不能没有人心；虽下愚，也不能没有道心。人心并不是全不好，而是存在着通向邪恶的危险，必须使道心成为人心的主宰，控制和掌握人心。他说：“圣人不以人心为主，而以道心为主。盖人心倚靠不得。人心如船，道心如舵。任船之所在，无所向。若执定舵，则去住在我。”（《朱子语类》卷七八）他强调的是人必须用道德、伦理来控制自己的物质欲望。

有时，朱熹把人心和人欲这两个概念完全等同起来，认为人心便是人欲；有时，又强调它们的区分。他说：“人心，人欲也。此语有病。”（《朱子语类》卷七八）在他看来，人心不能无，人欲则不可有；人心“或是或非不可知”，人欲则纯粹是恶。他说：“人心是知觉，口之于味、目之于色、耳之于声底，未是不好，只是危；若便说做人欲，则属恶了。”（《朱子语类》卷七八）由于有了人欲，人所固有的广大而高明的天理就受到了蔽锢，“一齐昏了”（《朱子语类》卷八），因此，天理和人欲势不两立，此胜则彼退，彼胜则此退，天理存，人欲就亡；人欲胜，天理就灭，他把两者之间的斗争比作一场激烈的两军争夺战，要人们兢兢业业，全力以赴，一分一分地向可恶的人欲进攻，“克之，克之，而又克之”，直至达到“豁然一旦欲尽而理纯”的境界。

为了“克人欲”，朱熹提倡“持守”“存养”“克治”等一套修养方法。他特别强调：“纤微处尤要密察。”他要求人们，当内心萌发一个念头时，就要去考察是天理，还是人欲，即使是喝一盏茶，也要认清是天理，还是人欲。佛教要人"常惺惺"，朱熹则要人们经常"提撕唤起"，使内心处于一种警戒状态中，一有人欲，立即"革尽"。他说："私欲自不能留。"（《朱子语类》卷四一）又说："如今且要得寡，渐至于无。"（《朱子语类》卷六[illegible]）有时，甚至咬牙切齿地说："欲只是要窒！"

朱熹曾多次把人欲比作"贼"。他说：

> "纤毫私欲，便能识破他。自来点检惯了，譬有贼来，便识得，便捉得。"（《朱子语类》卷十五）

因此，他一会儿主张"坚壁清野[illegible]"，一会儿又主张"攻围拔守"，在思想上[illegible]的攻坚战。他说："圣人所以下个克字，譬如相杀相似，定要克胜得他。"（《朱子语类》卷四一）显然，王阳明的"破心中贼"正是朱熹思想的发展。

道家是主张禁欲的。老子就说什么"五色令人目盲，五音令人耳聋，五味令人口爽"，要统治者设法使百姓"无欲"。佛教也是主张禁欲的。东汉时译出的《四十二章经》就提出"断欲"问题。三国时译出的《六度集经》则把色、声、香、味等称为"妖"，把人的欲望称为"贼"。因而，朱熹提出克人欲、存天理的命题，是受到道家禁欲主义和佛教僧侣主义的影响，但是，二者又并不相同。其区别就在于朱熹强调一个

“礼”字，只要合于儒学所要求的“礼”（理），他并不一般地反对世俗的物质享受。

欲与理是人类社会生活中的永恒矛盾。一方面，人不能没有追求美好物质生活的欲望，因为正是“人欲”推动社会历史进步，所以笼统地视“人欲”为罪恶，提倡禁欲主义是错误的；但是，人的欲望又必须接受一定伦理观念和社会法制的约束，否则，它确实存在着通向罪恶的可能。因而，以理制欲是必要的，而提倡纵欲和损人利己的思想则是错误的。这里，重要的是对欲和理作具体的分析和考察。

朱熹“克人欲、存天理”思想的历史作用主要表现在两方面：第一，教育统治阶层，调整内部关系。统治集团经常发生争夺财产和权力的斗争，其成员（包括皇帝）的个人欲望、利益有时会与其集团的整体利益相违背。朱熹提倡“克人欲，存天理”，其目的正是为了维护统治集团的整体利益，使个人欲念限制在一定范围内，从而防止僭越、篡弑、贪婪等一类现象的发生。第二，从思想上巩固对人民的统治。在中国古代社会，农民是物质生活最贫乏的阶层，不可能没有追求美好物质生活的欲望。然而，在朱熹看来，这就叫作“人欲”，“只是要窒”。他说：“某观今人因不能咬菜根而至于违其本心者众矣，可不戒哉！”（《朱子语类》卷一三）即要人们“咬菜根”。你不满足于“咬菜根”而要“等贵贱，均贫富”吗？他就要“痛治之”。

朱熹对“克己复礼”的改造反映了宋代统治阶层的新需要。

在孔子那里，“礼”还仅仅是个政治和伦理概念；在朱熹这里，“礼”就被改制成了“理”，上升到世界本原和客观规律的意义。你违背了“礼”吗？你也就是违背了“理”，违背了自然和社会的法则。不仅如此，朱熹又说：“要须是穷理，始见得这道理合用恁地，便自不得不恁地。”他举“人被些子灯花落了便说痛”，到灼艾时却不以为痛的例子说：“只缘知道自家病，合当灼艾，出于情愿，自不以为痛也。”（《朱子语类》卷二二）原来，遵守礼教是要痛的，但是朱熹却要你“出于情愿”。这就是他将“礼”上升为“理”的妙用。清代进步思想家戴震（1724—1777）曾经说过：“六经”以下的各种书里，理字并不多见，自从宋儒提出理字以后，统治者“处断一事，责法一人”，就有了根据，即“尊者以理责卑，长者以理责幼，贵者以理责贱”。他愤激地控诉道：“人死于法，犹有怜之者；死于理，其谁怜之！”（《孟子字义疏证》卷上）他指责这种情况是“以理杀人”。鲁迅（1881—1936）说：“周末虽有殉葬，并非专用女人。嫁否也任便，并无什么制裁。……由汉至唐也并没有鼓吹节烈。”（《我之节烈观》）唐人还把“公主改嫁”的事写到文章里。然而，到了宋代，寡妇再嫁就被认为是“人欲”，属于“只是要窒”之列了。据《漳州府志》记载，自宋至太平军入漳之前，共有“烈女”四千四百九十八名。其中，有所谓“婆媳同孀”“三世苦节”“五世节妇”“四世五节妇”“未嫁守寡至八十岁”，也有所谓“夫亡投井”“自缢”“绝粒”等等。中国其他各地的方志中，也大体都有一卷以至数卷类似的《烈女传》，真是不知葬送了多少妇女的青春和生命。

中国的儒家思想一向重视现实的政治和伦理问题，在思辨的深度和高度上都赶不上老庄哲学、魏晋玄学和隋唐时期的佛学。宋代道学家们大量地从上述三者中汲取养料，正是为了弥补儒家思想的缺欠，构造一个精致一些、思辨色彩强一点的新的儒学体系。

现实世界的问题可以上升为精致的思辨哲学，精致的思辨哲学也可以还原为现实世界的问题。朱熹说："臣子无说君父不是底道理。"又说："妻有七出，此却是正当道理。"还说："人在天地间，自农、商、工、贾，等而上之，不知其几，皆其所当尽者。小大虽异，界限截然……各司其职，以办其事。"（《朱子语类》卷十三）人人都遵守"截然"不可犯的"界限"及其伦理规范，这就是朱熹要"存"的"天理"。

二、将身心锁在"模匣子"里的主敬说

在进行"克人欲，存天理"的修养时，朱熹特别提倡一个"敬"字。他要求人们对天理，要"敬以存之"；对人欲，要"敬以克之"。（《延和奏札》五，《朱子文集》卷一四）

敬最初是春秋时期统治阶层所提倡的一种道德规范，《左传》称"孝、敬、忠、信为吉德"（《左传》文公十八年）。后来，孔子有所谓"执事敬"的说法，意即办理事情要严肃认真（《论语·子路》）；又有"修己以敬"的说法，意即修养自己，保持严肃恭敬的态度（《论语·宪问》）。到了北宋，程氏兄

弟特别把这个敬字提出来，作为一种修养功夫，即程颐所说："涵养须用敬。"(《河南程氏遗书》卷一八）朱熹则把它说成是"圣门纲领"，视为"入德之门"。他说："敬字功夫，乃圣门第一义。彻头彻尾，不可顷刻间断。"(《朱子语类》卷一二）

什么是敬呢？有内心和外貌两方面的要求。内心方面，要求"小心畏谨""主一无适"。

无事时，"收敛此心"；有事时，集中精神于事。外貌方面，要求"整齐严肃"。朱熹写过一篇《敬斋箴》，是他写在书斋的墙上用以"自警"的。其内容是衣冠要正，目光要尊，脚步要重，手势要恭，出门像做宾客，做事如同祭祀，永远"战战兢兢"，像面对上帝一般。在其他地方，朱熹也曾说过"坐如尸，立如斋"一类的话，对人的坐、立、头、目、足、手、口等方面一一提出了要求。此外，他又提出："敬贯动静"，即人处于动或处于静时都必须敬。鲁迅说："我们的圣贤本来早已教人非礼勿视的了，而这礼又非常的严，不但正视，连平视、斜视也不许"(《论睁了眼看》)。朱熹这里提出的就是一种非常"严"的"礼"。

从周敦颐起，道学家中有不少人提倡"主静"，李侗曾专门教朱熹静坐。但是，朱熹却逐渐认为"主静"有消极作用。他说："某旧见李先生，尝教令静坐，后来看得不然，只是一个敬字好。"(《朱子语类》卷一二〇）

朱熹提倡"敬"字功夫，有一定合理性；直到今天，人们也还在提倡"敬业精神"。但是，朱熹之所以提出这一要求，有其深刻的政治原因。他说："人心万事之主，走东走西，如何了得？”（《朱子语类》卷一二）他又说：“要且将个敬字收敛个身心放在模匣子里，不走作了，然后逐事逐物看道理。”（《朱子语类》卷一二）思想不是个具体的东西，是锁不住的，但是朱熹却要把它“收敛”起来，锁在“模匣子”里，安顿在儒学的“义理”上。他说：“人心常炯炯在此，则四体不待羁束而自入规矩。”（《朱子语类》卷一二）思想进了“模匣子”，四体入了“规矩”，“内无妄思，外无妄动”，专心一意、战战兢兢地“存天理”，南宋王朝还有什么值得忧虑的事了吗？当然没有了。

第八章 “一中又自有对”的辩证法

富于辩证思想是中国哲学的重要特点。从古代《老子》和《易传》开始，中国的朴素辩证法就形成了一道滔滔长河。在这道长河的流动发展中，朱熹做出了自己的独特贡献。

一、“一分为二，节节如此”

“月有阴晴圆缺，人有悲欢离合”，不论是自然界或社会，一切事物、现象和过程都有它对立的方面。

朱熹相当深刻地认识到了这一规律。他说：“凡物皆有两端，如小大、厚薄之类。”（《中庸章句》）这个“两端”，他在更多的场合称之为“对”：“天下之物未尝无对，有阴便有阳，有仁便有义，有善便有恶，有动便有静。”（《朱子语类》卷九五）他认为，世界上没有孤立而无对的事物。

朱熹又说：“然就一言之，一中又自有对。且如眼前一物，便有背有面，有上有下，有内有外，二又各自为对。虽说‘无独必有对’，然独中又自有对。”（《朱子语类》卷九五）“无独必有对”是北宋时程颢提出的命题，指的是一个事物和另一个事物、一个方面和另一个方面的关系，例如上述的阴阳、善恶等等。但是就一个事物、一个方面本身来说，它是否还有对立的两面呢？朱熹认为有，“一中又自有对”“独中又自有对”。他举例说，例如我们眼前的事物就“有背有面”“有上有下”“有内有外”，它们又各自组成对立两面。(《朱子语类》卷九五）这就将程颢的命题进一步发展和深化了。

中国古代哲学以阴阳来分别代表矛盾的对立两面，朱熹也是如此。他说：“天地统是一个大阴阳，一年又有一年之阴阳，一月又有一月之阴阳，一日一时皆然。”(《朱子语类》卷一）又说：“无一物不有阴阳，乾坤至于至微至细，草木禽兽，亦有牝牡阴阳。”(《朱子语类》卷六五）就是说，大而至于天地乾坤，小而至于“至微至细”，也都具有对立两面，并不因为它是“至微至细”就不可以分阴分阳了。

朱熹认为一可以分为二,二又可以分为四，对立的双方各自包含着对立。他说：“人生只是个阴阳，那阴中又自有个阴阳，阳中又自有个阴阳，物物皆不离这四个。”(《朱子语类》卷一二九）朱熹并进一步用这种观点来说明宇宙的发生和发展。他认为“此只是一分为二，节节如此，以至于无穷，皆是一生两个”(《朱子语类》卷六九）。一分为二是北宋哲学家邵雍在《皇极经世·观物外篇》中提出的思想。朱熹因袭邵雍，但是他对邵雍的思想进行了提炼概括，将“一分为二”作为一个“节节如此”的普遍规律提出来，这就大大地超过了邵雍。

汉代的扬雄提倡过一种“三分法”，认为作为宇宙本原的“玄”在空间上分为三方，每方分为三州，每州分为三部，每部分为三家。(《太玄图》) 朱熹反对这种“三分法”，批评其“不是道理”。他说:“盖天地闻只有个奇耦。”(《朱子语类》卷一三七)

宋代的道学家们普遍认为“道无对”，即作为宇宙本原的“道”没有可以与之匹敌的对立面。朱熹不完全同意这种看法。他说:“唯道为无对，然以形而上下论之，则亦未尝不有对也。”(《答胡广仲》,《朱子文集》卷一三七)这就是说，形而上之道可以与形而下之器相对。杨时主张“性善之善，不与恶对”，朱熹也不完全同意这种看法，他认为从先天的人性本原来看，确实只有善，没有恶与之相对，但是从后天产生的人欲看，它就又是有对的了。(《答胡广仲》,《朱子文集》卷一三七)这些地方，表现了朱熹力图将他的“二分法”贯彻到底。但是，朱熹有时又说:“太极只是个一而无对者。”(《朱子语类》卷一〇〇)在道学家心目中，“太极”是至高无上，对这个“无躯壳”的权威进行分析需要理论上的勇气，朱熹终于停止了脚步。

二、“不可相无”与“无日不相胜”

一中有二,二中是否有一呢? 朱熹认为有。他说:“阴阳虽是两个字，然却只是一气之消息。一进一退，一消一长。进处便是阳，退处便是阴；长处便是阳，消处便是阴，只是这一气之消长。”(《朱子语类》卷七四)这就是说，对立两面又是统一的，它们相互联结而又相互渗透。

朱熹细致地分析了对立两面之间的关系，认为它们既是“不可相无”的，又是“无日不相胜”的。他说：“动静、屈伸、往来、阖辟、升降、浮沉之性，虽未尝一日不相反，然亦不可以一日而相无也。”（《金华潘公文集序》，《朱子文集》卷七六）又说：“阴阳之道，无日不相胜”，“这个退一分，那个便进一分。”（《朱子语类》卷一二五），“不可相无”，说的是矛盾两面各以其对立面的存在为自身存在的条件。只有寒，没有暑，或只有暑，没有寒，都不行，二者相反而又相成。“无日不相胜”说的是矛盾两面经常处于斗争状态，这边退一分，那边便进一分。斗争的结果是必有一方处于主要地位：“天地间无两立之理，非阴胜阳，即阳胜阴，无物不然，无时不然。”（《朱子语类》卷六五）它们不会和平地均衡相处，总是一个战胜一个。

在宋代以前，不少思想家都指出矛盾的对立两方具有“相反”的性质，但是，明确指出它们之间的“相胜”（斗争）关系的并不多。张载在《正蒙·太和篇》中说：“有象斯有对，对必反其为；有反斯有仇，仇必和而解。”认为矛盾双方斗争的结果可以通向和解。和张载不同，朱熹指出“非阴胜阳，即阳胜阴”，不仅认为斗争贯彻矛盾的始终，而且认为斗争是解决矛盾的手段，这是和张载不同的地方。

三、“阴极生阳，阳极生阴”

朱熹认为矛盾的双方有些可以互相转化，他说“阴极生阳，阳极生阴”“如人在背后只管来相趱”（《朱子语类》卷一八）。当矛盾双方的发展超过了一定界限（极）时，就要走向反面。这种向对立面的转化是无休无止的，所以运动是永恒的。他说：“气升降，无时止息。”（《朱子语类》卷四）又说：“天之运转不穷，所以为天行健。”（《朱子语类》卷六八）值得特别提出来的是，朱熹还隐约地猜测到了物质不灭和能量守恒的客观真理。他说：“游气是气之发，是生物底气。游亦流行之意，纷扰者参错不齐。既生物便是游气，若是生物常运行而不息者，二气初无增损也。”（《朱子语类》卷九八）“游”就是“流行”，也就是运动。朱熹认为气运动流行的过程就是物的产生过程。在这过程当中，“二气初无增损”，作为基本元素的阴阳二气既没有增加，也没有减少。他曾经认为气散不能复聚，气散则无。这里的思想是朱熹的自我否定，后来在王夫之那里得到了充分的发展。

矛盾双方向对立面的转化是客观规律，它不以人的主观意志为转移。但是，在这种转化面前，人又不是消极无为的，而是可以促进或延缓这种转化。朱熹部分地窥见了这一点。如淳熙九年（1182），浙东发生旱灾，他向孝宗上奏，要他“痛自省改，以承皇天仁爱之心，庶几精神感通，转祸为福”（《乞修德政以弭天变状》，《朱子文集》卷一七）。其思想虽然并没有超出“天人感应”的神学范围，但他承认通过人的主观努力，可以促使矛盾由“祸”向“福”转化，这又是有积极意义的。

动与静被视为可以互相转化的另一组对子。朱熹说：“动静无端，阴阳无始”，“一动一静，循环无端”（《朱子语类》

卷九四），承认动与静之间的转化没有开头（无端），也没有终止（不已），这仍然是相当深刻的辩证思想。但是，朱熹未能看出，这种循环并不是简单的重复，而是事物螺旋式、波浪式的前进、上升运动，是向新质的发展，而不是对旧质的复归。

在动与静的矛盾中，朱熹认为“静者为主，而动者为客，此天地阴阳自然之理”（《答徐彦章》，《朱子文集》卷五四），“动有资于静，而静无资于动”（《答胡广仲》，《朱子文集》卷四二）。矛盾的对立双方只有主次之分，没有主客之分；它们之间相互依存，而不是单方面的依赖。朱熹的上述说法是一种明显的尊静抑动思想。前文指出，他看出了运动是永恒的，也看出了动与静是不可相无的，但是，他主观的感情倾向则在静。朱熹又说：“天下之理，单便动，两便静。且如男必求女，女必求男，自然是动。若一男一女居室家后便定。”（《朱子语类》卷五）有对立就会有运动，朱熹却认为“两便静”，这就背离了辩证法。

天地、上下、四方被认为是不能互相转化的对子。朱熹说：“阴阳有个流行底，有个定位底。一动一静，互为其根，便是流行底，寒暑往来是也。分阴分阳，两仪立焉，便是定位底，天地、上下、四方是也”（《朱子语类》卷六五）。这就是说，有一类矛盾，它们对立两面的位置各自固定。

自然和社会的客观事实告诉人们：一切矛盾着的双方不仅互相联系，而且也在一定的条件下互相转化。这里的关键是条件。所谓静止或稳定都是相对的，一待条件具备，原先认为不能转化的矛盾也会发生转化。

朱熹之所以宣扬矛盾着的两方面有“定位底”，乃基于巩固南宋统治的需要。他说：“君臣、父子定位不易，事之常也。”（《甲寅行宫便殿奏札》，《朱子文集》卷一四）这样，朱熹的辩证思想就被窒息了。

四、“小变而不失其大常”

春秋末期，孔子提倡过一种中庸哲学。朱熹继承孔子思想，同样大力鼓吹中庸之道。他说：“中庸之中，是指那无过、无不及底说。”（《朱子语类》卷三三）世界上的万事万物都保持着特定的数量与质量关系，既不要过“度”，也不要“不及”，有其合理性。但是“度”是可变的，朱熹认为“中庸”不可变，声称“中者，天下之正道；庸者，天下之定理”（《朱子语类》卷三三）。他所说的中庸之道就是他所视为“亘古亘今不可易”的“三纲五常”，这就将一时性的伦理准则视为永恒的真理了。

值得指出的是，朱熹所说的“中”不是中间的中，不是一半对一半，更不是什么折中主义。他说：“自极厚以至极薄，自极大以至极小，自极重以至极轻，于此厚薄、大小、轻重之中，择其说之是者而用之，是乃所谓中也。”（《朱子语类》卷六十三）朱熹主张该厚就用厚，该薄就用薄，决不随意在厚薄、大小、轻重之间取其半。他坚决反对折中主义，认为“当与不当，这便是中，如何于二者之间酌中做？此正是今时人之大病”(《朱子语类》卷一〇七)。

当时，曾有人主张“执中当知时”，认为“苟失其时，亦失中矣”。朱熹不同意这种看法，强调首先必须“识中”。据他说，如果不知道“中”是什么，而又要“随时以为中”，那就要“流而为小人之无忌惮”(《答何叔京》,《朱子文集》卷四〇)。其实，一切规范、标准都是具体的，视时间、地点、条件而转移。因而，“执中当知时”是一个正确的命题。(《朱子语类》卷六二)

关于庸，北宋时期，司马光曾经特别解释为“常”，并以之为武器攻击王安石“厌常而喜新”，打乱了常规旧套。(《中和说》,《司马温公文集》卷六〇)朱熹也同样将庸字解释为常。他说:“言常则不易在其中矣。”

他不了解，一切过程的常住性是相对的。新陈代谢是宇宙的不可抗拒的普遍规律，旧质、旧过程在一定阶段上可以有其常住性，但是总要为新质、新过程所代替。朱熹将“常”和“不易”联系起来，正是企图将过程的常住性绝对化，从而排斥过程的变动性。

在宣扬中庸论的同时，朱熹也讲“变”。他说:“然所谓不易者，亦须有以变通，乃能不穷。如君尊臣卑，分固不易，然上下不交也不得。”(《朱子语类》卷七二)又说:“守常底固是，然到守不得处，只着变，而硬守定则不得，至变得来合理，断然着如此做，依旧是常。”(《朱子语类》卷六二)意思是本来应该“守常”不变的，但是当形势变化，这个“常”无法守住的时候，也可以变一变，到头来“依旧是常”。

程颐主张“变而后能常”，本和朱熹思想相近，但是，朱熹有时却表示反对。他说：“能常而后能变。能常而不已，所以能变，及其变也，常亦只在其中。伊川却说变而后能长，非是。”（《朱子语类》卷七二）虽然目的都是为了“守常”，但程颐是“变”字当头，朱熹却是“常”字当头。

“小变而不失其大常”（《朱子语类》卷三七）可以有量的变化，但决不能破坏旧质。当你破坏了旧质或只是有所触动的时候，朱熹的“中庸”之枪可就刺过来了。秦朝，朱熹说是“变得过了”；汉朝，朱熹说是“可谓极矣”；王安石变法，朱熹说是“不得其中”；连南宋时孝宗的某些改革，他都指责为“伤于太锐”。（《朱子语类》卷一二八）

朱熹还讨论到了经与权的关系。他说：“经是万世常行之道，权是不得已而用之。”“经者，道之常；权者，道之变。”（《朱子语类》卷三七）因此，经与权的关系就是常与变的关系，也就是原则性与灵活性的关系。朱熹承认在特殊情况下可以有某种灵活性，称之为“权”。他举例说“男女授受不亲”，这是经；嫂子掉在水里了，伸手拉一把，这是权。朱熹认为，权不能离经。他说：“圣人平日只是理会一个大经大法，却有时而应变达权。才去应变达权处看他，又却不曾离开大经大法。”（《朱子语类》卷二四）他特别声明，“权不是常用底物事”，只有圣人才可以“权”。可以看出，朱熹对于特殊情况下作特殊处理的灵活性多么担心。

朱熹所说的“常”和“经”，都指三纲五常。他说：“所谓损益者，亦只是要扶持个三纲五常而已。……然三纲五常，终变不得。”（《朱子语类》卷二四）“损益”就是变通，其目的在于“扶持”三纲五常，它是绝对变不得的。这样，朱熹就把属于某一时期的道德规范当作万古永存的原则了。

五、“和则交感而万物育”

有时，朱熹又将中庸解释为中和。他说：“中庸之中，实兼中和之义。”（《朱子语类》卷六二）什么是“和”呢，朱熹认为那就是“无所乖逆”“不相陵夺”“事得其宜”。他说：“和则交感而万物育矣。”（《朱子语类》卷六二）在他看来，矛盾的对立两面“和”了，就能相互作用而发育万物。

“和”是事物发展的一种境界。人与自然之间、人与人之间，不可以没有“和”。唯其有“和”，能“和”，矛盾双方才能共存、共生、共进。因此，提出“中和”说是中国儒学对辩证法的一项重要而独特的贡献。但是，正像不能将“斗争”绝对化一样，也不能将“和”绝对化。在一定条件下，“和”是必要的；而当矛盾双方不斗争就不能前进的时候，“和”只能维护旧质，窒杀新机。朱熹说：“君君、臣臣、父父、子子、兄兄、弟弟、夫妇、朋友，各得其位，自然和。”（《朱子语类》卷二二）显然，他的“中和”说乃是维护古代社会秩序的哲学。

事实上，朱熹也并不在任何情况下都提倡“和”。他说：“君子之于小人，……无交和之理。”（《答潘叔昌》，《朱子文集》卷四六）对于朱熹所视的“小人”，他是主张“阳胜阴”的。

朱熹承认一切事物都有其对立面，承认“一中又自有对”“一分为二”是普遍规律，矛盾双方“不可相无”而又“无日不相胜”，承认运动永恒，这都是辩证法，一种虽然朴素，却又相当深刻的辩证法。但是，他把部分矛盾看作是僵死的、凝固的，宣扬“定位不易”，宣扬万世不变的中庸论，尊静抑动；主张在维护旧质基础上的矛盾调和，这样，他的辩证法又被窒息了。

第九章　鹅湖之会与朱熹、陆九渊的异同

一、互不相下的激辩

鹅湖之会前，陆九龄对陆九渊说：这次集会，为的是讨论学术异同，我们兄弟二人先自不同，怎么能期望鹅湖时大家相同呢？于是，二人反复辩论，至晚才罢，陆九龄表示赞成九渊的观点。第二天早晨，九龄在九渊面前朗读刚写好的诗：

> “孩提知爱长知钦，古圣相传只此心。大抵有基方筑室，未闻无址忽成岑。留情传注翻榛塞，着意精微转陆沉。珍重友朋勤切琢，须知至乐在于今。”

在诗中，陆九龄认为儿童天生地知道爱，长大了天生地知道敬，历代圣贤相传的就是这种爱敬之心，可以不学而知，没有必要到儒家著作的注解中去寻求所谓“精微”之处，那条路走不通。陆九渊认为诗写得很好，但第二句微有不妥。到鹅湖后，陆九龄首先朗诵他的诗，才读了四句，朱熹就完全明白，对吕祖谦说：九龄上了九渊的船了！接着，便和九龄辩论起

来。陆九渊说：我在路上写了一首和家兄的诗：

> “墟墓兴衰宗庙钦，斯人千古不磨心。涓流积至沧溟水，拳石崇成泰华岑。易简工夫终久大，支离事业竟浮沉。欲知自下升高处，真伪先须辨只今。”
> （《陆九渊集·鹅湖和教授兄韵》）

陆九渊同样认为，人天赋地具有伦理观念，到了墟墓之间会自然产生悲哀之感，进了宗庙会自然产生钦敬之情，那是人人具有，永不消磨的。因此，自己的一套“易简工夫”必将长久光大，而朱熹的“支离事业”只能沉浮一时。听到这里，朱熹的脸色突然变了，但陆九渊不管，继续往下读：“欲知自下升高处，真伪先须辨只今。”自然，朱熹老大不高兴。紧接着，又辩论了几天。朱熹主张“泛观博览而后归之约”，陆氏兄弟则主张“先发明人之本心，而后使之博览”。陆九渊并大谈了一通收敛精神，使之在内而不在外的重要，还想了一个“尧舜之前何书可读”的问题准备难倒朱熹，为陆九龄劝阻。最后，双方互不相下，终于不合而散。

二、“性即理”与“心即理”

鹅湖之会上，朱陆争论主要集中在认识论上，但也表现了他们在世界本原论、人性论、伦理观等一系列问题上的分歧。

朱熹把独立于人的知觉之外的理（客观精神）作为世界本

原，陆九渊则把人的知觉（心）作为世界本原。基于此，朱熹主张“性即理”，陆九渊主张“心即理”。

“性即理”，意即人性是从天上降到人心里来的理。从这里出发，朱熹严格地区别了心和性两个概念，认为心指人的感觉、欲望和动作，性指人的伦理观念，两者不是一回事。他说：“性是理，心是包含、该载、敷施、发用底。”（《朱子语类》卷五）他曾将二者比喻为饺子皮和饺子馅的关系，说是“心将性做馅子模样”，因此，只能说“心具众理”，而不能说“心即理”。例如人的视、听、言、动，这是心的作用，但是视、听、言、动必须合于礼才是理。他说：“心只是该得这理，佛氏原不曾识得这理一节，便认知觉运动做性。”（《朱子语类》卷一二六）

禅宗认为佛性就体现在人体各器官的“作用”（功能）上。《菩提达摩传》载，南天竺国王曾向波罗提询问：“性在何处？”波罗提答曰：“性在作用。”并说一偈：“在胎为身，处世为人；在眼曰见，在耳曰闻；在鼻辨香，在口谈论；在手执捉，在足运奔。偏现具该沙界，收摄在一微尘。识者知是佛性，不识唤作精魂。”朱熹上文所指斥的“认知觉、运动为性”，即指禅宗的有关思想。朱熹认为必须将人的知觉、动作和关于知觉、动作的伦理规范，即心与性二者严格区分开来。如果混为一谈，必将承认人的活动无时不是理、无处不是理，这就要导致对个人道德修养的放松和废弃。他说：“若便以日用之间，举止动作便是道，则无所适而非道，无时而非道。然则君子何用戒慎恐惧，何用更学道为？”（《朱子语类》卷六二）

人具有视、听、言、动的能力，同时，人又为自己制订了关于视、听、言、动的种种伦理规范。前者是人的生理本能，后者是一定阶层、集团或派别的社会利益的反映。朱熹区分二者是正确的，但是他把后者看作是从天上降到人心里来的，这就错了。

"心即理"，说的是人的知觉、动作就是理。陆九渊认为，人的知觉和人的伦理观念本质上是相同的。他说："汝耳自聪，目自明，事父自能孝，事兄自能悌，本无少缺，不必他求，在乎自立而已"（《朱子语录》,《陆九渊集》卷三四）。耳聪目明，属于听觉和视觉，孝与悌则属于伦理观念。在他看来，听觉和视觉是人所固有的，孝悌等伦理观念也是人所固有的。

前文指出，朱熹主张区分人的生理本能和人的伦理规范，陆九渊却将二者混淆起来，从理论思维的发展看，这是一种退步；从实际的社会作用看，这种混淆有时倒有一点积极意义。这就是易于流为"认欲为理"，从而放松和废弃儒学道德修养，为异端思想的滋生提供条件。虽然陆九渊并不是一个不重视儒学道德修养的人，只是对"存诚持敬"的修养方法不满，但是他的学说流行的结果，确实出现过"猖狂妄行"的情况。这一点，到明末表现得特别明显。这是陆九渊始料所未及的。

由于对儒学伦理的认识不一，体认的途径和方法也就因之而异。朱熹认为在和气的结合过程中，作为世界本原的理分化为在物之理和在心之理。因此，既可以向外通过物去体认，也可以向内在自身探求，这就产生了向外用功和向内用功两条途径。陆九渊则认为既然理是人心所固有的，充塞宇宙之理不过是人心之理的扩张，因此，自然“不必他求”，没有必要去向外体认什么在物之理，直接向自己的心中去寻找就是了。他认为，朱熹的向外用功完全多余。通过穷万物之理以发扬天赋于人心之理，在陆九渊看来，这是绕圈子，走贫道，叫作“支”。而且，天下万物不胜其烦，如何一一研究得？即使研究得了，又怎能解决个人的道德修养问题？在陆九渊看来，这就叫作“离”。他说：“勤学之士，反为之迷惑，自为支离之说以自禁缠。……岂不重可怜哉！”（《与曾宅之书》，《陆九渊集》卷一）

在体认儒学伦理的方法上，朱熹主张“零零碎碎凑合将来”，即今日格一物，明日格一物；今日穷一理，明日穷一理，从体认分殊在万事万物上的理做起，铢积寸累，一步一步，最后，“一旦豁然贯通”，体认出派生万事万物的总的最高的理，完成个人的道德修养。陆九渊则主张“先立乎其大者”（《朱子语录》，《陆九渊集》卷三四），即首先体认人心固有之理，明确地在思想上确立儒学伦理的基本原则，不必在细微之处零零碎碎下工夫。他说：“有本自然有末”，只要“本”树立起来了，那就会“一是即皆是，一明即皆明”，不然的话，舍本逐末，舍大就小，问题就大了（《朱子语录》卷四，《陆九渊集》卷三五）。

朱熹认为圣贤们的著作乃是理的完备体现，所以他强调“穷理之要，必在于读书”，且主张读书时要在“求其义”狠下工夫。例如穷究孝之理时就要去研讨《论语》中许多论孝的地方，要在文字和注解上“格”。所以，他主张“博学之，审问之，谨思之，明辨之”（《朱子语类》卷一八），即多读、多讨论，谨慎地思考，细致地分辨，经过广泛的观览之后达到在思想上确立儒学伦理基本原则的目的。陆九渊则不那么强调读书，不赞成“苦思力索”，孜孜于章句、传注之间。他认为最重要的是“先发明人之本心”，当人心固有之理被体认到了的时候，“六经皆我注脚”（《朱子语录》，《陆九渊集》卷三四），不过是对人心固有之理的注解罢了。在陆九渊看来，如果思想上还没有确立儒学伦理的基本原则，就去“泛观博览”，什么书都读，那就会读出毛病来。他说：“田地不清洁，亦读书不得，若读书，则是假寇兵，资盗粮。”（《朱子语录》，《陆九渊集》卷三五）等于给了贼寇以兵力和粮食的援助。

陆九渊强调“六经皆我注脚”，目的在抬高“我”心固有的儒学伦理的地位，以之作为审察一切的最高标准。他说：“使书而皆合于理，虽非圣人之经，尽取之可也。”“如皆不合于理，则虽二三策之寡，亦不可得而取之也，又可必信之乎？”（《取二三策而已矣》，《陆九渊集》卷三二）这就是说：只要合于理，即使不是圣人之书，也可以全盘吸收；如果不合于理，即使是圣人之书，也不能相信。他反对“师古”，主张“择其当于理者而师之”“惟理之是从”（《策问》，《陆九渊集》卷二四）。这些地方，“理”的地位是抬高了，但是“六经”等儒学经典的地位却相对降低了。

陆九渊主张“自立自重，不可随人脚跟，学人言语”，又主张“自得、自成、自道，不倚师友载籍”（《陆九渊集》卷三五），即强调的是自己，儒学经典和圣贤权威的地位就更低了。所以朱熹批评他“如今都教坏了后生，个个不肯去读书”，又批评他“好为呵佛骂祖之说”“个个学得不逊”（《朱子语类》卷一〇四、一二四）。其实，这还不是最严重的。心学在强调“我”心固有之“理”的同时，也就强调了“我”；在适当的历史条件下，“理”的内涵就有可能发生变化，“我”的个人之见就可能代替儒学规范，这样，异端思想就可能脱颖而出。这不是陆九渊所愿意看到的，却是他的理论有可能产生的后果。

朱熹主张克人欲，存天理，通过省、察、克、治、主敬等办法扑灭思想中一切违背儒学伦理的念头，陆九渊则反对天理、人欲的区分，主张从正面去发扬人心固有之理。他说："主于道，则欲消。”（《朱子语录》，《陆九渊集》卷三五）陆九渊的这一思想在晚明时发展为泰州学派的“制欲非体仁论”。这一派认为只要体认到了天赋于人心之“仁”，一切欲念就无从产生。

朱熹反对陆九渊的上述修养方法，认为这是“禅家之说”；陆九渊则自称他的方法简便易行，连愚夫愚妇们也能掌握。

三、不尽余波

朱熹没有能说服陆九渊，但是，却说服了陆九龄。后来，九龄曾致函朱熹，自悔在鹅湖时所持的见解。淳熙五年（1178），朱熹在江西铅山待命，九龄亲到当地探访。二人谈得颇为投机。朱熹对九龄说："本人旧时持论亦好高，近来渐渐移近下，渐渐着实也。”朱熹并作诗赠九龄，题为《和鹅湖子寿韵》，诗云：“德义风流夙所钦，别离三载更关心。偶扶藜杖出寒谷，又枉篮舆度远岑。旧学商量加邃密，新知培养转深沉。只愁说到无言处，不信人间有古今。”

陆九龄去世后，陆九渊于淳熙八年（1181）到南康，请朱熹为九龄写墓志铭。朱熹邀九渊到白鹿洞书院讲学。他的讲题是《论语》中的“君子喻于义，小人喻于利”两句。他慷慨激昂地说：“今人读书便是为利。如考中后又要得官，得官后又要改官，自少至老，自顶至踵，无非为利。”据说听众中有感动得流泪的。朱熹对陆九渊的演说非常满意，认为“切中学者深微隐痼之病”，特别请他笔录下来。这次见面，朱熹觉得陆九渊不像鹅湖之会时那样盛气凌人了，但是在许多见解上，二人仍然不合。

淳熙十四年（1187）至淳熙十六年（1189）期间，朱熹和陆九渊及其兄陆九韶（子美）之间还曾以通信方式展开过关于“无极”“太极”问题的辩论。

周敦颐的《太极图说》有“无极而太极”一语。无极表示最高、最根本的范畴，它是世界万物的本原，太极表示阴阳未分之前的混沌元气。“无极而太极”，是说从无极中产生太极。这一思想，实际上是《老子》一书中“天下万物生于有，有生于无”的翻版。

陆九渊、陆九韶反对无极这一范畴。陆九渊说：“‘极’字就是‘理’字，此理乃宇宙之所固有，岂可言无？”他认为讲太极就够了，太极上面再加上无极，乃是“牀上之牀”，这是“老氏之学”，“老氏之学不正”，是要不得的。朱熹则认为：“无极而太极”，说的是无形而有理。无极就是无形，说明太极的特征。他并说：无极是周敦颐的真知灼见，他说出了别人不敢说的话，“真得千圣以来不传之秘”。

这次辩论还涉及了对于“阴阳”的认识等问题。陆九渊认为阴阳是道，是形而上的；朱熹则认为阴阳是器，是形而下的，只有支配阴阳的理才是形而上的。

辩论得很热烈，双方各执己见，僵持不下。陆九渊揭露朱熹哲学的一些常用语，如“太极真体”“不传之秘”“无物之前”“阴阳之外”“不属有无”“不落方体”等都来源于禅宗。他问朱熹：“莫是曾学禅宗，所得如此？”（《与朱元晦书》二，《陆九渊集》卷二）朱熹则以同样的方式回敬，他揭露陆九渊“心即理”的说法来源于禅宗的“作用见性”说，说是：“往往只是于禅学中认得个昭昭灵灵能作用底便谓此是太极。”（《答陆子静》，《朱子文集》卷三六）其实，心学也罢，理学也罢，都和佛教的禅宗有不解之缘。

明末的黄宗羲（1610—1695）说：“（朱、陆）二先生同植纲常，同扶名教，同宗孔孟。”（《象山学案》，《宋元学案》卷五八）因此，尽管二人有时攻讦得很激烈，但实际上，他们的思想却是彼此渗透、互相吸收的。鹅湖之会后，陆九渊就表示，人必须读书、讲学、讨论，朱熹也承认自己确有“支离之病”，花在讨论、讲学上精力多，而在最紧要的道德修养上却“多不得力”。

淳熙十一年（1184）至淳熙十三年（1186）之间，正当朱熹和陈亮展开“义利、王霸”之辩时，朱熹在《答陈肤仲书》中说：陆学固然有的地方似禅，但比“婺州朋友”们专事耳闻目见，不在自己身心上用功要好得多。朱熹这里所指的“婺州朋友”，就是以陈亮为代表的事功学派。他要学者们暂时放下朱陆异同之争，尽量吸收陆学的长处。

什么是陆九渊学派的长处呢？据朱熹说，这就是“尊德性”“多持守可观”。他说：“比来深欲劝同志者兼取两家之长，不可轻相诋訾，就有未合，亦且置勿论，而姑勉力于吾之所急”（《答诸葛诚之书》，《朱子文集》卷五四）。意思很清楚，为了反对事功学派，他要和陆九渊站在同一阵线。

第十章　义利之辨与朱熹、陈亮的分歧

一、由打猎引起的争论

孟子讲过一个故事：赵简子派王良为他的嬖臣奚驾车打猎，整天打不到一只禽兽。奚回来报告："王良是天下最低劣的驾车人。"有人把奚的话告诉王良，王良要求再来一次。结果，一个早晨打了十只禽兽。奚回来报告说："王良是天下最好的驾车人。"赵简子于是派王良专门为奚驾车，王良拒绝说："我不为小人驾车。"《孟子·滕文公下》孟子肯定王良的做法，认为按法度驾车，即使打不到禽兽也没有关系，不按法度驾车，即使打到的禽兽堆积如山，也不能干。

孟子这个故事讲的是义利问题，在中国哲学史上，这是一场开始得很早而又绵延不断的争论。

孔孟倡义，反对言利。孔子说："君子喻于义，小人喻于利。"（《论语·里仁》）战国时，各诸侯国纷纷变法，梁惠王曾经满腔热情地欢迎孟子，问他："叟不远千里而来，亦将有以利吾国乎？"梁惠王期望孟子能提出一些富国强兵的办法来，但孟子却迎头一盆凉水浇了过去，回答道："王何必曰利，亦有仁义而已矣。”(《孟子·梁惠王上》)与孔孟相反，墨子(前468—前376)、荀子、韩非等则不反对言利。墨子提倡“兼相爱，交相利”。他说：“爱人者，人必从而爱之；利人者，人必从而利之。”(《墨子·兼爱中》)他认为，义不能和利分离。当有人和他谈起义时，他就诘问：“子之所谓义者，亦有力以劳人，有财以分人乎？”(《墨子·鲁问》)荀子认为人不能没有义，也不能没有利，但义要占支配地位。他说：“义与利者，人之所两有也，虽尧舜不能去民之欲利，然而能使其欲利不克其好义也。”(《荀子·大略》)荀子的学生韩非则激烈地攻击孔孟的仁义，指责其为“乱国之俗”(《韩非子·五蠹》)。他宣称，人的一切活动都是为了对自己有利。

义利之辨随着先秦百家争鸣时期的结束而沉寂，但是，到了北宋却再度趋于激烈。神宗时，王安石锐意变法，他明确表示，要讲求“富强之术”，为国家“兴利除弊”(《续资治通鉴长编》卷二二一)。司马光则指责王安石“大讲财利之事”(《司马温公文集》卷七四)。苏轼(1037—1101)在《上神宗皇帝书》中也说：一个国家的存亡，“在乎道德之深浅，而不在乎强与弱”(《苏东坡续集》卷十一)。程颢则在《论王霸疏》中称：尧、舜得“天理之正”，“本乎人情，出乎礼义”，实行的是“王道”；齐桓公、晋文公、管仲等假借仁义，实行的是“霸道”，是“仲尼之徒”所羞于提到的，因此，不值得效法(《明道文集》卷一)。这样，哲学上的义利之辨就和政治上的王霸论争结合起来了。显然，朱熹、陈亮之间的辩论是先秦、北宋以来这一论争的继续。

二、“仁义”为重还是“功利”为重

朱熹强调义。他认为古代圣贤治天下，一定把仁义放在首位，而不急于追求功利。他说：“古圣贤之言治，必以仁义为先，而不以功利为急。”（《送张仲隆序》，《朱子文集》卷七五）在朱熹看来，讲仁讲义，那就万事合宜；讲功讲利，那就要亡人之国，自灭其身。因此，他反复颂扬董仲舒的“正其义不谋其利，明其道不计其功”的说法，要人们正义明道，把体认儒学伦理、成圣成贤当作头等大事，而不要去谋利计功。他说：“不知自家一个身心都安顿未有下落，如何说功名事业！”（《朱子语类》卷一一六）关于王良打猎的那个故事，他完全同意孟子的评价，说是不能“但取其获禽之多，而不羞其诡遇之不出于正也”（《答陈同甫》，《朱子文集》卷三六）。

陈亮则强调功利与“适用”，认为人才在使用中才可以见出能否，军力和财力在使用中才可以见出盈虚。他主张广泛地研究有关国计民生、拒敌御侮各方面的问题，批判当时信奉道学的儒生麻木不仁，处于“艰难变故”的严重民族危机中，却只知“议论之当正”，而不知“事功为何物”；只知“节义之当守”，而不知“形势之为何用”，其结果必将“尽废天下之实，百事不理”（《上孝宗皇帝第一书》，《陈亮集》卷一）。他愤慨地责问朱熹：如果什么事情都“担当”不起来、“开廓”不出去，仁义又在什么地方呢？关于王良打猎的那个故事，陈亮说：驾车有法度，发必命中，才能称为“君子之射”，哪有拉弓搭箭，瞄住目标却又甘心空手而返的人呢（《与朱元晦秘书书》,《陈亮集》卷十一）?

与义利之辨相联系的是王霸之争。

朱熹认为三代以上，尧、舜、禹等以“人心惟危，道心惟微，惟精惟一，允执厥中”的所谓“密旨”相传授，只有天理，没有人欲，行的是仁义之政，所以是“王道”；三代以下，不能谨守尧、舜、禹相传的“密旨”，立心之本全在功利，虽然也有成就，但尧、舜、周公、孔子之道不行，不是天理之正，因此是“霸道”。在他看来，历史是不断退化的，三代以下的中国史完全漆黑，尤其是汉唐，“只是架漏牵补”，勉强度日，就像王良第二次打猎一样，“获禽”虽多，但车驾得不正，既不值得肯定，更不值得羡慕（《答陈同甫》,《朱子文集》卷三六）。

既然否定三代以下的中国史，则许多对中国历史作出过贡献的人物也就要一概否定。据朱熹说，管仲的“心乃利欲之心，迹乃利欲之迹”，从动机到行为都不怎么样（《朱子文集》卷三六）。汉高祖被斥为有“私意”；唐太宗则被说成是“无一念之不出于人欲”（《朱子文集》卷三六）；魏徵（580—643）被认为“全只是利”（《朱子语类》卷一三六）。在朱熹看来，三代以下的好人，只有一个诸葛孔明（181—234）可以肯定。你有“功”吗？但是，“天理人欲之分，则有毫厘必计，丝发不差者”。只要你的动机中“有一毫利心”，“便是霸者之习”，就要严肃批判，“皆秉法义以裁之，不少假借”（《答陈同甫》,《朱子文集》卷三六）。他主张以“尧、舜相传之心法”为准则，评价历史和历史人物，“就汉祖、唐宗心术微处，痛加绳削”(《朱子文集》卷三六)。

陈亮坚决反对朱熹的看法。他说：程颢等人认为“三代以道治天下，汉唐以智力把持天下”，这一说法，本来就不能使人心服；近世儒者进一步说什么“三代专以天理行，汉唐专以人欲行”，更是一种谬论。针对朱熹的历史退化观，他驳斥道：“信斯言也，千五百年之间，天地亦是架漏过时，而人心亦是牵补度日，万物何以阜蕃，而道何以常存乎？”(《又甲辰秋书》,《陈亮集》卷二八)

辩论中，陈亮在汉唐不如三代这一点上，对朱熹有所妥协，但是，他仍然充分肯定三代以下的历史，坚持“道”没有什么神秘，也不难获得，就同阳光普照大地一样，开眼就可见到。如果认为三代以下，“道”未尝一日得行，岂不是认为二千年之间，所有的人都是瞎子吗？这是对朱熹的很有力的反驳。陈亮又进一步指出，三代时的人心也不是都“净洁”，不是“都无利欲”，这就直捣朱熹的老巢了。

对于朱熹否定的许多三代以下人物，陈亮都给予充分评价。管仲协助齐桓公进行改革，使齐国国力大振，成为春秋时的第一个霸主。苻坚任王猛为宰相，压制豪强，发展生产，统一了黄河流域。陈亮满怀感情地叹息说：“管敬仲、王景略之不作久矣！”他高度肯定汉高祖和唐太宗，称赞他们的“大功大德”。他并由此推论，汉高祖、唐太宗的动机也一定有好的地方，“其初心未有以异于汤武也”。这里，陈亮表现出了一条和朱熹相对立的评价历史和历史人物的标准，这就是功利。

分歧还表现在做人的理想上。

朱熹要陈亮做儒者。淳熙十一年（1184），陈亮因事被捕入狱。在他出狱后不久，朱熹立即写信，要他“痛自收敛”，抛弃“义利双行、王霸并用之说”，“而从事于惩忿窒欲、迁善改过之事，粹然以醇儒之道自律”。以后，他又反反复复地说：只有学儒，才能成人，离开了儒者之学，就要“叛弃绳墨，脱略规矩”，传播开去，就要坏人心术，使得义利之别不明、舜跖之路不分。

陈亮则神往于做一个建功立业的“英雄”。在回信中，他说：研究义理的精微，辨析古今的同异，讲究自我反省，考较礼仪细节，搞什么积累、涵养，这些，我陈亮比起你们这些儒者当然不如，但是，“堂堂之阵，正正之旗，风雨云雷交发而并至，龙蛇虎豹变见而出没，推倒一世之智勇，开拓万古之心胸，如世俗所谓麤（粗）块大脔，饱有余而文不足者，自谓差有一日之长”（《又甲辰秋书》，《陈亮集》卷二八）。他更明确表示：“学者，所以学为人也，而岂必其儒哉！”

在其他问题上，朱熹和陈亮之间也存在许多分歧。例如：朱熹主张理在天地之先，陈亮则主张理在事物之中，认为“道非出于形气之表，而常行于事物之间”；朱熹认为人的圣贤智愚决定于先天的气禀，陈亮则认为决定于后天的锻炼。他说：“人只是这个人，气只是这个气，才只是这个才。譬之金银铜铁，炼有多少，则气有精粗。”（《陈亮集·又乙巳春书之一》）

三、哲学分歧与政治分歧

对于陈亮的思想，朱熹既敌视，又恐惧。他说："陈同甫学已行到江西，浙人信向已多。家家谈王伯（霸），不说萧何、张良，只说王猛；不说孔孟，只说文中子。可畏！可畏！"（《朱子语类》卷一二三）在讲学中，朱熹攻击陈亮，说他"议论却乖""心地不清和"，又说他历史读坏了，领会的全是"劫盗底道理"，甚至说他摔到"利欲胶漆盆中"去了（《朱子语类》卷一二三）。曾经有人劝朱熹休战，但他坚决不同意，声称："区区之意，岂为一人发哉！"（《答潘端叔》，《朱子文集》卷五）

哲学上的分歧常常反映着政治上的分歧。在南宋王朝所面临的政治和民族问题面前，朱熹主张发挥儒学伦理的作用，属于伦理派，而陈亮则主张进行社会改革，富国强兵，抗金北伐，属于事功派。陈亮认为南宋渡江已经五十多年了，文恬武嬉，民疲兵老，情况已经严重到极点，必须实行大"更化"，而朱熹则认为"后生辈未知三纲五常之正道，速闻此说，其害将有不可胜救者"。这里，朱熹和他的门徒蔡某之间有一段对话很能说明问题，整理如下：

"蔡：今兵政如此，终当如何？

朱：须有道理。

蔡：是否须改革法制？

朱：这如何成？同甫主张将今之法制重新洗换一番方好。在某看来，即使改换了，按井田办法管理，使民皆为兵，如果无人统率，一样是大乱之道。

蔡：然则如之何？

朱：只就这腔里自有道理。这极易，只呼吸之间，便可以转弱为强，变怯为勇，振柔为刚，易败为胜，直如反掌”(《朱子语类》卷一一〇)。

可见陈亮主张“将今法制重新洗换一番”，他自然要面向现实，注意现实，强调功利，这就易于走向唯物论，而朱熹则反对改革，迷信“这腔里自有道理”，这自然易于走向唯心论。

第十一章　经学思想

经学是研究儒家经典的专门学问。西汉时，汉武帝罢黜百家，独尊儒术，儒家著作被尊称为经，出现“六经”之说。所谓“六经”，指《易》《诗》《书》《礼》《乐》《春秋》六部著作。但是《乐》有声无书，所以实际上只有“五经”。唐代时，将《礼经》中的《仪礼》《礼记》《周礼》和解释《春秋》的《公羊》《穀梁》《左传》分别称为经，出现“九经”之说。到宋代，增加《论语》《孟子》《孝经》《尔雅》四部书，共为“十三经”。

北宋前期，学术思想大体沿袭前代，没有特别的建树；北宋中后期，疑古辨伪思潮兴起。学者们不仅怀疑汉代以来的解经、说经之作，而且也逐渐怀疑到了经文本身。朱熹是这一方面的重要代表人物。

一、《易经》

《易经》是先秦时代的一部神秘的典籍，由符号和文字两部分组成，居于儒家所定经籍中的首位，长期受到尊崇。但是关于它的性质和面貌，却有种种说法。

朱熹对《易经》做过多年研究，著有《周易本义》，是道学家注《易》的代表作。此外，他还著有《易学启蒙》一书，另有大量关于《易》的言论，散见于其语录和文集中。因此，在易学研究史上，朱熹具有重要地位。明初，朝廷曾将《周易本义》和程颐的《周易程氏传》颁行天下，作为知识分子科举考试的标准读物。

朱熹说过许多推崇《易经》的话，如“洁净精微，《易》之教也”“《易》之为书，广大悉备，人皆可得而用”“《易》与天地准，故能弥纶天地之道”“大小精粗，无所不备”等等。（《朱子语类》卷六八、七四）但是，朱熹却直指《易经》是中国古代的一部卜筮书。他说：

> “熹尝以为《易经》本为卜筮而作，皆因吉凶以示训诫，故其言虽约，而所包甚广。”
>
> “古时人蠢蠢然，事事都不晓，做得是也不知，做得不是也不知。圣人便作《易》教人去占。占得恁地便吉，恁地便凶。所谓通天下之志，定天下之业，断天下之疑者，即是此也。”（《朱子语类》卷六六）

人类社会初期，对大自然所知甚少，无力掌握自己的命运，处于“蠢蠢然”的阶段，不得不借助占卜来求得对自己行动的指导。周王朝时期，“巫史”们用四十九条蓍草（今之蚰蜒草或锯齿草），进行排列组合，为人们判定事物或行为的吉凶祸福。这类占卜活动极为频繁，“巫史”们积累了大量的资料，《易》就是对这些资料进行整理和规范化之后的结果，所以又称《周易》。朱熹指出《易》本为卜筮而作，这就揭开了长期笼罩于《易》的神秘面纱，正确地说明了《易》的来源。

历史常常有这种情况，谬误被普遍视为真理，而真理却被普遍视为谬误。朱熹的“卜筮”说在当时就得不到承认。他曾慨叹说：“如《易》，某便说道圣人只是为卜筮而作，不解有许多说话。但是此说难向人道，人不肯信。向来诸公力来与某辨，某煞费气力与他分析。而今思之，只好不说，只做放那里。信也得，不信也得，无许多气力分疏。”（《朱子语类》卷六六）

旧时普遍认为，《易经》起源于伏羲画八卦，朱熹承袭了这一说法，但是他同时声称：“伏羲当时，偶然见得一便是阳，二便是阴，从而画放那里。”“（伏羲）当初也只是理会网罟等事，也不曾有许多峣崎，如后世《经世书》之类。而今人便要说伏羲如神明样，无所不晓。伏羲也自纯朴，也不曾去理会许多事来。”（《朱子语类》卷六六）伏羲只是传说中的人物，朱熹确信实有其人，未必妥当，但他把伏羲看成“纯朴”的普通人，在剥去《易》的神秘外衣上仍然有其积极意义。

《易经》分“经”和“传”两部分。“经”是由六十四卦卦象及相应的卦名、卦辞、爻名、爻辞组成，反映古代卜筮书的原貌，“传”是对于“经”的解释，由《彖》上下、《象》上下、《文言》、《系辞》上下、《说卦》、《序卦》、《杂卦》等七种十篇组成，称为“十翼”。“经”与“传”最初分别刊行，东汉时，为了阅读方便，将《彖》《象》等解经之“传”附于“经”文之下，合并刊行。南宋时，吕祖谦根据嵩山晁氏发现的《易经》古本，将《易经》定为《经》两卷、《传》十卷。朱熹大力肯定这一发现，又详加考证，说明《易》的“经”与“传”两部分在古代各自刊行，“中间颇为诸儒所乱”的状况。这样，古本《易经》的面貌就清晰地被呈现出来了。

《易经》的“经”与“传”不仅在古代各自刊行，而且成于不同时代。除旧传伏羲画八卦外，古人又传说文王衍六十四卦，孔子作《彖》《象》等“十翼”。朱熹承袭这些说法，但强调的是彼此之间的不同。他说：“今人读《易》，当分为三等。伏羲自是伏羲之《易》，文王自是文王之《易》，孔子自是孔子之《易》。”（《朱子语类》卷六六）又说：“《易》之为书，更历三圣而制作不同，若庖羲氏之象、文王之辞，皆依卜筮以为教，而其法则异。至若孔子之赞，则又一以义理为教而不专于卜筮也。”（《书伊川先生易传版本后》，《朱子文集》卷八一）这就是说：伏羲、文王都只停留在卜筮阶段，到了孔子，才将卜筮语言发展为哲学语言，“因那阴阳消长盈虚，说出个进退存亡之道理来”（《朱子语类》卷六七）。朱熹关于“《易》经三圣”的说法虽然或与事实不合（伏羲、文王），或缺乏有力证明（孔子），但他指出“经”“传”有别，“传”在易学发展史上有巨大作用，仍是很有见地的。

《易经》由符号和文字两部分组成，后来的研究者各有重点，从而形成象数和义理两大派别。象数派着重以奇偶之数和八卦所象征的物象来解说《易经》，兴起于汉朝；义理派则着重阐发《易经》中所包含的哲理，兴起于晋朝。到了宋朝，两派均有发展。象数派以陈抟（？—989）、周敦颐、邵雍为代表。他们推尊汉儒假托的《河图》与《洛书》，喜欢用图式来解释《易经》所包含的哲理，说明宇宙生成和发展过程，被后人称为“图书派”。义理派以欧阳修（1007—1072）、程颐、张载为代表。他们竭力排斥王弼（226—249）以来用老庄之道来解《易》的倾向，主张用传统的儒学来说明《易》理。朱熹对上述两派都有所推崇，也都有所批评，力图加以综合，形成“大一统”的易学体系。

朱熹对“图书派”给过很高评价，例如他赞誉周敦颐的《太极图》“不由师傅，默契道体，建图属书，根极要领”。他的《周易本义》一书首刊邵雍等人的《伏羲八卦次序图》《伏羲八卦方位图》等九图，但是，他又批评邵雍“近于附会穿凿”。对于义理派，他也给过很高的评价，例如他推崇程颐的《易传》“因时立教，以承三圣”，但是他又批评其“支离散漫”。朱熹认为象数是作《易》的根本，因而必须通过象数去研究义理。他问道：“若果为义理作，何不直述一件文字，如《中庸》《大学》之书，言义理以晓人，须得画八卦则甚？”“何故要假卜筮来说？又何故说许多吉凶悔吝？”（《朱子语类》卷六六）基于此，朱熹反对离开卜筮之书这一特点去对《易》“茫昧臆度”，任意解释，以致凭虚失实。他说：“近世言《易》者，直弃卜筮而虚谈义理，致文义牵强无归宿，此弊久矣！要须先以卜筮占决之意求经文本义，而复以传释之，则

其命词之意与其所自来之故，皆可渐次而见矣。”(《孙季和》(五)，《朱文公别集》卷三)

从学术角度看，研究古人著作，解说经书，必须精确地了解并阐述古人的“本义”，而不可借解经之名，实际上阐述自己的一套。朱熹认为程颐的《易传》就有此弊病，他说：“《易传》义理精。”“只是于本义不相合。”(《朱子语类》卷六七)朱熹提出，程颐如要“立议论教人，可向别处说，不可硬配在《易》上说”(《朱子语类》卷六九)。他痛感后代的许多解《易》者“说道理太多”，因而《易》的本来面目也就沉埋得愈深。

为了忠于“本义”，朱熹有时甚至敢于向孔子挑战。《易经》中的《既济》与《未济》卦，有“濡首濡尾”之句。朱熹说：“分明是说野狐过水。今孔子解云‘饮酒濡首’，亦不知是如何？只要孔子说，人便不敢议。他人便恁地不得。”(《朱子语类》卷七三)朱熹的时代是个只能“以孔子之是非为是非”的时代，但是他却敢于提出异见，“与孔子分疏”，这是相当难能可贵的。

朱熹承认《易》难读，有许多地方不明白。他说：“经书难读，而《易》为尤难。”因此，他劝人读“四书”，而不劝人学《易》。他说：“《易》自别是一个道理，不是教人底书。”(《朱子语类》卷六七)甚至说：“(孔子)元不曾教人去读《易》。”(《朱子语类》卷六六)有时，他甚至说自己费了许多精神读《易》，其结果却有如吃鸡肋(《朱子语类》卷一〇四)。这在当时而言，也是“离经叛道”的。

二、《诗经》

《诗经》是中国最古的一部诗歌总集。朱熹对《诗经》进行过长期、深入的研究，著有《诗集传》八卷。

相传《诗经》为孔子删订，孔子说过："《诗》三百，一言以蔽之，曰：思无邪。"(《论语》)汉儒著《诗序》，为了恪遵圣训，便使用穿凿附会的办法，将所有《诗经》中的作品都说成"主文谲谏，化下刺上"之作，结果，隔碍难通，完全遮蔽了《诗经》的真实面目。朱熹研究《诗经》的最大贡献在于否定汉儒的《诗序》，从而部分地揭示了《诗经》的真面目。

朱熹最初也相信《诗序》的说法，遇到解说不通之处，还曲意为之解释，但总觉得不安。后来索性抛开《诗序》，只是玩味《诗经》本身的文词，自此走进新天地，"觉得道理透彻""诗意方活"。他的《诗集传》一书就诗论诗，每篇述其主旨，每章言其大意，有不少新见解。例如《诗经》中的《狡童》，其中有"彼狡童兮，不与我言兮。维子之故，使我不能餐兮"等句，旧说解释成"思见正也，狂童恣行，国人思大国之正己也"，但朱熹却正确地指出，此类诗歌完全是"闾巷风土，男女情思之词"(《楚辞集注》卷一)。根据他的研究，《诗经》中此类作品有《静女》《桑中》《木瓜》《采葛》《丘中有麻》《将仲子》《有女同车》《山有扶苏》等共二十四篇。

朱熹是个道学家，不赞成男女之间的自由恋爱，他虽然看出了《诗经》中《国风》的性质，但是，并不肯定这些作品。相反，却斥之为“淫乱”之作。他批评《卫风》“淫靡”，“使人懈慢而有邪僻之心”（《诗》卷第三），又批评《郑风》“几于荡然无复羞愧悔悟之萌”（《诗》卷第四）。在朱熹看来，《卫风》是“男子戏妇女”，还可以容忍，而《郑风》则“多是妇人戏男子”，简直可恶至极（《朱子语类》卷八十）。在《诗集传·序》中，朱熹说：“凡诗之所谓风者，多出于里巷歌谣之作，所谓男女相与咏歌，各言其情者也。惟《周南》《召南》亲被文王之化以成德，而人皆有以得其性情之正。故其发于言者，乐而不过于淫，哀而不及于伤，是以二篇独为风诗之正经。自《邶》以下，则其国之治乱不同，人之贤否亦异，其所感而发者有邪正是非之不齐，而所谓先王之风者于此焉变矣。若夫《雅》《颂》之篇，则皆成周之世、朝廷郊庙乐歌之辞，其语和而庄，其义宽而密。其作者，往往圣人之徒，固所以为万世法程而不可易者也。至于《雅》之变者，亦皆一时贤人君子闵时病俗之所为，而圣人取之。”他认为《诗经》中的《雅》《颂》都是周初朝廷上使用的作品，作者往往是“圣人之徒”，因此水平最高，可以作为万世不变的学习榜样。《雅》中有一部分“变雅”，其作者是当时的“贤人君子”，心地“忠厚恻怛”，目的是为了“陈善闭邪”，也为圣人所肯定。至于《国风》，则需要区别。《周南》《召南》，其地区因为受到文王的教化，所以作品正派，但是《邶风》以下，人有好有坏，作品也就有正有邪，他要人们“考其得失，善者师之，恶者改焉”（《诗经传·序》）。

至此，朱熹就给自己提出了一个难于回答的问题：既然《诗经》中的作品有善有恶、有正有邪，怎样解释孔子所说的“思无邪”呢？

在这一问题面前，朱熹面临着两种选择：一种是宣称孔子的话不对，这是朱熹所不敢的；另一种回答是“曲为之说”，想方设法证明孔子的话不错。朱熹选择的是后者。他说：“非以作诗之人所思皆无邪也。今必曰彼以无邪之思铺陈淫乱之事，而悯惜惩创之意自见于言外，则曷若曰彼虽以有邪之思作之，而我以无邪之思读之，则彼之自状其丑者，乃所以为吾警惧惩创之资耶？”（《读吕氏诗纪桑中篇》，《朱子文集》卷七〇）将“思无邪”的主体从作者转移到读者，既维护了孔子的权威，又维护了礼教的尊严。

《诗经》有所谓“赋、比、兴”三种写作手法。赋是据事直陈，比是借彼喻此，都比较易于理解，唯独“兴”，前人的解释常常不知所云。朱熹指出：“诗之兴，全无巴鼻。后人诗犹有此体。如‘青青陵上陌，磊磊涧中石。人生天地间，忽如远行客’。”（《朱子语类》卷八十）它和后面的诗句并无意义上的关联，只是“借彼一物以引起此事”或“先言他物以引起所咏之词”，这就正确地指出了“兴”的特征和作用（《朱子语类》卷八十）。

三、《书经》

《书经》又称《尚书》，是上古时期的历史文献和部分追述古代史迹的著作的汇篇，传说由孔子编订，是孔子用以讲学的主要典籍。朱熹没有专门研究《书经》的著作，但是，他对于东晋时晚出的伪《古文尚书》及孔安国的伪《尚书传》提出质疑，在中国辨伪史上有一定地位。

《尚书》相传原有百篇。秦始皇焚书后，至西汉时仅存二十八篇，为原秦博士伏胜所传，用汉代通行的隶书写成，被称为《今文尚书》，计虞夏书四篇、商书五篇、周书十九篇。其中虞夏书是儒家根据传说材料编造而成，商书、周书则是比较可靠的历史文献。到了汉武帝时，鲁恭王刘馀从孔子故宅墙壁中发现以先秦古文写成的本子，为孔子十一世孙孔安国所得，于今文二十九篇之外，增加十六篇，共四十五篇，称《古文尚书》，但是，很不幸，这四十五篇用古文写成的古文献在发现之后又散佚了（或说有目无文）。至东晋时，梅颐献出《尚书》五十九篇，其中据原《今文尚书》而加以离析的三十三篇、新增的二十五篇及孔安国《书序》一篇。此后，历代相传。唐代孔颖达（574—648）撰《五经正义》，即以之为据。自五代以至宋明，开科取士，都以此本为准。至清代才经学者考证，证明梅颐新增的二十五篇和《书序》均为伪作。梅颐与《古文尚书》同时献出的还有托名孔安国解释《尚书》的《尚书传》，计十三卷，也是伪作。

朱熹是最早指出《尚书传》是伪作的学者。他说："《尚书》孔安国传，此恐是魏晋间人所作，托安国为名。与毛公《诗传》大段不同。今观序文亦不类汉文章（汉时文字粗，魏晋间文字细）。如《孔丛子》亦然，皆是那一时人所为。"（《朱

子语类》卷七八）

对于梅颐所献《古文尚书》，朱熹虽未直揭其伪，但从语言风格上提出了疑问。他说：“汉儒以伏生所传之《书》为今文，而谓安国之《书》为古文。以今考之，则今文多艰涩，而古文反平易。或者以为今文自伏生女子口授晁错时失之，则先秦古书所引之文皆已如此。或者以为记录之实语难正，而润色之雅词易好；则暗诵者不应偏得所难，而考文者反专得其所易，是皆有不可知者。”（《书临漳所刊四经后》，《朱子文集》卷八二）又说：“只疑伏生偏记得艰的，却不记得易的。”自朱熹提出疑问之后，元朝的吴澄（1249—1333），明朝的梅鷟，清朝的阎若璩（1636—1704）、惠栋（1697—1758）、丁晏等人继起，考证日益精密，终于揭出了梅颐作伪的真相。

四、《春秋》

《春秋》是我国现存最早的编年体史书，所记起于鲁隐公元年（前722），止于鲁哀公十四年（前481）。原是鲁国的国史，相传经孔子删削而成。《孟子·滕文公》称：“世衰道微，邪说暴行有作，臣弑其君者有之，子弑其父者有之。孔子惧，作《春秋》。”《史记·孔子世家》进一步宣称：“《春秋》之义行，则天下乱臣贼子惧焉。”

《春秋》行文极为简洁，短时只有一个字，最长也不过四十多字。传统有所谓“一字褒贬说”，认为《春秋》在简洁的文字中寄寓圣人的褒贬深意。朱熹反对这种说法，认为“《春秋》只是直载当时之事，要见当时治乱兴衰，非是于一字上定褒贬”（《朱子语类》卷八三）。他反对在读《春秋》时，刻意求深，穿凿附会地去探寻圣人的言外之意，明确表示：“生乎千百载之下，逆推乎千百载上圣人之心。况自家之心又未如得圣人，如何知得圣人肚里事？”（《朱子语类》卷八三）他对于诸家解释，以及所谓《春秋》“凡例”，都不敢相信：“近世说《春秋》者太巧，皆失圣人之意。又立为凡例，加某字其例为如何，去某字其例为如何，尽是胡说！”（《朱子语类》卷五五）

朱熹不很赞成将《春秋》视为经书。有学生问他，《春秋》当如何看？他明确表示：“只如看史样看。”（《朱子语类》卷八三）

五、《礼经》

儒家有所谓“三礼”之说，指的是《周礼》《仪礼》《礼记》三本书。它们都是战国至西汉初年儒家关于社会伦理和政治思想的论著。《周礼》或称《周官》，是古文经中的重要典籍。旧说以为周公所作，今文经学者则指为西汉末年刘歆（？—23）所伪造，两派长期争论不休。根据近人研究，它依托周制，反映的则是战国时期儒家对政治制度的设想。《仪礼》亦称《士礼》，是今文经的要籍，记述周代贵族的各种礼节和仪式。旧说以为周公所作，或经孔子手定。近人则以为是战国儒家作品而为汉儒编订。《礼记》指西汉戴圣所编《小戴礼记》，为西汉中期儒家的礼仪论文选集。另有戴德所编《大戴礼记》，但旧时不被称为经。

朱熹相信《周礼》是“周公遗典”。他说:“《周礼》一书好看，广大精密，周家法度在里。”又说:“今人不信《周官》，若据某言，却不恁地。”(《朱子语类》卷八六）对《仪礼》，他也采取尊信态度，但认为流传本不完备。他说:“今仪礼多是士礼，天子、诸侯丧祭之礼皆不存”，“不知何代何年失了，可惜！”(《朱子语类》卷八五）在《仪礼》和《礼记》的关系上，他认为《仪礼》是经，《礼记》是对《仪礼》的解释。他说:“《礼记》要兼《仪礼》读。如冠礼、丧礼、乡饮酒礼之类，《仪礼》皆载其事，《礼记》只发明其理。”(《朱子语类》卷八七）为此，他计划写作《仪礼经传集解》一书，将《仪礼》作为本经，取《礼记》及各种经史杂著有关礼的记载附于本经之下，但此书未能完成。

朱熹也不很主张学生学《礼》。他说:“礼学多不可考。盖其为书不全。考来考去，考得更没下梢，故学《礼》者多迂阔。”(《朱子语类》卷八四）

六、《孝经》

《孝经》托名孔子与他的弟子曾参（前505—前436）互为问答，论述孝道，宣扬宗法思想。关于其作者，班固（32—92）、郑玄（127—200）均认为是孔子，司马迁则认为是曾参。近人研究，认为成书于秦汉之际，应属孔门后学之作，共十八章，约三千字，有今文、古文两种版本。唐开元七年（719），玄宗命刘知几等人鉴定，并汇集王肃（195—256）等六家之说为注，刻石太学。天宝二年（743），玄宗又亲自作注，颁行天下。

朱熹著有《孝经刊误》一书。他否定《孝经》为孔子所著，将该书分为经一章、传十四章，删改经文约二百二十三字。他说："窃尝考之，传文固多附会，而经文不免有离析增加之失。顾自汉以来，诸儒传诵，莫觉其非。至或以为孔子所自著，则又可笑之尤者"（《礼书纲目》卷七八）。

朱熹没有版本根据，就擅自删改《孝经》文本、强分经传的做法受到后人的批评，清人毛奇龄（1623—1713）著《孝经问》，就对朱熹的武断行为提出了责难。

七、"四书"

所谓"四书"，亦称"四子书"，指《论语》《大学》《中庸》《孟子》四本书。《论语》是孔子的语录。《大学》《中庸》是《礼记》中的两篇。《孟子》是孟子及其弟子的言论与活动记录。北宋时程颐首先将这四本书并提，认为学者必先学此四书，然后学习"六经"。朱熹非常赞赏程颐的这一观点，以毕生精力从事这四本书的注释和研究工作。南宋绍熙元年（1190），朱熹在漳州刊刻此四书，"四书"之名自此成立。此后，他先后完成《四书章句集注》十九卷、《四书或问》三十九卷，其他关于"四书"的著作尚有《论孟要义》《论孟精义》《学庸详说》等多种。他的《朱子语类》一百四十一卷，其中“四书”占五十一卷。除此之外，朱熹还选辑周敦颐、程颢、程颐、张载等人的语录，编为《近思录》十四卷，作为“四书”的导读。

朱熹非常重视“四书”，视为人一生“立其规模”“定其根本”的经典。他说：“若理会得此四书，何书不可读？何理不可究？何事不可处？”在次序上，他主张先读《大学》，次《论语》，次《孟子》，次《中庸》。他说：“某要人先读《大学》，以定其规模。次读《论语》，以立其根本。次读孟子，以观其发越。次读《中庸》，以求古人之微妙处。”（《朱子语类》卷十四）他又认为“四书”易，“六经”难，读“四书”的功夫少而得效多，主张将“四书”作为学习“六经”的阶梯。元代以后，孔孟并称，“四书”及朱熹的注解成为科举考试的必读模板，发生了广泛而巨大的影响。钱穆曾说：“（朱熹）退‘六经’于‘四书’之后，必使学者先‘四书’后‘六经’，更为在中国学术史上有旋转乾坤之大力。”（《朱子新学案》）

第十二章　史学思想

朱熹没有系统的史学理论著作，但发表过大量关于历史和历史著作的言论，是宋代理学派史论的重要代表人物。不仅如此，他还躬亲实践，编写过《资治通鉴纲目》《伊洛渊源录》《八朝名臣言行录》等史著，从中也反映出他的部分史学思想。

一、读史明理，知所鉴戒

在朱熹的学术生涯中，他最重视的是经学，但是，他也相当重视史学。北宋时，王安石变法，科举考经义，“禁引史传”，朱熹很不以为然。他曾打算建议朝廷在科举中加考史学，分年考试《左传》《国语》《史记》《汉书》以及《唐书》《五代史》《资治通鉴》等著作，这在古人中是很少见的。朱熹之所以重视史学，主要是他认为史学有“明理”和“鉴戒”的双重作用。

朱熹哲学的最高范畴是理。在他看来，人生的最高目标就是体认理、掌握理。由于理存在于事事物物中，因此，读史也是明理的一条途径。他说："其粲然之迹，必然之效，盖莫不具于经训史册之中，欲穷天下之理，而不即是而求之，则是正墙面而立耳，此穷理所以必在乎读书也。"（《行宫便殿奏札二》，《朱子文集》卷十四）朱熹既然认为理存在于经训中，也存在于史册中，自然可以通过读史去明理，所以他又说："凡观书史，只有个是与不是。观其是，求其不是；观其不是，求其是，然后便见得义理。"（《朱子语类》卷十一）

除明理外，朱熹也很重视史学的"鉴戒"作用。他在分析孔子作《春秋》的目的时说："圣人据鲁史以书其事，使人自观之以为鉴戒尔。"（《朱子语类》卷八三）所谓"鉴"，指的是总结历史经验，吸取历史智慧。他说："既做秀才，未说道要他理会什么高深道理，也须知得古圣贤所以垂世立教之意是如何，古今盛衰存亡治乱事体是如何，从古来人物议论是如何，这许多眼前底都全不识，如何做士人！须是识得许多，方始成得个人。"（《朱子语类》卷一二一）了解"古圣贤"的"垂世立教之意"，自然仍是为了道德修养，但是，了解"古今存亡治乱事体"以及"古今人物议论"，这就超出道德领域了。朱熹本人读史，常常纵论古今得失，用以为宋王朝寻求治国安邦之道。例如朱熹研究历代田制，着眼点在于解决宋代的"豪民占田"；又如他看到南宋军费庞大，国家财政支绌，便提出应效法诸葛亮治蜀和曹操（155—220）的"屯田"之法等等。

所谓"戒"，主要指劝善戒恶。历史事件有善有恶，有美有丑；历史人物也有善有恶，有美有丑。历史学不能只写一面，而省略另一面。朱熹认为写“恶”、写“不善”，都可以起特殊的教化作用。他说：“《春秋》是以不善者为戒。”（《朱子语类》卷八三）汉代的扬雄做过王莽的“新朝”大夫，按照朱熹的观点，这自然是一种“失节”行为，所以他坚持在写史时称其为“莽臣”，将他的去世写为“莽大夫扬雄死”。他认为这样写，可以警告后世的“畏死失节之人”，“著万世臣子之戒”（《答尤延之》，《朱子文集》卷三七）。他自夸《资治通鉴纲目》一书，“义例精密，上下千有余年，乱臣贼子真无所匿其形矣”。

尽管史学的功能是多方面的，但是朱熹最重视的还是它的道德教化作用，因此，他反对抛开个人的道德修养去读史。他说：“将孔子置在一壁，却将左氏、司马迁驳杂之文钻研推尊，谓这个是盛衰之由，这个是成败之端。反而思之，干你身已甚事？你身已有多多少少底事合当理会，有多多少少底病未曾去，欲来说甚盛衰与亡治乱，这个直是自欺！”（《朱子语类》卷一一四）可见，他的兴奋中心始终在教人成圣成贤上。

为了教人成圣成贤，朱熹主张读史之先，须有义理准备，必须先读经，后读史。他在《答梁文叔》函称：“昨日有人问看史之法，熹告以当且治经，求圣贤修己治人之要，然后可以及此。”（《朱子文集》卷四四）在朱熹看来，经是本，史是末，必须先读经书，掌握圣人“修己治人”义理之后，才可以读史。他说：“凡读书，先读《语》《孟》，然后观史，则如明鉴在此，而妍丑不可逃。若未读彻《语》《孟》《中庸》《大学》，便先去看史，胸中无一个权衡，多为所惑。”（《朱子语类》卷十一）这就是说：胸中有了义理，才能判别历史上的各种妍媸美丑现象，做出正确判断，不至于为纷繁复杂的历史现象所迷惑。否则，就可能把自己读坏了。朱熹和金华学派、浙东学派的分歧之一就在于朱熹重读经，而吕祖谦、陈亮等则重读史。他说："伯恭于史分外仔细，于经却不甚理会。"（《朱子语类》一二二）朱熹批评这种状况是"论事而不求理""只是读史传，说世变"（《答路德章》，《朱子文集》卷五四），其结果是引导人们"流入世俗功利权谋中去"，坏了读者，也坏了自己。他以陈亮为例说："看史只如看人相打，相打有甚好看处？陈同甫一生被史坏了。"（《朱子语类》卷一二三）朱熹尤其担心年轻人读史会产生不良后果。声称："史书闹热，经书冷淡。后生心志未定，少有不偏向外者，此亦当预防也。"（《答吕伯恭》，《朱子文集》卷三三）在他看来，如果读史会发生消极作用，那就还不如不读。他说："近日又有一般学问，废经而治史，略王道而尊霸术，极论古今兴亡之变，而不察此心存亡之端。若如此读书，则又不若不读之为愈也。"（《答沈叔晦》，《朱子文集》卷五三）

朱熹反对读史而不读经，或者先史后经，但是，他也反对读经而不读史，"多求于理而不求于事"，从而陷入"悬空高妙"的境地。他认为读经与读史可以互补，在优先读经的情况下，一方面"潜思乎《论语》、孟氏之书以求理义之理"，一方面"考诸《资治》编年之史，议夫事变之得失"（《蕲州教授厅记》，《朱子文集》卷七七），在他看来，这才是理想的境界。

二、“裁之以理”“主在正统”

朱熹不仅将明理作为读史的目的，而且将理作为准尺，用以检验和衡量既往的历史和历史著作，同时，又用理作为写作史著的指南。

朱熹高度评价《春秋》，视为史学著作的最高典范。他说：“春秋皆乱世之事，而圣人一切裁之以天理。”（《朱子语类》卷二三）但是，对《春秋》以外的各类史学著作，他几乎都有苛刻的批评。

对《左传》，他批评说：“《左传》有甚道理？纵有，能几何？”“左氏见识甚卑。”“于义理上全不理会。”（《朱子语类》卷八三）

对《史记》，他批评说：“迁之学，也说仁义，也说诈力，也用权谋，也用功利，然其本意却只在于权谋功利。”（《朱子语类》卷一二二）

对《汉书》写吴楚七国之乱，他批评说：“《史记》所载甚疏略，却都是汉道理；班固所载虽详，但却不见此意思。”（《朱子语类》卷一三四）

对《后汉书》，他批评说：“范晔更低，只主张做贼底，后来他自做却败。”（《朱子语类》卷八三）

对《资治通鉴》，他批评说：“三国当以蜀汉为正，而温公乃云：某年某月，诸葛亮入寇，是冠履倒置，何以示训？”在朱熹看来，“曹操自是贼”，孙权“是两间底人”，只有刘备

“名分正”。(《朱子语类》卷一〇五、一三六)

朱熹对《资治通鉴》的不满之处还有：周末诸侯僭称王号，不能正其名；写到王莽时，凡莽臣去世均用“死”字，而独于扬雄则用“卒”字，有袒护扬雄之嫌；建安以后，中原士大夫只知有曹氏，不知有汉室，对此缺乏批评；用武后年号，不用唐中宗年号等等。

朱熹之所以发愤编写《资治通鉴纲目》，主要目的之一就是为了匡正他所认为的《资治通鉴》的偏失。他说：“《通鉴》之书，顷尝观考，病其于正闰之际，名分之实有不安者。”(《答李滨老》,《朱子文集》卷四六)

所谓“正”，指的是“正统”；所谓“闰”，指的是“非正统”。在朱熹看来，司马光的最大错误就在于将“正”视为“闰”，将“闰”视为“正”，所以，他的汲汲之务就是要辨明正统与非正统。曾经有学生问他:《纲目》一书的“主意”何在，朱熹的回答只有四个字:“主在正统。”(《朱子语类》卷一〇五)

什么是正统？历史上不断发生朝代更替、政权更替；有时候，同一时期，存在几个政权。何者为正统？这是朱熹编写《资治通鉴纲目》首先要解决的问题。

朱熹将国家统一、法令统一作为正统的首要标准。他说:“只天下为一，诸侯朝觐，狱讼皆归，便是得正统。”(《朱子语类》卷一〇五)根据这一标准，朱熹将周、秦、汉、西晋、隋、唐六个朝代列为正统。其中，又分两种情况：一种是“始不得正统而后方得者”，如秦初、晋初、隋初、宋初，开始时并未统一天下，后来才逐渐统一，他称之为“正统之史”；另一种是“始得正统而后不得者”，如东晋、蜀汉，或偏安一地，或原来统一王朝发生分裂，他称之为“正统之余”。其他时期，几个并列政权各自独立，互不统属，“不能相君臣”，他称为“无统”之时，如周朝灭亡之后至秦始皇称帝之前，以及南北朝时期等。(《朱子语类》卷一〇五)

正统的标准确立了，接着便是如何贯彻到史学著作中去的问题。为此，《资治通鉴纲目》的《凡例》做了严密的规定。

《凡例》首在“正统”与“无统”之外，又区分“列国”(正统所封之国)、“篡贼”(篡位干统而不及传世者)、“建国”(仗义自王或相王)、“僭国”(乘乱即位或据土)及“不成君小国”(仗义承统而不能成功者)五种情况，共为七种统系；统系不同，有关岁年、名号、即位、改元、尊立、崩葬、篡贼、废徒、祭祀、征伐、废黜及罢免等事件的“书法”也各不相同。例如名号，《凡例》规定：

> 凡正统之君，周曰王，秦汉以下曰帝。其列国之君，周曰某爵某，僭称王者曰某君某，汉以后曰某王某。其僭称帝曰某主某，篡贼曰某，不成君曰帝某。
>
> 凡无统之君，周秦之间曰某王，秦汉之间曰某帝、曰某王，汉以后称帝曰某主。某小国曰某主某、某王某、某公某。

这些规定，不仅烦琐，而且混乱，事实上很难贯彻。

《资治通鉴纲目》最初名《通鉴节》。朱熹为该书订立《凡例》，起草序言，其执笔者除朱熹外，还有赵师渊、李伯谏、张元善等。整个写作过程长达二十多年，但始终未能定稿，显然和“书法”上的烦琐与混乱有关。检核现在流传的刻本，其《凡例》与书稿颇多相互矛盾之处。朱熹自称：“书法固不可不本《春秋》，然又全用《春秋》不得。”（《答蔡季通》，《朱子文集》卷四四）终其身，朱熹始终未能提出一个严密可行的“书法”来。后来，他干脆承认，《春秋》并无所谓“书法”。

三、“直书其事，美恶自见”

秉笔直书是中国史学的优良传统。春秋时代的董狐为了维护历史真实，宁可殉身。汉朝的班固提倡“不虚美，不隐恶”。唐朝的刘知几提倡“爱而知其丑，憎而知其善，善恶必书，斯为实录”。朱熹也大力推崇这一传统。

在历代史学著作中，朱熹最肯定《春秋》。他说：“圣人作《春秋》，不过直书其事，美恶人自见。”（《朱子语类》卷一三三）他要求写史者以《春秋》为榜样，真实地记述历史，“把善善恶恶，是是非非皆著存得在那里”（《朱子语类》卷一三四）。基于此，他对前代史书中为尊者讳，为贤者讳，为亲者讳，或者由于其他原因导致的不实记载多有揭发。例如唐太宗这位中国历史上有名的“明君”，朱熹却指责他“分明是杀兄劫父代位”（《朱子语类》卷一三七），批评史家不当为之

“文饰”。在《朱子语类》中，这类例子可以举出不少。

批评前人不难，难的是批评当代人，特别是批评当代的君相；批评前代史书失真也不难，难的是批评当代的史书和史官。对宋朝的皇帝，朱熹是敢于批评的。如他批评“本朝太宗、真宗之朝，可以有为而不为”“徽宗朝事，更无一著下得是”（《朱子语类》卷一二七）等等。对宋朝的史官和史书，朱熹也是敢于批评的。他尖锐地指出，宋朝史官“大抵史皆不实，紧切处不敢上史”（《朱子语类》卷一二八）。

写当代史，当事人健在，常常利用权力和地位干涉史官写作；当事人不在了，其子女、亲属也会出面干扰。这两种情况，朱熹都坚决反对。赵鼎（1085—1147）为相，监修国史，要求史官按照己意写作，“才是元祐事都是，熙丰时事便都不是”；及至张浚拜相，又提出意见，命史官改动。朱熹批评说：“一代史册被他糊涂，万世何以取信！”（《朱子语类》卷一二七）写历史，不能只求当代某些人满意，而要对千秋万代负责，这才是史家所应有的科学精神和应有的责任感。他自己在编写《八朝名臣言行录》时，曾引用司马光的《涑水记闻》一书，其中有些事情于吕家声誉有损，吕祖谦等人便在朱熹面前力辩，认为该书非司马光所作。朱熹虽与吕祖谦私交甚笃，但经过核查，确认该书为司马光所作，坚持不改，还在有关文章中特别写明，司马光的书“善恶杂书，无所隐避，使所书之家或讳之而不欲传耳”!（《书张氏所刻潜虚图后》，《朱子文集》卷八一）

写史而能忠于事实，言所当言，需要各种各样的主客观条件。除了社会环境、资料详略外，史家本人的素质相当重要。朱熹提出："佞臣不可执笔。"（《朱子语类》卷一三十）这是一个极为宝贵的见解。一个只知逢迎、取媚权贵的人不可能正确地使用他手中的笔。

四、纲目并举，期于简明

朱熹不满意《资治通鉴》的另一原因是眉目不清。他说："本书太详，目录太简。"（《资治通鉴纲目序》，《朱子文集》卷七五）又说："事之首尾详略，一用平文书写，虽有目录，亦难寻检。"（《辞免江东提刑奏状三》，《朱子文集》卷二二）为了解决这一问题，朱熹编写《资治通鉴纲目》时采取"表岁以首年""因年以著统""大书以提要""分注以备言"等办法，以期简明扼要，便于检阅。《纲目》一书，以大字提要，以小字叙事，突出大事，糅合叙述与评论，既是编年体著作，又兼具史表、史评性质。在中国古代众多的史学体裁中，确有自己的特点。其观点和编写体例曾影响日本、朝鲜及越南的古代史学。

《伊洛渊源录》采选周敦颐、程颢、程颐、邵雍和张载五人的生平资料，摘录其主要观点及师友评论，既是反映北宋道学发展史的学术著作，又是专人与专题的史料类编。这种体裁，已经下启明清时期学案史的先河。

第十三章　文学思想

一、道为文之本

任何文学（包括一般文章），都有内容、有形式（语言、体裁），内容通过形式表现出来。关于文章的内容和形式之间的关系，李汉在为韩愈文作序时说："文者，贯道之器。"朱熹的一个学生认为这句话讲得好，但是朱熹不同意，他说："公道好，某看来有病。"学生表示不解。朱熹说："这文皆是从道中流出，岂有文反能贯道之理？文是文，道是道，文只如吃饭时下饭耳。若以文贯道，却是把本为末，以末为本，可乎？"（《朱子语类》卷一三九）他将"道"（理）看成世界本原，因此，必然也将"道"看成文章的本原，这个"道"，会衍生一切，而无须依赖任何其他事物。李汉的"贯道"说，将"道"说成是有赖于"文"，这是朱熹所不能容忍的。

朱熹的这一观点也体现在他对于欧阳修、苏轼相关观点的批评上。他说："道者，文之根本；文者，道之枝叶。唯其根本乎道，所以发之于文皆道也。三代圣贤之文皆从此心写出，文便是道。今东坡之言曰'吾所谓文，必与道俱'，则是文自文而道自道，待作文时旋去讨个道来入在里面，此是它大病处。”（《朱子语类》卷一三九）从“文皆是从道中流出”这一基本观点出发，朱熹提倡“道”与“文”的高度统一，即作品内容必须符合圣贤之“道”，文采也必须斐然可观。他反对重“文”轻“道”，声称“文而无理，又安足以为文乎”！但是，他也不认为可以完全忽视“文”。他说：“人之才德偏有长短，其或意中了了，而言不足以发之，则亦不能传于远矣。故孔子曰：‘辞达而已矣。’程子亦言，《西铭》吾得其意，但无子厚笔力，不能作耳！”朱熹认为掌握了“道”，还必须通过语言和文字来加以阐述，这就有一个“笔力”问题。这是朱熹和一般道学家不同的地方。

朱熹以“道”作为文学批评的第一标准。他将文章分为三类：一类是有“本”之文，一类是有“实”无“本”之文，一类是无“本”无“实”之文。在他看来，孟子去世之后，圣学不传，庄子、荀子之言，屈原（约前340—约前278）之赋，以至后来的韩非、李斯（？—前208）、贾谊、董仲舒、司马迁、刘向（约前77—前6）、班固的文章，都只能归入第二类，他称之为“先有其实，而后托之于言，唯其无本，而不能一出于道，是以君子犹或羞之”。朱熹将宋玉、司马相如（？—前118）、王褒、扬雄的文章，归入第三类，即“一以浮华为尚，而无实之可言矣”。他认为文章内容“有邪有正，有是有非”，必须“讲去其非，以存其是”，因此，他反对“肆意妄言”，认为“言而一有不合于道者，则于道为有害”。据此，朱熹批评杜甫（712—770）“叹老嗟贫，志亦陋矣”，批评白居易（772—846）“其实爱官职，诗中凡及富贵处，皆说得口津津地涎出”，批评苏轼“诡经诬圣，肆为异说”。朱熹认为如果文字“极其高妙”，而“于理无所得”，这样的文章既无益于自身，也无用于当世。

在风格上，朱熹提倡“平易深邃”。首先要“平易”。他说：“圣人立言，坦易明白，因言以明道，正欲使天下后世自此求之。使圣人立言，要教人难晓，圣人之经定不作矣。”（《朱子语类》卷一三九）其次是“深邃”。朱熹主张宁可不将意思说尽，而不宜将文章写得过长。他说：“凡人作文字，不可太长，照管不到，宁可说不尽。欧、苏文皆不曾尽。”（《朱子语类》卷一三九）在宋代古文家中，朱熹认为曾巩（1019—1083）之所以不如欧阳修，其原因即在于“纡余曲折”不够。朱熹追求的理想是“辞少意多，玩味不能已”。他说：“古人文章，大率只是平说而意自长”（《朱子语类》卷一三九），“平易之中，其旨无穷”。他批评当时文人的种种弊病，或刻意追求“生面词语”，或故作高深，不知所云。他说：“今人欲说，又不敢分晓说，不知是甚所见，毕竟是自家所见不明，所以不敢深言，且鹘突说在里。”（《朱子语类》卷一三九）

朱熹高度重视作者本人对于“道”的修养和体识，认为作者的内在品质“精明纯粹”，外在的文章“自然条理分明，光辉发越”。他反对舍本逐末，在“作文”技巧上投入过多精力。他说：“向道之勤，卫道之切，不若求其所谓道者而修之于己之为本。用力于文词，不若穷经观史以求义理，而措诸事业之为实也。”他认为文词只是“小伎”，“以言乎迩，则不足以治己；以言乎远，则无以治人”，根本不值得勤恳反复，孜孜求精。他批评韩愈说：“缘他费工夫去作文，所以读书者，只为作文用。自朝至暮，自少至老，只是火急去弄文章，而于经纶实务不曾究心。”（《朱子语类》卷一三七）

道学家普遍相信“有德必有言”，朱熹也持有相同的观点，但他有时也能突破道学藩篱，主张要下工夫学习“做文章”。为此，他曾建议学习欧阳修和曾巩的“遗法”，“料简刮摩”，反复修改；又曾提倡熟读古人文字，沉潜玩味其妙处。他说：“读得韩文熟，便做出韩文底文字；读得苏文熟，便做出苏文底文字。”他甚至斩钉截铁地保证：“今日要做好文者，但读《史》、《汉》、韩、柳而不能，便请斫取老僧头去！”（《朱子语类》卷一三九）

二、诗与志

朱熹论诗，与其论文旨趣有相似之处。他强调诗人应有高尚的道德和情操，不应用力于格律、用韵等技巧问题上。他说：“熹闻诗者，志之所之。在心为志，发言为诗。然则诗者，岂复有工拙哉，亦视其志之所向者高下如何耳。是以古之君子，德足以求其志，必出于高明纯一之地，其于诗固不学而能之。至于格律之精粗，用韵、属对、比事、遣词之善否，今以魏晋以前诸贤之作考之，盖未有用意于其间者，而况于古诗之流乎？近世作者，乃始留情于此，故诗有工拙之论，而葩藻之词胜，言志之功隐矣。”

诗是心灵之窗。诗人志向高远，作品才能高远，这是不错的。但是，并不是所有志向高远的人都善诗、能诗，这里，还有个艺术上的技巧问题，朱熹认为诗无工拙，可以不学而能，这一看法，显然片面。

基于以上观点，朱熹推崇古诗，鄙视律诗。他将中国诗歌的发展分为三个时期：魏晋以前为第一时期，晋宋至唐初为第二时期，唐初以后为第三时期，总的趋势是每况愈下：“自唐初以前，其为诗者固有高下，而法犹未变。至律诗出，而后诗之与法始皆大变。以至今日，益巧益密，而无复古人之风矣！”他表示，将抄取经、史所记录的古代韵语、《文选》、汉魏古词以及郭璞（276—324）、陶渊明（365或372或376—427）等人著作，附于《诗经》《楚辞》之后，成为一编，以之作为“诗之根本准则”，再从第二时期的作品中选取其“近于古者”为一编，以之作为参考，“其不合者则悉去之，不使其接于吾之耳目而入于吾之胸次”。据朱熹说，这样就可以“使方寸之中无一字世俗言语意思，则其为诗，不期于高远而自高远矣”。他特别强调学习《文选》中的优秀作品，声称：“李太白始终学《选》诗，所以好。”

三、诗须是平易

在风格上，朱熹反对雕琢粉饰，纤丽浮巧。他说：“文字自有一个天生成腔子，古人文字自贴这天生成腔子。”（《朱子语类》卷一三九）朱熹所谓“天生成腔子”，指的是一种天然、朴素、平易的风格。他说：“诗须是平易，不费力，句法混成。”（《朱子语类》卷一四〇）基于此，他赞誉《离骚》不用奇字，平常写来，“自是好”；批评宋代江西诗派的鼻祖黄庭坚（1045—1105）：“恁地着力做，却自是不好。”（《朱子语类》卷一三九）但是，朱熹提倡“平易”，不是不要艺术上的加工和锤炼，他说：“古人诗中有句，今人更无句，只是一直说将来，这般诗一日作百首也得。”（《朱子语类》卷一四〇）他批评宋人陈与义（1090—1139）的“乱云交翠壁，细雨湿青松”和“暖日熏杨柳，浓荫醉海棠”，认为不成句法；对唐人常建的“曲径通幽处，禅房花木深”则高度推崇，认为“今人都不识这意思”。

朱熹论诗，讲究“余意”“余味”，反对“一滚说尽”，也反对因追求“平淡”而流为“枯淡”。北宋时，学诗者普遍以“平淡”为美，他提醒说：“所论平淡二字，误尽天下诗人。”“古人之诗，本岂有意于平淡哉！”朱熹的美学理想是：“不为雕琢纂组之工，而其平易从容不费力处乃有余味。”他非常强调这个“味”字，认为“事物须要说得有滋味，方见有功”。（《朱子语类》卷一一四）宋人林逋（967—1029）《山园小梅》诗云：

疏影横斜水清浅，暗香浮动月黄昏。

朱熹对这两句极为欣赏，认为它“有精神”，有“言外之意”，可以引导读者融入其所描绘的境界。

在众多的诗人中，朱熹特别推崇中唐的韦应物（约 737—约 791）。他说：“韦苏州诗高于王维、孟浩然诸人，以其无声色臭味也。”又说：“唐《国史补》称韦为人高洁，鲜食寡欲，所至之处，扫地焚香，闭阁而坐。其诗无一字做作。其气象近道，意常爱之。”（《朱子语类》卷一四〇）道学家提倡清心寡欲，心如止水，推崇韦应物其人其诗，反映出道学家的美学理想和艺术追求。

朱熹本人的诗，有些写得相当精彩。例如其《春日》：“胜日寻芳泗水滨，无边光景一时新。等闲识得东风面，万紫千红总是春。”全诗不用奇字、难字，明白如话，但有情有景，完全符合他自己的要求：“平说而意自长。”又如《观书有感》：“半亩方塘一鉴开，天光云影共徘徊。问渠那得清如许，为有源头活水来。”貌似浅近平易，但却意味隽永，包含着深刻的哲理。

四、艺术上的慧眼

朱熹虽是道学家，但他在艺术上却独具慧眼，在论文、论诗上也颇有见地。

除《诗经》外，朱熹用力最勤的诗集就是《楚辞》。最初，他曾认为屈原的作品“不过悲愁、放旷二端”，表示“弃绝不敢复观”，但是，在晚年仕途受挫，对《楚辞》进行深入研究之后，却转而喜欢起《楚辞》来。他认为屈原作品的精神在于“忠君爱国，眷恋不忘”，“缱绻恻怛，不能自已”，因此，不能将它贬抑为“变风变雅之末流”。此前，王逸、洪兴祖注《楚辞》，受汉儒解经影响，过于穿凿。朱熹批评说：“望舒、飞廉、鸾皇、雷师、飘风、云霓，但言神灵为之拥护服役，以见其仗卫威仪之盛耳，初无善恶之分也。”（《楚辞辩证》上）这些见解，符合于屈原作品的实际。

除屈原外，朱熹对李白（701—762）和陶渊明的分析也颇中肯。他说：“李太白诗不专是豪放，亦有雍容和缓处，如首篇《大雅久不作》，多少和缓！陶渊明诗人皆说平淡，据某看他自豪放，但豪放来得不觉耳。其露出本相者是《咏荆轲》一篇，平淡底人如何说得这样言语出来？”（《朱子语类》卷一四〇）清人龚自珍（1792—1841）的《己亥杂诗》云：“陶潜诗喜说荆轲，想见《停云》发浩歌。”又云：“莫信诗人竟平淡，二分《梁甫》一分《骚》。”显然受到朱熹的影响。

对于历代的文章和文章家，朱熹常能以简明的文字概括其特点。例如他认为“楚汉间文字，真是奇伟”，司马迁文“雄健”“有战国气象”；苏洵文“雄浑”，苏轼文“明快”“宏阔澜翻”，“里面自有法”；欧阳修文“敷腴温润”“虽平淡，其中却自美丽”等，都比较准确精到。

第十四章　教育思想

朱熹一生，从政十年，从事教育约四十年。即使在从政期间，也仍然重视教育。他任同安主簿期间，兴办县学；知南康军期间，重修白鹿洞书院，自任山长；在台州时，修建武夷精舍；知潭州时，修复岳麓书院。据统计：朱熹一生有弟子四百六十七人。因此，教育是朱熹毕生事业的重要部分。

朱熹重视教育，认为人之所以成为人，教育起着决定作用。他说：

> “圣人千言万语，只是要教人做人。”(《朱子语类》卷一二一)
>
> “庶而不富，则民生不遂，故制田里，薄赋敛以富之；富而不教，则近于禽兽，故必立学校，明理义以教之。”(《论语集注》卷七)

作为自然人，人只是一种高级动物；作为社会人，通过教育获得知识、文化、伦理观念，人才成为真正意义上的人。朱熹这里的见解有其深刻性。

一、以“明人伦”为唯一目的

朱熹认为，教育的目的在于“明人伦”，体认伦理观念。他说：“先王之学，以明人伦为本。”所谓“人伦”，指的是“父子有亲，君臣有义，夫妇有别，长幼有序，朋友有信”，他称之为“人之大伦”，又称之为“五教之目”。朱熹认为“庠序学校”的职责在于“明此而已”，而学者的职责则在于“学此而已”（《白鹿洞书院学规》）。为此，他要求每个学生都要立志，以圣贤为己任，将成圣成贤作为目的，“只是直截要学尧舜”（《朱子语类》卷八）。他指出只有到达这一地步，才是学习的终结。所以他说：“古之学者，始乎为士，终乎为圣人。”

教育的范围是宽广的。人类长期积累的知识、文化和文明都应是教育的内容。同样地，教育的目的也应该是宽广的，除了通过德育培养人的道德观念和道德品质之外，也还应该培养具有各种知识和技能的专家和人才。朱熹将“明人伦”定为教育的唯一目的，显然过于狭隘。

朱熹认为自天子以至庶人，都必须接受教育。在理论上，他虽认为有“生而知之”的天才，但实际上，他强调人人都需要学习。他说：“凡人便是生知之资，也须下困学勉行底工夫方得。”（《朱子语类》卷八）“孟子道，人皆可以为尧舜，何曾便道是尧舜更不假修为，且如银坑有矿，谓矿非银不可，然必谓之银不可，须用烹炼然后成银。”（《朱子语类》卷五九）在理论上，朱熹认为人性之恶来自先天的“气禀”，但他又认为通过教育，可以变化气质。他说：“圣贤施教，各因其材。小以成小，大以成大，无弃人也。”（《孟子集注》卷十三）

基于“明人伦”的教育目的，朱熹尖锐地抨击当时的学校教育和科举制度，指责其偏离方向，误导学生。他说：“自圣学不传，学校之设虽或不异乎先王之时，然其师之所以教，弟子之所以学，则皆忘本逐末，怀利去义，而无复先王之意。”（《宋元学案》卷四九）朱熹认为当时的学校已经成了追逐声利、时好的场所，而学生所学则“不越乎记诵、训诂、文词之间”，其目的在于“钓声名，干禄利”，完全失去国家设学教人的本意（《福州州学经史阁记》，《朱子文集》卷八十）。

二、人生教育的三阶段

朱熹根据人的年龄和智力发展情况，将人的教育分为学前、小学和大学三个阶段。

八岁以前为学前阶段。朱熹要求母亲在受胎以后，“割不正不食，席不正不坐，目不视邪色，耳不听淫声”；婴儿出生以后，乳母必须“宽裕、慈惠、温良、恭敬”；六岁以后，教以日常生活必备的知识，如数目、方位等。

八岁至十五岁为小学阶段。朱熹主张自王公以下，以至于庶人子弟，凡男子八岁，均入小学，学习“洒扫、应对、进退之节；爱亲、敬长、隆师、亲友之道”，同时学习“礼、乐、射、御、书、数之文”。其目的是通过日常生活，对学生进行道德素养训练，了解义理大概，养成良好的生活与行为习惯，同时，也使学生掌握“六艺”，具备礼仪、音乐、射箭、驾车、书法和计算等必要的技能。朱熹认为这一段的重点是“学其事”，不必讲大道理，也不必去研究“所以然”，只要学生照规矩做就是。为此，他专门编辑了《童蒙须知》，从衣服冠履、语言步趋、洒扫清洁、读书写文及杂细事宜等五方面，一一提出严格要求。他说：“小学是事，如事君、事父、事兄、处友等事，只是教他依此规矩做去。”（《朱子语类》卷七）朱熹将这一阶段称为“小成”。

在小学阶段，朱熹不仅重视学生的感性体验，而且重视“做人的样子”。他收集大量古人的“嘉言懿行”，编为《小学》一书，以立教、明伦、敬身、稽古为纲；以君臣、父子、夫妇、长幼、朋友、心术、感化、衣服、饮食为目，分列有关格言和故事，以期为儿童树立正面典范。朱熹希望经过这样的教育后，能够“习与智长，化与心成”，在增长智力的同时，将儒学伦理观念自然地融入学生的性格和习惯，为进一步接受高等教育打下扎实的基础。

十五岁之后为大学阶段。朱熹主张天子的长子、众子，公卿、大夫、士的嫡子，以及凡民之俊秀，皆十五岁入大学，继续学习“四书”，然后研究群经。这一阶段的重点是“明其理”，学习穷理、正心、修己、治人、事君、事父以至治国、平天下之道，从而达到“明德”“亲民”“止于至善”的最高境界。

朱熹所设计的小学与大学的教育内容，既有严格的阶段区分，又互相联系。前者是基础，后者是扩充和加深。他说："小学者学其事，大学者学其小学所学之事之所以。"前者"知之浅而行之小"，后者"知之深而行之大"。这说明朱熹完全明白，必须根据受教育者的年龄、智力发展水平、心理特征和接受能力，选取不同的教育内容和方式。所以他说："先传以小者、近者，而后教以远者、大者。""故教人有序而不可躐等。"（《朱子语类》卷四九）

三、教学过程中的主体与主导

朱熹非常重视教学法。他说："道有定体，教有成法。"（《孟子集注》卷十三）"师舍是则无以教，弟子舍是则无以学。"（《孟子集注》卷二十）所有的教育都包含教与学两个方面。其中，教师是主导，而学生是主体。要使教学取得最大和最佳成果，必须正确处理二者之间的关系。从朱熹的教学实践和留下的大量资料看，他懂得发挥学生的主体作用。他说："读书是自己读书，为学是自己为学，不干别人一线事，别人助自家不得。"在朱熹看来，学习好比吃饭，是不能由别人替代的。他说："不能只待别人理会来，放自家口里。"（《朱子语类》卷六）

既然在教学过程中学生是主体，那么，教师的作用何在呢？朱熹认为教师的作用在于启发、引导、解疑、答难，"示于始而正于终"。他说："指引者，师之功也。"（《小学集注》卷五）又说：教师要"做得个引路的人，做得个证明的人，有疑难处同商量”（《朱子语类》十三）。朱熹这里所说的“指引”“引路”，指的就是教师的主导作用。朱熹要求教师要掌握火候，善于引导和启发，他说：“正当那时节，欲发生未发生之时，欲欠了些小雨。忽然得这些小雨来，生意岂可御也！”（《论语集注》卷第六）

教学活动通常分为讲授、自学、讨论、实习（实践）四个环节。一般弊病是教师教授过多，口干舌燥，辛苦异常，而学生或轻松悠闲，或忙于记录。朱熹的教学与此相反，以学生“自学”“讨论”和“践履”为主，教师只做解疑，不做填鸭式的大段“讲授”。一部《朱子语类》，就是朱熹和学生的问答、讨论记录。他说：“某此间讲说时少，践履时多。事实都用你自去体会，自去体察，自去涵养。书用你自去读，道理用你自去究索。”（《朱子语类》卷十三）

学习是一个持续积累、发展和增长的过程。朱熹强调学习要循序渐进，同时又要持之以恒。他说：“学之者必以其渐。”在注释《论语·子罕》篇的“譬如为山”时说：“学者自强不息，则积少成多；中道而止，则前功尽弃。”他有一个著名的“鸡抱卵”的比喻：“须是莫断，若断了便不成。待得再新整顿起来，费多少力！如鸡抱卵，看来抱得有甚暖气？只被他常常抱，得成。若把汤去烫便死，若抱才住便冷。”（《朱子语类》卷八）他认为只要有恒心，资质虽然愚鲁，却同样可以大成。他以孔子弟子曾参为例说：“曾子之学，诚笃而已。圣门学者，聪明才辨，不为不多，而卒传其道，乃质鲁之人耳。”（《论语集注》卷六）

四、学习过程中的五个环节

《中庸》一书有“博学之、审问之、慎思之、明辨之、笃行之”的说法。在《白鹿洞书院学规》中，朱熹将它们称之为“为学之序”。

朱熹认为读书的范围要广，学习的范围也要广。他说：“天地万物之理，修己治人之方，皆所当学。”（《朱子语类》卷八）但是，朱熹强调必须区分先后、主次与轻重缓急。他说：“然亦各有次序，当以其大而急者为先，不可杂而无统也。”（《朱子语类》卷二）在朱熹看来，这就如同治病吃药，并不是愈多愈好。他说：“读书太多，如人大病在休，而众医杂进，百药交下，决无见效之理。”（《答吕子约》，《朱子文集》卷四七）因此，他强调读书要精，“看了又看，逐段逐句逐字理会”“熟读了自精熟，精熟后理自见得”（《朱子语类》卷十）。朱熹将这一过程比之为吃果子：“劈头方咬开，未见滋味便吃了，须是细嚼教烂，则滋味自出，方始认得这个是甜、是苦、是辛，方为知味。”（《朱子语类》卷十）

审问，指学习过程中的问疑质难。孔子教学，提倡“多问”“每事问”“不耻下问”。朱熹也强调问，认为“人须会问始得”（《朱子语类》卷四一），“思问，则疑不蓄”（《论语集注》卷第八）。他说：“凡人性敏者多不好学，位高者多耻下问，故谥法有以勤学好问为文者，盖亦人所难也。”（《论语集注》卷第三）

慎思。朱熹强调“熟读精思”，又提倡“深沉潜思”“严密理会”，在读书和学习过程中积极、细致地思考：“读一遍了，又思量一遍；思量一遍，又读一遍。”（《朱子语类》卷十）在这种“读”与“思”的反复中，就会有收获，也会发现疑点。他说：“久之自有所得，亦自有疑处。盖熟读后自有窒碍不通处，是自然有疑，方好较量。”朱熹认为“思”的主要功能是“专主乎探索”，要求学者善于发现问题、提出问题、解决问题，做到“读书无疑者须教有疑，有疑者却要无疑”（《朱子语类》卷十一）。这一过程，被他称为“思而至于不思，自生而至熟”（《朱子语类》卷三六）。

明辨。真理并不是轻易可以掌握的，人们常常面对“群疑并兴”“众说杂陈”的局面，这就需要通过明辨，判明真假、是非、善恶和美丑。朱熹说：“凡看文字，诸家说有异同处，最可观。谓如甲说如此，且寻扯住乙，穷尽其辞。两家之说既尽，又参考而穷究之，必有一真是者出矣。”（《朱子语类》卷十一）他认为在辨析是非时，学者要注意摆脱主观“私意”和“旧有先入之说”，同时，还必须不以地位身份论人。他说：“放宽心，以他说看他说，以物观物，无以己观物。”（《朱子语类》卷十一）又说：“大率观书，但当虚心平气，以观义理之所在。如其可取，虽世俗庸人之言，有所不废；如有可疑，虽或传以为圣人之言，亦须加审择。”（《答张敬夫》，《朱子文集》卷三一）

笃行，又称为力行，既将所学所得用之于道德修养和“治国、平天下”的事业。朱熹认为这是学习的最后步骤，也是最重要的步骤。他说："为学之实，固在践履。苟徒知而不行，诚与不学无异。"（《答曹元可》，《朱子文集》卷五九）他以射箭为喻，说明："虽习得弓箭那许多模样""却不曾置得一张弓、一支箭，向垛边去射，也如何得！"（《朱子语类》卷二四）为此，朱熹将"学"与"习"分为两个环节。他说："未知未能而求知求能，之谓学；已知已能而行之不已，之谓习。"（《朱子语类》卷二〇）朱熹特别重视"习"这一环节，要求学以致用，在行字上着紧用力，行之不已。

朱熹在教育思想方面还有不少可取的论点，如循序渐进、温故知新、专一有恒、虚心涵泳和切己体会等，不能一一详述。

第十五章　朱熹与后世

一、中国

朱熹所完成的道学体系把儒学伦理说成是世界本原和天赋的人性，要人们“克人欲，存天理”，辨析义利，扑灭一切不利于既定社会秩序的思想和愿望；同时，又把社会的等级、贫富等各类差别说成是“定位不易”的，否认矛盾和差别的转化，宣扬万世不变的“中庸”论，为中国古代社会的合“理”性做出论证。这一切，完全符合南宋统治集团稳固其统治的需要。因此，尽管当权者一度禁止它，但是很快，又不得不承认它、推崇它。

自南宋后期至近代，朱熹的思想统治中国达七百年。在这样漫长的历史时期里，它受到过王廷相、王夫之、颜元（1635—1704）、戴震等唯物主义思想家的批判，受到过王阳明等心学唯心主义者的挑战，也受到过康有为（1858—1927）、谭嗣同（1865—1898）、严复等维新派和孙中山（1866—1925）、邹容（1885—1905）等民主革命党人的冲击，但是，它始终为历朝统治者所承认和推崇。

韩侂胄的反道学行动给了道学派以巨大打击。“伪学”的禁令发布以后，那些规行矩步，以道学自命的人站不住脚了。朱熹的门徒有的“屏伏丘壑”，韬晦起来；有的改投他师，断绝和朱熹的关系，过门不入；还有的则换下道学家经常穿戴的衣服和帽子，另穿一套，招摇过市，显示其非道学一党。朱熹下葬时，门生故旧都不来，只有少数几个人看着朱熹的棺材下土。

但是，韩侂胄的反道学行动又有较大缺陷。其一，缺乏应有的思想水平。韩侂胄等除了指斥道学虚伪外，提不出多少站得住脚的反对道学的理由，更提不出和道学相对立的思想体系，理论上没有建树。其二，提出的若干罪名缺乏根据，如指责赵汝愚“谋为不轨”，朱熹“寓以吃菜事魔之妖术”等。罪名是加重了，但言而无实的结果，也就易于引起人们的反感。其三，打击了一些不应打击的人，如永嘉学派的叶适、陈傅良等，就曾错误地被列入“伪学之籍”。

由于以上种种原因，反道学行动并未得到舆论的广泛支持，不少人仍然同情朱熹。朱熹死后，陆游（1125—1210）作文哀悼说：“某有捐百身、起九原之心，有倾长河、注东海之泪。”（《祭朱元晦侍讲文》，《渭南文集》卷四一）辛弃疾也作文说：“所不朽者，垂万世名。孰谓公死，凛凛犹生。”（《辛弃疾传》，《宋史》卷四〇一）陆游、辛弃疾和朱熹的思想、性格并不一致，他们的态度如此，其他人可以想见。嘉泰二年（1202），有人劝韩侂胄“勿为已甚”（《续资治通鉴》卷一五六），于是，他追复已死的赵汝愚“资政殿学士”的职名，道学家们纷纷复官，而且，还删去了推荐官吏必须“不系伪学”的规定。

开禧二年（1162）四月，韩侂胄发动北伐，初战告捷，但由于四川副使吴曦（1162—1207）阴谋割据，叛变投敌，再加上军事准备不足，北伐战争未能取得胜利。开禧三年（1207）十一月，礼部侍郎史弥远（1164—1233）等密谋，在韩侂胄上朝时，将他杀死，后来又开棺取首，送到金朝乞和。

嘉定元年（1208），太学博士真德秀（1178—1235）奏称：韩侂胄当权的时候，“伪学”之论兴而正道不行，现在改弦更张，应当“褒崇名节，明示好尚”。嘉定二年（1209），南宋政府定朱熹谥号为“文”，赞誉朱熹是“孟子以来不多有”的人物。从此，朱熹就被尊称为“朱文公”。嘉定四年（1211），李道传上书，要求崇尚道学，将朱熹的《论语集注》《孟子集注》等四书颁发太学。李道传还要求罢王安石父子之祀，改祭邵雍、周敦颐、二程兄弟等人。第二年，南宋政府批准将《论语集注》和《孟子集注》二书立学。从此，二书成为官定教科书。

理宗即位后，于宝庆三年（1327）下诏，赞美朱熹注释的《大学》《论语》《孟子》《中庸》四书，“发挥圣贤蕴奥，有补治道”（《道学崇黜》，《宋史纪事本末》卷八〇），封朱熹为太师、信国公。淳祐元年（1241），下诏将朱熹等列入孔庙从祀。与此同时，周敦颐、张载、程颢、程颐，一一得到封赠。随后，理宗又亲到太学，命人讲《大学》，并将自己写作的《道统十三赞》颁发给国子监，宣示学生。

道学统治就这样确立了。自此，以朱熹的理学体系为核心的道学就成了中国社会后期的统治思想，“言不合朱子，率鸣鼓而攻之”。

自理宗端平二年（1235）起，新崛起的蒙古汗国不断南侵。南宋王朝腐败糜烂，一面屈膝求和，一面尊崇道学。度宗咸淳元年（1265），命宰相访求朱熹后人中的“贤者”。恭宗德祐元年（1275），皇帝亲自为朱熹的诞生地尤溪的“南溪书院”书写匾额。

宋亡之后，元朝统治者继续推尊朱熹。丞相脱脱（1314—1355）主持编修的《宋史》专门列了《道学传》，把朱熹称为孔子、孟子之后居于第三位的儒学代表人物，说：“后之时君世主，欲复天德王道之治，必来此取法矣。”

明王朝建立后，特别着重于确立和巩固朱熹思想的统治地位。明朝政府规定，科举考试以“四书”“五经”命题，而“四书”的理解以朱熹的注释为准。永乐十三年（1415），成祖下令编辑《五经四书大全》和《性理大全》二书。自此，朱熹思想定于一尊。邵阳人朱季友因著书抨击程朱，被成祖发配饶州决杖，所著书全部焚毁。

与历朝统治者的全盘推崇相反，部分思想家或对朱熹持强烈的批判态度，或力图接受其中的合理成分。明代中叶，罗钦顺（1465—1547）继承和发展了朱熹理气不相离的思想，扬弃了他的理在气先和理为主宰的观点。和他同时代的王廷相尖锐地批判朱熹的“理生气”观点，指出它是老子“道生天地”思想的翻版。在人性论上，他反对“天命之性”与“气质之性”的区分，认为“人之性成于习”。在认识论上，他强调“见闻”与“接习”。和罗钦顺不同，王廷相敢于公开反对朱学的思想，指责其“支离颠倒”“殆类痴言”。

差不多与罗钦顺、王廷相同时，王阳明的心学风靡起来了。早年，王阳明曾按照朱熹的要求做过“格物”功夫，在一无所得后转而向内寻求，继承并发展了陆九渊的学说。正德十年（1515），王阳明为了对付理学派的攻击，收集朱熹言论中和自己相合的部分，编为《朱子晚年定论》一书。但是，王阳明没有认真地进行考订，误收早年之论，因此，遭到罗钦顺的指责，引发出一场辩论。嘉靖二十一年（1542），朝廷上议论陆九渊的从祀孔庙问题，事关维护理学正统，广东人陈建（1497—1567）愤而编辑《学蔀通辨》。所谓“蔀”，意为蒙蔽。他认为心学的发展蒙蔽了理学的光明，他要著书为之廓清。该书指责王阳明的《朱子晚年定论》“颠倒早晚”，说明朱熹和陆九渊之间早年同而晚年异，指责陆学“阳儒阴释”。该书的出版再一次激起了思想界的朱陆异同之辩。

王学的风靡动摇了朱熹思想的统治地位，泰州学派的传播本意在使宋明道学进一步简易化，但是，却产生了破坏道学的副作用。在这一特定条件下，反儒学的异端思想家李贽（1527—1602）出现了。他具有强烈的批判精神，不仅程朱理学受到他的指责，连孔子、孟子、“六经”、《论语》、《孟子》也成了他抨击、讪议的对象。

清初，统治者继续推崇程朱理学。康熙皇帝特旨将朱熹从孔庙的侧廊上升到大成殿配享，又亲书“学达性天”“大儒世泽”等匾额给崇安、武夷、考亭等书院悬挂。他命李光地（1642—1718）等将明朝政府颁布的《性理大全》删繁就简，改编为《性理精义》一书，又下令编纂《朱子全书》，亲自作序，自称“读书五十载，只识得朱子一生所作何事”。清朝统治者不喜欢王学，因此，心学的崇拜者们只能在尊朱的旗号下尊陆。雍正十年（1732），李绂（1673—1750）编订《朱子晚年全论》，认为王阳明《朱子晚年定论》的错误只是个别的，他选了三百五十七条资料说明晚年的朱熹和陆九渊是一致的。自序说：“学朱子即学陆子，陆子固不必居其名也。”但是心学始终不能行世。朱学虽然繁难，心学虽然简易，但是清朝统治者总觉得朱学稳妥，而心学却靠不住，不愿意提倡它。

明清之际，王夫之在对朱熹和宋明道学的批判中，“入其垒，袭其辎，暴其恃而见其瑕”，从而锻炼和丰富了自己的思想，将中国古代的朴素唯物主义推向了最高阶段。他以元气本体论反对朱熹的理本论，以“行可兼知，知不可兼行”的思想反对朱熹的“知先行后”说，以“习成而性与成”的观点反对朱熹的先天人性，以“天理即在人欲中”的命题反对朱熹“克人欲，存天理”的观点，以今胜于古的历史进化观反对朱熹的历史退化论，几乎在各方面都有超越前人的成就。继王夫之以后，颜元更为鲜明地举起批判朱学的旗帜，专门写作《朱子语类评》和《四书正误》等著作，直斥朱学“惑世误民”，是使人“永无生气、生机”的“砒霜”。他提倡“实事”“实学”，重视亲身实行和感性经验。主张“习而行之”“亲下手一番”，从而丰富了古代的唯物主义认识论。鉴于明亡的历史经验，清初以至中叶的进步思想家一般都以功利主义为武器批判道学的空疏无用，但戴震却能独辟蹊径，他从分析“克人欲，存天理”这一命题出发，指责宋儒“以理杀人”。

戴震等人对朱学的批判激起了理学派的反抗。鸦片战争前夕，桐城派的方东树（1772—1851）著有《汉学商兑》一书，以反汉学为旗号，将矛头指向清初以来的唯物主义思潮。他自称平生不喜欢读“异书”，只对朱熹的言论有心得；又声称见到历代学者中有跟朱熹“为难”的就很生气。他指责戴震等人的思想是“亘古未有之异端邪说”，是“大乱之道”，是“洪水猛兽”，是毒酒、毒肉，吃下去要“裂肠洞胃，狂吼以死”。

鸦片战争以后，列强入侵，民族危机严重，经世致用成为爱国人士或改革派的口号。魏源（1794—1857）指斥道学家的心性之说为无用的“迂谈”，“上不足制国用，外不足靖疆圉，下不足苏民困”。戊戌变法时期，西方新学陆续传入，一部分爱国知识分子开始向资本主义找寻出路，因而，他们对朱熹思想的批判具有新内容和新色彩。康有为明确指出：“朱子以理在气之前，其说非。”在人性论上，朱熹最反对告子，而康有为却最推崇告子，认为“生之谓性”的说法“自是确论”。他借用告子的思想资料，提出自然人性论，肯定人欲，肯定物质文明，肯定“人人皆独立而平等”。谭嗣同则继承王夫之的道不离器思想，反对朱熹等人“以道为体”的观点，认为“道”应该随着“器”改变，实际上要求建立新思想、新伦理。他明确指出：“人欲亦善也。”这就与朱熹以“人欲”为恶的观点形成尖锐对立。他还对道学家视为“天下大本”的儒学纲常礼教进行了猛烈的抨击。严复具有明确的唯物主义思想，他指斥朱熹等道学家“无实”。在认识论上，肯定赫胥黎（Thomas Henry Huxley：1825—1895）“以宇宙为我简编，名物为我文字”的思想，提倡“读无字之书”，或“读大地原本书”。他批判包括道学在内的儒学“谬妄糊涂”，大力提倡“西学”。康有为、谭嗣同和严复等人的这些批判，代表了维新派软弱的反传统要求，在理论深度上，它赶不上明清时代的唯物主义者们，但是，却具有为发展资本主义而呐喊的崭新意义。

这一时期，维新派中也有人试图以新学来阐发朱熹的思想，例如唐才常（1867—1900），他写过一篇《朱子语类已有西人格致之理条证》，称赞朱熹“即物穷理”之说，“孕义宏深；天人靡阂，故其探索气化之功，冠绝群伦”。他并要求人们进一步“精而求之”，出现“贝根、达尔文”一类人物。这种阐发，反映了维新派发展近代自然科学的要求。

革命派登上政治舞台后，继续对朱学进行批判。1898年，孙中山指责知识分子读书“不外‘四书’‘五经’及其笺注之文字”，揭露历代统治者利用“四书”“五经”，目的在培养人们“盲从”的性格。1903年，杨笃生揭露清王朝“借崇奉朱学，以伸其压制钳束之大义于天下”。同年，邹容以泼辣的语言嘲讽“宋学者流”，“日守其五子《近思录》等书，高谈太极、无极、性命之理，以求身死名立，于东西庑上，一啖冷猪头”。1906年，章太炎（1869—1936）在东京中国留学生大会上，公开声称同意戴震对宋儒的指责，认为“理学”帮助了清朝的酷虐统治。在此前后，革命派的报刊上出现了不少批判朱熹和道学的言论，《国民日日报》指出：“道统之说”“治理学者信之，治史学者记之，陋儒之误天下，未有甚于此说者也”。《晋乘》指出：“后世的几位皇帝老大人意在束缚人民的思想，下诏令士人、学子一遵朱注，不遵朱注的便叱为胡说。”“于是，程朱的学问思想就如同铁圈子套到人头上。”“后世几百年亿兆人的学问思想，绝不敢冒出朱子一人学问思想的范围。”可以看出，这些批判并无多少理论色彩，但政治性和革命性却大大加强了。

在近代，清朝统治集团仍然寄望于程朱理学。1853年，太平军以疾风骤雨般的气势向北方进军，咸丰帝却命儒臣献朱熹的《大学讲义》，又命理学家进讲《中庸》“致中和，天地位，万物育”一段。曾国藩（1811—1872）以朱熹的“克人欲，存天理”为根据，镇压太平军。戊戌变法时期，张之洞（1837—1909）鼓吹“宋儒重纲常，辨义利，朱子集其成”。叶德辉（1864—1927）等出版《翼教丛编》，声称“理则实宰乎气”，“人之所以异于禽兽者，以其有此五常之全理”。

进入二十世纪之后，中国的民主主义革命日益蓬勃发展，道学存在的社会基础受到愈来愈猛烈的冲击，特别是新文化运动对儒家思想的否定，终使道学的思想统治地位由摇摇欲坠而最终倒塌。不过，这一时期，也有人力图找寻并肯定朱熹思想中的积极因素，例如钱玄同（1887—1939），虽长期对中国传统文化持激烈批判态度，但他却盛赞朱学的“科学精神”。另一些学者力图用西方哲学解释朱熹的思想，出现“新理学”。还有一些学者则致力于以孔子和朱熹等人的思想纠正西方文明的弊端，医治“现代病”，形成当代“新儒学”。

二、日本

朱子学何时传入日本，说法不一：一种说法是1200年，即朱熹逝世之年，其《中庸章句》已有日人大江宗光的手抄本；二是1211年，在宋朝学习的日本和尚俊芿回国，携回儒书二百五十六卷，其中可能有朱熹的著作；第三种说法是1241年，日本和尚圆尔辨圆回国，携回图书数千卷，其中有朱熹的《晦庵大学或问》《晦庵中庸或问》《论语精义》《孟子精义》等六种，四十三卷。此后，中国禅僧兰溪道隆、大休正念、一山一宁等人赴日，在讲说佛理时对程朱之学也有所介绍。十四世纪时，京都五大寺院的僧侣既习禅，又研究禅与儒之间的关系，被称为“五山僧侣”。同时，公卿贵族中也有一部分人，研究朱子学中的纲常伦理，并力图使之“和化”（日本化）。十六世纪时，出现博士公卿、萨南、海南三派。博士公卿学派全部根据朱熹注释和讲解儒书，以清原业忠为代表。萨南学派的开创者桂庵玄树在中国学习六年，后回国在九州讲学，认为“儒学不原于晦庵者不以为学焉”。海南学派的代表是南村梅轩，主要活动于土佐（今四国）一带。

自十七世纪初年起，日本进入江户时代。德川幕府将朱子学奉为官学，朱熹思想遂成为日本的统治思想。藤原惺窝（1561—1619）原为禅僧，读朱熹著作后弃禅还俗，特意穿着自制的儒服拜见德川幕府的第一代将军德川家康，为其讲解儒学。他认为朱熹独得道统真传，并用儒学解释日本的神道，是日本朱子学派的开创者。其弟子林罗山（1583—1637）在京都首设私塾，讲授《四书集注》。曾任德川家康侍读，参与幕府机要，起草文书、法令。他主张理气合一论，认为“无气则无理”，大力阐扬朱熹学说的“治国、平天下”作用，提倡大义名分与人伦尊卑之别，在奠定朱子学的官学地位上发挥了重要作用。其间，日本朱子学派逐渐发展出京师、海西、海南、大阪和水户五派。其中海南派推崇朱熹的理一元论，崇奉朱熹有如宗教，其代表人物山崎闇斋（1618—1682）在京师（今东京）讲学，有弟子六千人，公然声称：“学朱子而谬，与朱子共谬也，何遗憾之有？”他将朱子学和日本神道结合，创立垂加神道学派，提倡护卫皇室，忠君报国，后来为日本军国主义者所利用。海西派主张气一元论，认为“气质之性”即是“本然之性”，不存在所谓“气质之性”与“本然之性”的区别，同时也反对朱熹的知先行后论，提倡知行并进，其代表人物有安东省庵（1622—1701）、贝原益轩（1630—1714）。大阪派肯定朱熹的批判质疑精神和无神论思想，以三宅石庵（1665—1730）等人为代表。京师学派的新井白石（1657—1725）则赞同朱熹用气的屈伸来解释鬼神的有关思想。水户藩主德川光国师事明亡后来日的中国学者朱之瑜（舜水），奖励儒学，排斥佛教，编修《大日本史》，倡导《春秋》和朱熹《通鉴纲目》中的大义名分以及尊王贱霸等思想，形成水户派。

江户后期，日本朱子学受到民间的古学、阳明学、国学以及洋学的挑战。安藤昌益（约1703—1762）主张气一元论，严厉批判儒学、佛学和日本的神道。他指斥孔子"与盗道同类"，儒学伦理为"盗贼之器具"，痛斥《孝经》，揭露"仁政"，成为当时的异端思想家。1790年，德川幕府实行"异学之禁"，企图禁绝朱子学之外的各种"异学"，继续维持朱子学的官学地位。但是，朱子学还是无可奈何地衰落下去。

明治维新之后，日本政府实行"富国强兵""殖产兴业"和"文明开化"的三大政策，以福泽谕吉（1835—1901）为代表的启蒙思想家们提倡西学和实学，指斥以朱子学为代表的儒学是"虚学"。他们提倡"快乐主义"，反对朱熹的"存天理，灭人欲"思想；以天赋人权和社会契约论批判朱熹的大义名分观。日本朱子学因此受到前所未有的巨大冲击，影响日益缩小。但是，永田元符（1818—1891）等人则指斥文明开化政策和自由民权运动为日本道德沦丧和风俗紊乱的根源，提倡复兴儒学，甚至主张定儒学为国教。西村茂树（1828—1902）出版《日本道德论》，提出将东方的儒学和西方的哲学结合起来，实行"道德之教"。他的思想被称为"混合儒教主义"。

1890年，日本天皇颁布《教育敕语》，确立以儒学道德为主要内容的教育方针和国民道德方针。井上哲次郎（1855—1944）于次年出版《敕语衍义》，将孝悌忠信和共同爱国作为日本国家道德的基石，同时提倡将西洋文化中的实现自我与儒学中的修身相结合。1945年12月，盟军总部下令废止学校中的修身课。此后，儒学伦理不再成为日本国民教育和国民道德的根本方针，朱子学失去其理论基础意义，仅作为人文科学的研究对象而受到重视。

三、朝鲜

朱子学传入朝鲜约在十三世纪晚期，最早的传播者是安珦（1243—1306）。他随高丽忠烈王入元。1289年自元大都返国，携回《朱子全书》《四书集注》及亲摹的朱熹画像，成为朱子学进入朝鲜的发端。他认为朱熹“发明圣人之道，攘斥禅佛之学，功足以配仲尼。欲学仲尼之道，莫如先学晦庵”。他出于对朱熹的敬慕，晚年便以晦轩为号。朝鲜早期朱子学传播者白颐正等人都是他的弟子或再传弟子。李齐贤（1288—1367），师事白颐正，长期居留元都燕京，与当时名儒姚燧（1238—1313）等人共同倡导程朱理学。李穑（1328—1396）曾就学于元大都国子监，回国后任成均馆大司成，在明伦堂讲授朱子学，成为高丽著名的理学大师。郑孟周（1337—1392）也是成均馆的儒学讲授者，所讲朱熹《论语集注》等书，听者叹服，被推为“东方理学之祖”。

他后来官至宰相，在任内大力推行程朱理学，并命民庶“仿《朱子家礼》立家庙，奉先祀”。

1392 年，高丽王朝灭亡，李朝代之而起，朱子学取代佛学成为朝鲜的国教。郑道传（约 1337—1398）是高丽末李朝初的哲学家，他接受朱熹“理”为天地万物本原的观点，以“万理皆实”思想批判佛学的“万理皆虚”论，被誉为“倡孔孟、程朱之道学，辟浮屠百代之诱诳，开三韩千古之迷惑”的“真儒”。此后，朱熹思想即成为李朝的正统思想。李朝的第四代王世宗尊崇理学，被誉为“海东尧舜”。权近（1352—1409）也是高丽末李朝初的哲学家，师事李穑，主张“理先气后”。他的《入学图说》是朝鲜最早的朱子学导读书。李滉（1501—1570），号退溪，是朝鲜朱子学派的主要代表人物，被誉为“海东朱子”。他主张“破邪显正”“明道以正人心”，反对佛教，连与自己观点不同的其他朱子学派都加以排斥。在理事的关系上，他完全赞同朱熹的“理在事先”说，认为未有君臣、父子之前已有君臣、父子之理。在人性论上，他认为人有“本然之性”与“气质之性”；由于气质清浊不同，因此人有上智、中人与下愚的差异，但经过教育，均可成圣成贤。在理欲关系上，他要求革尽人欲，复归天理。其弟子李珥（1536—1584）反对师说，认为理与气无先后可言，同为天地万物之源，是生成天地万物的父母。他是朝鲜朱子学新学派的创立人，被视为畿湖学派的鼻祖。

有尊朱者，也会有反朱者。尹镌（1617—1680）是李朝哲学家。因反对朱子学遭流放，后遭赐死。他主张世界起源于气，反对朱熹的天赋道德观念，认为任何人都必须通过修养才会具备仁、义、礼、智等品质。由于他反对朱熹对儒学经籍的注释，提倡中国汉代的古注，因此，他所创立的学派被称为汉学派或古证学派。李瀷（1682—1764）也是李朝哲学家。他反对迷信儒学经典，虚谈空理，成为实学派的代表。朴趾源（1737—1805）同样反对空谈性理，提倡实用之学，是李朝后期的实学派代表。丁若镛（1762—1836）认为世界起源于气，人的道德观念并非天赋，人性差别决定于后天的教育。他是朝鲜实学思想的集大成者。朴殷植（1859—1926），是朝鲜民主主义革命家，一度流亡中国，参加韩国在华人士反对日本侵略和争取国家独立的爱国活动。他在其著作中批判朱子学的弊端，指责其固陋、保守，提出儒教更新论，企图改革传统儒学。

四、越南

朱子学传入越南晚于日本和朝鲜。陈朝时期仿效中国，将朱熹的《四书集注》作为科举考试的根据。当时的著名儒学家有朱安（？—1370），著有《四书约说》，今不传。他主张“穷理、正心、除邪、拒嬖”，明显地受到朱熹的影响。十五世纪的胡季犛创建越南胡朝。他崇奉周公和孔子，但不佩服宋代的道学家，指责周敦颐、程颐、程颢、朱熹等人“学博而才疏，不切事情”。1428 年，越南进入黎朝，朱子学被定为越南正统的国家哲学。史学家和儒学家吴士连赞誉朱熹“其说也详，其旨也远，所谓集诸儒之大成，而为后学之矜式者也”。另一位史学家和儒学家黎贵惇著《四书略解》。他接受朱熹的理气关系说，认为“理也者，形而上之道也，生物之本也。气也者，生物之具也”，但同时又认为理在气中，理因气而有。此后的阮朝也继续奉朱子学为正统。至近代，越南民族解放运动领袖潘佩珠（1867—1940）也推崇儒学，著《孔子灯》，论述“四书”，并将部分儒学典籍译为越文，产生很大影响。

五、西方世界

欧洲人从十六世纪开始才知道朱熹，十八世纪才开始有朱熹著作的译本。

1777至1785年之间，J·A.玛丽、德·莫耶莱克和德·梅拉将《通鉴纲目》翻译为法文。1836至1837年之间，E·G.布里奇曼将《小学》译为英文。

西方人开始翻译朱熹的哲学著作始于1849年。当年，E·G.布里奇曼将《朱子全书》中关于宇宙、天地、日月和人兽的部分章节译为英文。至1874年，托马斯·麦克克拉奇继续以英文译出该书第四十九章中有关“理”和“气”的论述。1879年，威廉姆·格鲁伯将朱熹有关“理”和“气”的部分观点译为德文。1887年，法国传教士查理·德·阿雷翻译了明人高攀龙（1560—1626）所编《朱子节要》中的部分章节。1906年，利昂·威格神父在《哲学引述：儒学、道教、佛教》一书中为朱熹专列一章，选译了朱熹的六十二句谈话，包括理气、阴阳、祭祀、人性、天命和善恶等方面的问题。1922年，J·佩里·布鲁斯将《朱子全书》中的第四十二章至第四十八章译为英文，定名为《朱熹著·人类本性的哲学》。1942年，庞景仁将该书的第四十九章译为法文。1960年，西奥多·德·巴里、伯顿·沃森和陈荣捷共编《中国传统的原始资料集》，陈荣捷从《朱子全书》中选译了朱熹关于理气、太极、鬼神、人与事、自然与天命、理智与人性的许多段落。1963年，他又为《中国哲学原始资料集》选译了朱熹的几篇哲学短文。此外，厄拉夫·格拉夫神父在1953年将《近思录》翻译为德文。

西方对朱熹的研究最初集中于对上帝的讨论。尼科拉·朗格巴底神父认为儒学和朱熹的新儒学都不信上帝。1708年，尼科拉·马尔布朗士出版《一个基督教的哲学家与一位中国哲学家关于存在和上帝的特性的对话》，用一位朱熹门徒的观点反对基督教的有神论。1894年，勒·盖尔神父在《朱熹，其学说与影响》中认为朱熹不仅是唯物论者，而且是无神论者。盖尔的观点遭到德·阿雷的坚决反驳。德·阿雷先后写了《朱熹是无神论者吗》等文章或小册子与之争论。其后，布鲁斯发表《宋代哲学的有神论的含义》，G·沃伦神父发表《朱熹是一个唯物主义者吗》，都认为朱熹多次谈到“天命”，倾向于信“神”，不是唯物主义者。这一争论前后在西方延续了两个多世纪。

朱熹的哲学思想曾在一定程度上影响了西方思想界。法国的孟德斯鸠（Charles Louis de Secondat Montesquieu，1689—

1755）、伏尔泰（Voltaire，1694—1778）等启蒙思想家都研究过朱子学。德国著名的哲学家、自然科学家莱布尼茨认为“理”是“天”的自然法则，他在朱熹思想的基础上，提出了著名的“唯理论”学说。康德（Immanuel Kant，1724—1804）在《宇宙发展概论》中提出的天体起源假说，与朱熹的宇宙哲学十分相似，被称为“歌尼斯堡的伟大的中国人”。

结束语

任何思想家都生活在特定的环境中，其思想都是特定的时代产物，有其特定价值。时代不同了，其价值也就会随之发生变异。

朱熹生活在十二世纪的宋代，距离今天已经八百多年。我们今天研究朱熹，首先要回到朱熹生活的时代，准确地揭示其历史面貌，研究其思想在当时的价值。这是历史科学的首要任务。但是，我们毕竟生活在今天，关心朱熹思想的现代价值自然也是题中应有之义。可是，当时的价值与后代的价值，两者有联系又有区别，不应加以混淆。我们不能因为现实的需要和风向的变幻而任意在古人的身上泼洒油彩。

一个哲学命题的提出常常有它的具体意义，又有它的一般意义。历史科学当然要善于揭示哲学命题的具体意义，说明思想家当时提出这一命题时所包含的具体内容，但是，历史科学还必须承认，哲学命题常常可以超越特定的时间和空间，反映人类社会生活的普遍问题和普遍原则，从中可以总结出具有普遍意义的思维经验和教训。

就朱熹提出的“存天理，去人欲”这一命题言，我们当然要对“理”和“欲”做历史的具体分析，说明在朱熹的思想中，何者为“天理”、何者为“人欲”，进而说明这一命题在宋代社会生活中的价值和作用。否则，我们就无法还原历史，再现历史。但是，我们又要看到，“理”和“欲”的矛盾乃是人类社会生活中的永恒矛盾，因此，朱熹提出的这一命题还有它的一般意义，其有关观点将有助于人们深入地思考这一矛盾并正确地处理它们。

一个在历史上起过重大作用的思想家是不应该轻率地将其赶出历史舞台的。尽管道学统治已经终结了，但是，它的影响却仍然会以各种各样的形式表现出来。我们一方面应该抛弃它的消极因素，同时也应该细心清理并保护它的合理因素，加以创造性的转化，使之为建设和发展中华民族以至全世界的新文化服务。

对朱熹如此，对其他思想家是否也应该如此呢？

附录

君子：儒学的理想人格

——在韩国全南大学的报告

儒学理想人格的最高境界是圣人，但是，圣人千载难求，因此，儒学设计了一种相对易于达到的人格标准，这就是“君子”。孔子说：“圣人，吾不得而见之矣，得见君子者，斯可矣。”《论语·述而》后来，朱熹就将“君子”定位为二等“圣人”。他说：“君子者，才德出众之名。”“次于圣人者也。”（《朱子语类》卷二四）在中国历史的漫长发展中，“君子”长期是中国人心目中的人格典范。2001年，我在美国斯坦福大学和儒学史专家墨子刻（Thomas A. Metzger）教授讨论中西文化异同时，墨子刻教授说：“你们中国人提倡的是君子道德，我们美国人提倡的是小人道德。”我要求他进一步解释。他说：“你们中国人对人的道德有很高的要求，我们美国人则只要求人守法、纳税，要求很低。”应该承认，墨子刻教授的这一分析很有见地，它从一个方面总结了中国和美国、东方和西方各自的文化特点。这次会议以“君子”为主题词，讨论“君子精神”和二十一世纪的关系，试图超越时空，架构东方古老文化和现代世界之间桥梁，反映出主办者的慧眼和卓识。

一、先秦时期的“君子”精神

“君子”一词在先秦典籍中多见。《周易》提到“君子”64处，《诗经》提到99处，《春秋左传》141处，《论语》86处，《孟子》54处，可见其使用频率之高，也可见此词在当时社会生活和人的精神生活中的重要。

何谓“君子”？先秦时代最初只指有地位的人，后来才逐渐向有道德的方向转化。《周易》在提到“君子”时，多次提到“王”“大人”“大君”，有时，指的就是“王”。孟子说：“无君子莫治野人，无野人莫养君子。”（《孟子·滕文公上》）可见，“君子”是处于社会上层的统治者，《周易》等先秦儒家经籍所提出的道德修养都针对统治者而言，后来才缓慢地演化为对知识分子和社会公众的一般要求。

《周易》为“君子”提出了多方面的人格要求：

1. 要像天的运行一样“自强不息”，永不休止。（见《周易·上经·乾》。）

2. 要观察天道、民风、民情。（“君子尚消息盈虚”“观我生”“通天下之志”）分别见（《周易·上经·剥》《周易·上经·观》《周易·上经·词》。）

3. 要能跟得上时代的发展变化，与时代共同前进。（“与时偕行”）见（《周易·上经·乾》。）

4. 要不断、及时增进自己的道德，修治自己的功业，内心正直，行为方正。（“君子进德修业，欲及时也。”“君子以自昭明德”“敬以直内，义以方外。”）分别见（《周易·上经·乾》《周易·下经·晋》《周易·上经·坤》。）

5. 增进道德的途径：一是自我反省：“反身修德”“见善则迁，有过则改。”一是自我克制：“非礼勿履”。一是向古人学习：“多识前言往行，以畜其德。”一是与“朋友讲习”。一是“远小人”等等。分别见（《周易·下经·蹇》《周易·下经·益》《周易·下经·大壮》《周易·上经·大畜》《周易·下经·兑》《周易·下经·遁》。）

6. 要谨慎谦虚，整天忧愁戒惧，夜里也战战兢兢。（“终日乾乾，夕惕若。”）（“恐惧修省”）（谦谦君子，用涉大川。）分别见（《周易·上经·乾》《周易·下经·震》《周易·上经·谦》。）

7. 要以仁德，甚至以“损上益下”的办法争取人民的拥护。（“君子体仁足以长人”“厚德载物”“君子得舆，民所载也。”“损上益下，民悦无疆。”“劳民劝相”）分别见（《周易·上经·乾》《周易·上经·坤》《周易·上经·剥》《周易·下级·益》《周易·下经·井》。）

8. 文辞要诚实，说话要有内容；做事要坚定，持久不懈。（“修辞立其诚”“言有物，行有恒”。）分别见（《周易·上经·乾》《下经·家人》）。

9. 要坚定不移地实现自己的志向，甚至为此献出生命。（“致命遂志”）见（《周易·下经·困》。）

10. 要“得中道”，不采取极端、偏激的态度。处事要公平，取有余而补不足，权衡事物，公平施与。（“裒多益寡，称物平施”。）分别见（《周易·上经·蛊》《周易·上经·谦》。）

11. 要正确处理上下关系：不谄媚上级，不轻视下级。居于高贵地位而不骄傲，居于下位而不烦恼。（“上交不谄，下交不渎。”）（居上位而不骄，在下位而不忧。）分别见（《周易·上经·豫》《周易·上经·乾》。）

《周易》是一本占卜书，它所要解决的是何者为“吉”的问题，但是，“吉”与“善”密切相关，因此《周易》关于“君子”的阐述也就具有伦理意义，反映出古代中国人对个体理想人格的追求，朱熹称：圣人作《易》，本来是为了解疑断惑，并不是要“说道理”，但是，“理却在其中”（《朱子语类》卷五六）。朱熹所说，主要就是指的《周易》的伦理学意义。

在先秦典籍中，全面阐述个体理想人格的是《论语》一书。《论语》对“君子”精神的阐述和《周易》有不少相同之处，但是，它在论述“君子”精神时特别强调以“仁”为核心道德，这是孔子的创造，也是孔子思想对中国伦理学的最大影响所在。关于仁的内容，《论语》有多种说法，其主要之点有三：第一是正确处理家族关系，孝父敬兄。《论语·学而》：“君子务本，本立而道生。孝弟也者，其为仁之本与？”第二是“爱人”，将家族之爱推及百姓。《论语·阳货》：“君子学道则爱人，小人学道则易使。”第三是克制自己，按“礼”的要求规范自己的行动：“非礼勿视，非礼勿听，非礼勿言，非礼勿动。”（见《论语·颜渊》）孔子将“仁”作为“君子”精神的最重要的内容，要求任何时刻、任何条件下都不能违离

（见《论语·里仁》）。

以“仁”为核心，“君子”精神向各方面辐射：

在与百姓的关系上，孔子要求：“其养民也惠，其使民也义。”（以恩惠教养民众，使用民众要合乎道义。见《论语·公冶长》）“周急不继富。”（救济有困难的穷人，而不去帮助富人更富。见《论语·雍也》）“信而后劳其民。”（取得民众的信任后再去使用他们。见《论语·子张》）。“因民之所利而利之。”（选择对民众有利的事情，使民众获利。见《论语·尧曰》）

在人与人的关系上，孔子要求和谐。《论语》提出：“己所不欲，勿施于人。”（自己不想要的，不要加给别人。见《论语·卫灵公》篇）“己欲立而立人，己欲达而达人。”（要想自己站得住，就要帮助别人站得住；要想自己过得好，就要帮助别人过得好。见《雍也》篇）“成人之美，不成人之恶。”（成全别人做好事，不成全别人做坏事。见《论语·颜渊》篇）“人不知而不愠。”（别人不了解自己不生气。见《论语·学而》篇）又提出：“周而不比。”（团结人，但是不勾结。见《论语·为政》篇）《论语·子路》篇提出“和而不同”（协调而不苟同）；《论语·卫灵公》篇提出“矜而不争，群而不党”（庄重而不争论，合群而不结党）。

在义利关系上，孔子要求将义放到第一位，《论语·阳货》提出：“君子义以为上。”（君子将义视为上等品德）《论语·里仁》篇提出：“君子喻于义，小人喻于利（君子懂得大义，小人懂得私利）。”

在对物质生活的态度上，孔子提出“君子固穷”，要求安于贫困（《论语·卫灵公》)。同时要求“食无求饱，居无求安”（吃东西不要求饱足，居住不要求安逸）。要做到以道德为重，“谋道不谋食，忧道不忧贫”（谋求道德而不谋求吃饭，担忧道德而不担忧贫穷）。要像他的学生颜回一样，一箪饭，一瓢水，住在破旧的小巷里，却仍然很快乐。

在言行关系上，孔子提倡少说多做，反对言过其实，要求做到“敏于事而慎于言”“讷于言而敏于行”“耻其言而过其行”，分别见《论语·学而》《论语·里仁》《论语·宪问》。

在修养途径上，《论语》提出：“博学于文，约之以礼”（广博地学习文化，用礼法约束自己）；“就有道而正焉”（向有道德的人学习）；“无友不如己者，过则勿惮改”（不要跟不如自己的人交朋友）；“内省不疚”（自我反省而不感到惭愧）；“君子求诸己”（君子要求自己）。分别见（《论语·雍也》《学而》《论语·颜渊》《论语·卫灵公》。）

在精神风貌上，孔子提倡：“文质彬彬，然后君子”（文采和质朴搭配得当）；“君子坦荡荡”“不重则不威”“敬而无失”（谨慎而无过失）；“泰而不骄”（安详而不傲慢）；“望之俨然，即之也温，听其言也厉”（远远望去很庄严，接近之后很温和，听他说话很严厉）；“正其衣冠，尊其瞻视”（衣服帽子穿戴整齐，目光端正）。分别见（《论语·雍也》《论语·述而》《论语·颜渊》《论语·子路》《论语·子张》。）

在生活细节上，《论语·乡党》提出：“割不正，不食。”“席不正，不坐。”

孔子要求保持并坚守自己的人格。《论语·阳货》提出："磨而不磷，涅而不缁"（磨而不薄，染而不污）;《论语·卫灵公》提出："无求生以害仁，有杀身以成仁"（因贪生而损害道德的事不能干，相反，为了维护道德，应该牺牲生命也在所不惜）。

"君子怀德"。《论语》将"德"作为"君子"的最重要的特征，要求统治者成为道德表率，首先要"修己以敬"，严肃、认真地修养个人道德，然后才进一步去治理国家、天下，"修己以安人"，"修己以安百姓"。在孔子看来，"君子"应该成为民众的表率，只要"君子"的行为都符合"礼"的规范，那么国家、天下的问题也就同时解决了："君子笃于亲，则民兴于仁。"（《论语·泰伯》）"一日克己复礼，天下归仁焉。"（《论语·颜渊》）繁难、复杂的问题就轻松、简单地解决了。

《孟子》一书继承《论语》的思想，将"仁"作为"君子"的核心道德。《孟子》的新贡献是：将以"仁"为核心的道德规范进一步扩大，并且力图将它们说成是与生俱来，先天自足。他说："君子所性，仁义礼智根于心。"（《孟子·尽心上》）在孟子看来，仁义礼智等道德规范都是天然人性，不学而知。基于此，孟子提出了他的"存心""养心"的修养论，将人的道德修养视为对人的天性的一种复归。在修养途径上，《孟子·尽心下》提出："养心莫善于寡欲。"这些思想，都下启宋明理学的先河。不过，《孟子》一书在伦理学上给人印象最深的还是"富贵不能淫、贫贱不能移、威武不能屈"，以及"吾善养吾浩然之气"的名言。它们虽然不是针对"君子"立论，但显然与“君子”精神相通。

先秦儒学对于“君子”精神的论述体现出中国人对道德修养和道德功用的极端重视，这一传统历代相传，绵延久远，构成中华文化最重要也最鲜明、最亮丽的色彩。余英时说：“在西方和其他文化中，只有出世的宗教家才讲究修养，一般俗世的知识分子从没有注意及此的。中国知识分子入世而重精神修养是一个极显著的文化特色。”（《士与中国文化》）这是抓住了中国文化与其他文化的相异之点的。

关于中国先秦社会的性质，中国学术界意见分歧，恐怕在相当长的时期内难于得出令人信服的科学结论，因此，在研究先秦儒学时，也就难于联系社会、历史条件做出科学的评价，但是，我们仅就“君子”精神这一伦理学的问题考察，不难发现：它既有原始人道主义、原始民主思想以及民本主义的成分，也有维护等级制社会秩序的保守方面；既有适用于特定时期、特定社会阶层的内容，也有适用于各个时期、各种社会形态的普遍价值。

中国古代有两种征服或统治天下的方式。一种是以德服人，即通过当权者本人的道德力量来赢得和争取民心；一种是以力服人，即通过法律、刑罚、军队来慑服民众。前者可以称为“德治”和“王道”，后者可以称为“力治”或“霸道”。人类社会的最初组织形式是原始氏族制。它的领袖人物除了过人的智慧和力量外，一定要具有为氏族成员所共同钦仰的道德。先秦儒家主张“为政以德”，歌颂德治，提倡“君子”精神，表现出来的是一种对远古的思慕与怀念，而其实质则是对当时“相竞以力”的现实的不满与抗议。在春秋战国时期，它是迂腐的，不合时宜的，但是，提倡爱人，要求关怀民众、以民为本，追求“仁政”，向往“大同”社会，反对“苛政”“暴政”，则又是一种富于人民性的政治理念。

人类社会虽有种种形态，各个国家、各个民族的情况也存在着各种各样的差异，但是，人类社会又有共同点，各个时代，各个国家、民族的人在追求真、善、美的过程中，常常面临许许多多相同或相似的问题。先秦儒学在阐述“君子”精神时提出的许多个人行为和处理人与人关系的准则，所表现出来的对个人道德的热烈而执着的追求，所要求的入世、救世精神，都是具有普遍价值的永恒的“善”，永恒的“美”。它所提倡的“致命遂志”“临大节而不可夺”以至“杀身成仁”的精神更表现出一种崇高的正气。孟子曾经慨叹：“人之所以异于禽兽者几希！”先秦儒学提倡“君子”精神，使人远离动物性，成为高尚的人、有道德的人，以至成为伟大的人。长期以来，“君子”精神影响着、锻铸着中国人的民族心理和民族性格，鲁迅说：“我们自古以来，就有埋头苦干的人，有拼命硬干的人，有为民请命的人，有舍身求法的人，……虽是等于为帝王将相作家谱的所谓‘正史’，也往往掩不住他们的光耀，这就是中国的脊梁。”（《中国人失掉自信力了吗？》，《鲁迅全集》第六卷）这种情况，不能说和“君子”精神的提倡没有关系。

先秦儒学所提倡的“君子”精神的缺陷之一是维护长幼尊卑的等级秩序。众所周知，礼是周初确定的一整套典章、制度、规矩和仪节的总称，贯串于社会生活的各方面，不同的社会等级有不同的规定，不能僭越。《周易》主张“辨上下，定民志”；孔子主张“君君、臣臣、父父、子子”“克己复礼”“其事上也敬”，不仅反对“犯上作乱”，甚至连对在上者说几句讽刺的话都讨厌（《论语·阳货》）：“（君子）恶居下流而讪上者。”这都是在维护等级制的权威与稳定。至于《周易》和《论语》都主张的“思不出其位”，就进一步将人的思想也束缚在特定的等级框架中了。

先秦儒学所提倡的“君子”精神的缺陷之二是鄙视生产，将生产以及与生产相关的技术活动都视为“鄙事”。孔子在少年时因为家境贫寒，学会很多技艺，但孔子却以此为耻。《论语·子罕》：“吾少也贱，故多能鄙事。君子多乎哉？不多也。”樊迟向他请教如何种庄稼、种菜，被孔子视为“小人”（《论语·子路》）。宋明儒学继承了这一思想，朱熹就将农圃、医药、百工等称作“小道”，要人们不必在此类领域多下工夫。他说：“小道不是异端，小道亦是道理，只是小。”“只一向上面求道理，便不通了。”（《朱子语类》卷四九）应该承认，这对于科学的发展，生产的发展，是有弊无利的。

二、通向君子之途——“克人欲，存天理”

怎样成为“君子”？孔子指出的途径是“克己复礼”。宋明儒学虽有程朱学派、陆王学派的分歧，但都共同主张“克人欲，存天理”，以此作为通向君子以至圣人的途径。

什么是“人欲”？朱熹在有的地方提出：低水平的为维持人的生存所必需的物质要求是正当的、可以允许的，而高水平的物质生活要求则是“人欲”。例如：夏天穿薄衣，冬天穿厚衣；渴了要喝水，饿了要吃饭，这是“理所当然”。但是，如果要求衣服必须精细，吃饭必须盛美，这就是“人欲”了。(《朱子语类》卷六一）朱熹在有些地方又提出，“是”与“非”是判别“天理”与“人欲”的标准。例如坐得端端正正，立得恭恭敬敬，是“天理”，而坐得随随便便，立得歪歪斜斜，就是“人欲”。他说：“一言、一语、一动、一坐，一立、一饮、一食，都有是非，是底便是天理，非底便是人欲。”(《朱子语类》卷三八）还有些地方，朱熹则直接以“礼”作为“天理”“人欲”的标准，例如，中国古代规定，供天子观赏的乐舞可用八佾（8行，每行8人），诸侯用六佾，大夫用四佾，士用二佾。鲁国的大夫季氏用了八佾，在朱熹看来，这就是“人欲”。他说：“非礼勿视听言动，便是天理；非礼而视听言动，便是人欲。”(《朱子语类》卷四〇）朱熹认为，“天理”来源于天，与生俱来，可以称之为“天性”，它是纯粹而没有任何渣滓的“善”，而“人欲”则来源于人的形体，是后天才发生的。其作用是使“天理”昏蔽不明，不能正常发挥作用，因此是纯粹的“恶”。

宋明理学还有两个与“天理”“人欲”相近的概念。这就是“人心”与“道心”。伪《古文尚书》云：“人心惟微，道心惟微。惟精惟一，允执厥中。”意思是：人心是危险的，道心是隐微难见的，必须精细地辨别并专一地保持道心，人的行为才能恰到好处。朱熹将这十六个字誉为“尧舜相传之道”。朱熹所说的人心就是人的饥思食、渴思饮等生理本能，源于人的“气质之性”（肉体），而“道心”则指人的忠、孝、仁、义等道德观念，源于“天命之性”。

宋明理学认为“天理人欲不并立”，普遍主张“克人欲，存天理”。朱熹主张，对“人欲”，要像抓“贼”似的，将“人欲”一个一个抓出来，消灭干净。他说：“圣人所以下个克字，譬如相杀相似，定要克胜得他。”（《朱子语类》卷四一）王阳明继承朱熹的思想，将“人欲”视为“心中贼”，要求人们“将好色、好货、好名等私，逐一追究搜寻出来，定要拔去本根，永不复起，方始为快”（《与杨仕德、薛尚诚》,《传习录》上,《王文成公全书》卷四、卷一）。王阳明强调，只要心中有一毫“私欲”，就会“众恶相引而来”，必须铲除干净，使“此心纯乎天理”才是（《传习录》）。

宋明儒学的特点是以哲学论证伦理学。它是在先秦儒学的基础上，吸收了佛学和道教思想的基础上发展起来的。比起先秦儒学，它更加哲理化、细致化、严密化，因此，宋明儒学的“存天理，去人欲”乃是孔子“克己复礼”的新包装。它们的共同特点都在于，将现存社会秩序及其伦理规范视为当然的、铁的法则，要求人们消除一切与之相违背的欲望、思想与行为。秦以后，礼乐崩坏的情况更为严重，礼在社会生活中的规范作用越来越小，哲学家们不得不为之做出新的论证。

为了体认“天理”，清除“人欲”，宋明儒学提出了“向外用功”与“向内用功”两条修养路线。所谓“向外用功”，就是通过对天地万物，大而至于日月星辰，小而至于一草一木的探究，体认那个先于万物而又创造万物和人间秩序的“天理”；所谓“向内用功”，就是通过内省反求、存养克治等办法（类似于今人所说的思想斗争、自我检讨）提高个人的道德修养。在朱熹那里，还将读圣贤书作为“格物”的重要内容；王阳明由于认为“心即理”，读圣贤书也成了并非必要的项目，他说:“知识愈广而人欲愈滋，才力愈多而天理愈蔽。”(《传习录上》,《王文成公全书》卷一）发展至末流，更主张“废书不观”了。

宋明儒学以为，道德是通向“太平盛世”的唯一正确道路，只要讲明义理，端正人心，一切问题都可迅速解决。朱熹的朋友陈亮讲求“事功”之学，主张改革政治、经济，将当时的法制“重新洗换一番”，朱熹大不以为然。他说:“只就这腔里自有道理。这极易，只呼吸之间，便可以转弱为强，变怯为勇，振柔为刚，易败为胜，直如反掌。”(《朱子语类》卷一一〇）对此，陈亮反唇相讥，批评朱熹等人处于“艰难变故”的民族危机中，只知“议论之当正”，不知“事功为何物”，其结果必将“百事不理”(《上孝宗皇帝第一书》,《陈亮集》卷一）。

人欲并不是坏东西。“食色，性也。”(《孟子·告子上》)人的欲望是多种多样的，饮食、生殖是人的两种基本需要，也可以说是人的两种基本欲望，为维持人的生存、繁衍所必需。可以说，正是人的不断提高物质生活和精神生活的欲望，才推动人们不断进行物质和精神生产，并不断提高其水平，社会才得以发展，世界才一天比一天美好。孟子说：天下人都喜欢易牙那样的名厨，师旷那样的音乐家，子都那样的美男子。这是人们共同的喜好，也是人们共同的欲望。人类因为追求美味，才产生了日益丰富的美食文化和日益发达的食品工业。因为喜好悦耳之音，才发展出各种各样的乐器和各种流派的声乐和器乐作品。因为追求美，才发展出越来越精美的纺织品和纺织工业、化妆品和化妆工业。依此类推，人因为想走得快，才产生了车辆、轮船、飞机等交通工具。因为要听得远，才产生了各种各样的有线、无线通信工具。可以说，现存的人类文明都是在满足人类欲望的基础上发展起来的，人欲是人类发展、社会发展的推进力量。人欲无尽，人类与社会的发展也无尽。人而无欲，人类、社会都将停止发展。

但是，“人欲”又是危险的。一般说来，任何社会产品、财富都是有限的，而“人欲”则是无限的。中国有句成语：“欲壑难填”，说的就是“人欲”的这种无限性。为了满足“人欲”，占有得更多，享受得更多，就会发生对劳动力和劳动产品的争夺，发生对权力和财富的追求，发生唯利是图、损人利己、尔虞我诈的种种现象。其结果是，人与人之间的矛盾、斗争日益加剧，以致不可调和，进一步诉诸压迫和暴力，社会就会发生扰攘、动乱以至血与火的战争。因此，听任“人欲”膨胀，必将危害他人、危害社会、危害人类。为了避免这种状况，维持社会的秩序、安宁和进步，人类有必要制订对有限产品、有限财富的分配制度，有必要将每个人的欲望限制在合理的范围内。中国古代的“礼”，后来的各种各样的等级、身份规定都是为了这一目的，伦理道德的产生和制订也是为了这一目的。

宋明儒学的错误在于：1. 以伦理为本体，将产生于特定时期、特定社会条件下的伦理道德视为“天理”，或者将它视为人的本能，与生俱来，不学而知，不习而能。2. 将“人欲”简单化地视为“罪恶”，忽视“人欲”对推动社会发展一面。3. 片面夸大、神化道德和德治的作用，排斥法治，排斥讲求富国强兵的事功学派。其结果是生产不事，富国强兵之学不讲，驯至积贫积弱。鲁迅曾说：“宋朝的读书人讲道学，讲理学，尊孔子，千篇一律。虽然有几个革新的人们，如王安石等等，行过新法，但不得大家的赞同，失败了。从此大家又唱老调子，和社会没有关系的老调子，一直到宋朝的灭亡。”（《老调子已经唱完》，《鲁迅全集》第七卷）这是对历史经验的深刻总结。

宋明儒学的合理内核在于：1. 重视个人的道德修养，主张社会成员，包括皇帝、贵族在内都要自觉地、普遍地进行修养，成为有道德的人。这对皇权、官权可以构成一种思想上的限制。朱熹多次要求“格”君心之非，要求皇帝“正心诚意”，就是明证。2. 主张人皆可为圣贤，天性平等，可以极大地鼓舞社会全体成员“立志”“修身”的信念与意志。3. 发现“人欲”具有危险性，找到了阻遏罪恶的一条途径。4. 主张道德自律，理性主宰，以理制欲，将人的行为、欲望纳入伦理观念的指导和道德规范的约束之内，防止其恶性膨胀。这是一种理性主义的精神，可以使人彻底摆脱动物的自然本能，成为大写的人、崇高的人，为真理和正义可以牺牲个人一切的人。李泽厚在指出宋明理学对中国民族性格和民族气节形成中的巨大作用后，特别说："宋明理学细密地分析，实践地讲求'立志''修身'，以求最终达到'内圣外王'，把人的社会责任感、历史使命感和人优于自然等方面，提扬到本体论的高度，空前地树立了人的伦理学主体性的庄严伟大。在世界思想史上，大概只有康德的伦理学能与之匹敌或相仿。"(《中国古代思想史论》)

"理"与"欲"是与人类伴生的永恒矛盾，有"人"必有"欲"，有"欲"，就必然会出现"善恶并进""善亦进化、恶亦进化"的局面，如何使"善"者更"善"，同时防止"恶"的发生、发展，并且转"恶"向"善"，宋儒处理"理""欲"矛盾的有关思想显然具有永恒价值。

三、东西文化互补，创造世界新文明

世界上的每一种文明都有自己的特点。既有所长，也有所短。如所周知，一般认为，西方文明长于科学与物质，而东方文明则长于精神与道德。这两种文明之间的关系应该互相补充，而不是互相排斥。

人类社会的存在、发展必须依赖于社会生产，这就要求我们必须重视经济，重视生产，重视科学，但是，人类是高级生物，人与其他动物的区别之一就在于人有思想，有道德伦理观念。这就要求我们，必须提倡精神文明，提倡道德修养。只有将两种文明的优长结合起来，同步发展，在社会物质财富空前繁荣的时候，人的精神世界才会得到提高。

西方自进入近代以来，科学昌明，物质生产水平空前提高，但是，物欲横流，道德沦丧，精神空虚，不断出现政治危机、经济危机、信仰危机。表现在个人生活上是拜金主义、纵欲主义和享乐主义；表现在人际关系上是唯我主义和利己主义；在国际关系上则是强国侵略弱国，大国欺负小国。这些弊端，人们通称为“现代文明病”。它们说明，只重视物质文明之路走不通。东方的情况则反之。由于精神文明一直是儒家学派关注的中心，物质文明的建设受到忽视，结果，科学停滞，生产落后，既贫且弱，成为被西方世界侵略、欺负的对象。这一情况说明，只重视精神文明，忽视物质文明之路也走不通。正确的道路是：科学与道德并重，物质文明与精神文明并进。既大力发展社会财富，同时，又大力培养有道德、有文化的新人。

一百六十多年前，一向崇尚诗书礼乐的中国被坚船利炮的西方打败，于是，先进的中国人开始向西方寻找救国真理，在追求西方物质文明的同时，产生过轻视、批判、否定中国传统文明的倾向；与之相反，也产生了力图保存儒学传统优良部分并使之适应时代要求的“现代新儒学”。熊十力称：“科学在其领域内之成就，直夺天工，吾无间然。然人类如只要科学，而废反己之学，则其流弊将不可言。”（《明心篇》）熊十力这里所说的“反己”之学，就是中国先秦儒学、宋明儒学所最重视的道德修养之学。冯友兰称："我们是提倡现代化的，但基本道德这一方面是无所谓现代化的。"(《新理学》）这段话最清楚不过地表述了新儒家们在新的时代维护中国传统道德的意图。近年来，中国在市场经济和物质文明发展起来的同时，"现代文明病"也有所发展，腐败丛生，诚信不立，于是，人们又恍然悟到，传统文明不可一概否定，儒学不可一概否定。道德的作用、精神文明的作用正在日益受到人们的重视，儒学的价值也正在重新评估中。宣扬"东方文明优越论"，将儒学看成"世界文化的希望"，将孔子思想称为"至善至美"之路，固然不对，但是，儒学对于发展 21 世纪的新文明无疑是有益的养料。

"君子"精神是传统儒学的理想人格。它有不适合现代社会生活的部分，但是，也有若干道德理念和行为规范具有永恒价值和普遍价值。它们可以救济、治疗现代文明病，使人变得更善良、更崇高，使人与人、集团与集团、国家与国家之间的关系更协调，更和谐，使世界更安宁、更美好。中国古代的思想家曾经幻想过"人人君子"的理想境界。清代的小说家李汝珍（约 1763—约 1830）在他的作品《镜花缘》中描写过"君子国"。那里的政治家谦恭和蔼，平易近人。那里的老百姓民风淳厚，相让不争，宁可损己，不能损人。假如人人成为"君子"，国家都成为"君子国"，那么，世界也就进入"大同"社会了。

我们已经进入 21 世纪，各种情况显示，在这一新的世纪里，科学和社会生产将会有更迅速的发展，精神文明也将向更高的层次攀登。在这一情况下，重提“君子”精神，提倡“君子”精神无疑是重要的、有意义的。

A New Millennium and Confucian Profound Persons，韩国全南大学，2003 年 11 月

禅宗的“作用是性”说与朱熹的批判

一、“作用是性”说是禅宗的理论基点

禅宗有所谓“作用是性”说。据《菩提达摩传》记载，南天竺国王毁慢佛教，达摩派波罗提前往救正，国王与波罗提之间有下列这样一场问答：

> 王：“何者是佛？”
>
> 波罗提：“见性是佛。”
>
> 王：“师见性否？”
>
> 波罗提：“我见佛性。”
>
> 王：“性在何处？”
>
> 波罗提：“性在作用。”
>
> 王：“是何作用，我今不见。”
>
> 波罗提：“今现作用，王自不见。”
>
> 王：“于我有否？”
>
> 波罗提：“王若作用，无有不是；王若不用，体亦难见。”
>
> 王：“若当用时，几处出现？”
>
> 波罗提：“若出现时，当其有八。”
>
> 王：“其八出现，当为我说！”

于是，波罗提即说一偈：“在胎为身，处世为人。在眼曰见，在耳曰闻，在鼻辨香，在口谈论，在手执捉，在足运奔。遍现俱该沙界，收摄在一微尘。识者知是佛性，不识唤作精魂。”（《景德传灯录》卷三）

据说，南天竺国王闻偈之后，心即开悟，自此咨询佛法，朝夕忘倦。《菩提达摩传》的上述记载反映出禅宗对“佛性”的看法，这就是，“佛性”并不在佛身上，而在人的肉体上，人胎、人身、人的感觉（视觉、听觉、嗅觉）、人的言语及手足动作等都是“佛性”的表现，即所谓“作用”。

其他禅宗僧侣也表述过类似的看法。例如马祖道一就认为：

> 起心动念，弹指謦咳扬眉，因所作所为，皆是佛性全体之用，更无第二主宰。如面作多般饮食，一一皆面，佛性亦尔。（《圆觉经大疏钞》）

这里，除了弹指、咳嗽、扬眉等动作表情外，人的思维活动“起心动念”也被看作“佛性”的表现。他又说：

> 一切众生，从无量劫来，不出法性三昧，长在佛性三昧中，着衣吃饭，言谈抵对，六根运用，一切施为，尽是法性。（《古尊宿语录》卷二）

"佛性"之"面"所做的"饮食"真是多种多样，这里，又从思维活动推进到"着衣吃饭"——人的生活欲望领域里了。

另一个禅宗僧侣临济义玄也说：

> 心法无形，通贯十方，在眼曰见，在耳曰闻，在鼻嗅香，在口谈论，在手执捉，在足运奔。本是一精明，分为六和合。

这一段话基本上是《菩提达摩传》有关记载的重复，并无多少新意，不过，它用"心法"一词代替"佛性"，更加接近于心学体系。

此外，还有一个曾经问道于石头和尚与马祖的居士庞蕴，他有两句偈语很有名："神通并妙用，运水及搬柴。"（《五灯会元》卷三）将人的一些简单的生活动作也看作是"佛性"的作用。

"作用是性"说是禅宗的理论基点。其主要特点是利用人体、人的感觉、本能、思维、动作论证"佛性"的存在。禅宗的其他思想都和这一观点密切相关，或由之衍化派生。因此，要研究禅宗，必须研究"作用是性"说。

心学取资于禅宗，同样以"作用是性"说为理论基点。在宋代的儒、禅合流中，出现了心学。心学取之于禅的首先是"作用是性"说。

程颢说："切脉最可体仁。"（《河南程氏遗书》卷三）又说："医书言手足痿痹为不仁，此言最善名状。仁者以天地万

物为一体。”（《河南程氏遗书》卷二上）

程颢的这一思想为其弟子谢良佐所继承。谢说：“心者何也？仁是已。仁者何也？活者为仁，死者为不仁。今人身体麻痹，不识痛痒，谓之不仁。”（《上蔡语录》卷上）

程颢与谢良佐的这几段话的共同特点都在于将人的生理本能（脉搏跳动与知痛知痒）和“仁”这一儒学伦理观念联系起来，视之为同一体，显然是禅宗“作用是性”说的改制。关于这一点，谢良佐说得很坦率。他说：“儒之仁，佛之觉。”（《上蔡语录》卷中）又说：“性，本体也。目视、耳听、手举、足运，见于作用者心也。自孟子没，天下学者向外驰求，不识自家宝藏，被他佛氏窥见一斑半点。”（《上蔡语录》卷上）谢良佐所说的性，指的是仁、义、礼、智等伦理观念，谓之体。在他看来，人的视觉、听觉、动作等都是这个“体”的作用。这段话，抄袭禅宗的痕迹非常明显。不过，为了维护儒学的正统地位，他又抬出了孟子，仿佛孟子是“作用是性”说的首创者一样。

在引进“作用是性”说方面，杨时也是个积极分子。他说：“故寒而衣，饥而食，日出而作，晦而息，耳目之视听，手足之举履，无非道也。”（《答胡康侯》，《杨龟山先生集》卷二十）这一段话脱胎于禅宗的痕迹也很明显。他又说：“孟子所言皆精粗兼备，其言甚近而妙义在焉，如庞居士云：‘神通并妙用，运水与搬柴。’此自得者之言，最为适理。若孟子之言则无适不然，如许大尧舜之道，只于行止疾徐之间教人做了。”（《朱子语录》，《杨龟山先生语录》卷十一）孟子的伦理观和禅宗的“作用是性”说有重大的不同，但他认为人的日常生活，例如“徐行后长”之类就包含了“尧舜之道”，这一点又和禅宗有相似之处，因此，也被杨时抬出来，视为儒、禅相通的证据。

尽管程颢等人引进了“作用是性”说，但是，北宋时期，心学体系还处在萌芽、发育阶段，只有到了南宋，陆九渊明确提出“心即理”这一具有普遍性的命题后，心学体系才臻于成熟阶段。

陆九渊认为:“人皆有是心，心皆具是理。心，即理也。”(《与李宰》,《陆九渊集》卷十一）心，指人的感觉、思维；理，指人的伦理观念，将人的感觉、思维和人的伦理观念等同起来，禅宗“作用是性”说的儒学版就彻底完成了。

陆九渊的哲学具有简单、武断的特色，他没有对“心即理”的命题做必要的说明，这一任务是王阳明完成的。他说：

> 所谓汝心，却是那能视、听、言、动的，这个便是性，便是天理。有这个性，才能生这性之生理，便谓之仁。这性之生理，发在目，便会视；发在耳，便会听；发在口，便会言；发在四肢，便会动，都只是天理发生。以其主宰一身，故谓之心。这心之本体，原只是个天理。(《王文成公全书》卷一）

原来，人之所以具有仁、义、礼、智等伦理观念，是心的作用；人之所以能视、能听、能言、能动，也是心的作用。王阳明不愧是心学体系的集大成者，上述观点不仅吸收了“作用是性”说，而且也容纳了程颢诸人的有关思想。

至于作为王学支流的泰州学派诸人，例如王艮、王襞、罗汝芳、杨起元、周汝登等，也都无例外地以“作用是性”说作为自己的理论基点。例如，有人问周汝登：“佛氏有神通，吾儒独无神通，何也？”周答道：“目含万象，耳含万声，鼻含万臭，舌含万味，现前俱是神通，此人人所同者，何谓无神通？”（《东越证学录》卷一）杨起元也表示：“明德不离自身，自身不离目视、耳听、手持、足行，此是天生来真正明德。”（《证学编》）凡此种种，都充分说明了“作用是性”说对心学的深刻而久远的影响。

因此，可以认为“作用是性”说不仅是心学的理论源头，而且也是它滋生蔓延的基点。要研究心学，也必须研究“作用是性”说。

二、朱熹区别行为和行为规范，奋力批判“作用是性”说

对于禅宗的“作用是性”说，朱熹不遗余力地进行过批判。他说：

> 佛氏元不曾识得这理一节，便认知觉、运动做性。如视、听、言、貌，圣人则视有视之理，听有听之理，言有言之理，动有动之理，思有

思之理。

> 释氏只知坐底是，行底是。如坐，交胫坐也得，叠足坐也得，邪坐也得，正坐也得，将见喜所不当喜，怒所不当怒，为所不当为。他只是直冲去，更不理会理。吾儒必要理会坐之理当如尸，立之理当如斋，如头容便要直。所以释氏无理。（《朱子语类》卷一二六）

朱熹认为，知觉、运动只是人的本能和行为，但本能和行为并不就是性，当然也并不就是理。例如坐，这是一种行为，但儒家却讲求“坐之理”，要求坐得像古时代表死者受祭的活人——“尸”一样，而不能“交胫坐”“叠足坐”“邪坐”，这里，朱熹严格区别了两个范畴——人的行为和人的行为规范。前者和人的感觉、思维、本能一起，朱熹统称为“心”，后者朱熹则称之为“性”，也称为“理”或“礼”。由此形成中国哲学史上著名的“心性之辨”。

朱熹认为，如果承认“作用是性”，心性不分，行为和行为规范不分，那就和告子的“生之谓性”没有二致了。他说：

> 作用是性，在目曰见，在耳曰闻，在鼻嗅香，在口谈论，在足运奔，即告子“生之谓性”之谓也。且如手执捉，若执刀胡乱杀人，亦可为性乎？（《朱子语类》卷一〇一）

战国时，告子主张“食、色，性也”，把人的生理本能视为人性，受到孟子的强烈反对，认为必将“率天下之人而祸仁义”；朱熹将“作用是性”说与“生之谓性”说并列，充分反映出他对这一命题的忧思与敌意。

因此，尽管朱熹在构筑他的理学体系时，也吸收了不少禅宗的内容，但是，他却竭力反对引进“作用是性”说。

有人征询对谢良佐“以觉为仁”的看法。朱熹说：“觉者是要觉得个道理，须是分毫不差，方能全得此心之德，这便是仁。若但知得个痛痒，则凡人皆觉得，岂是仁者耶？”（《朱子语类》卷一二六）确实，知得痛痒，只是表示触觉正常，并不就是儒学的人性楷模——“仁者”。

有人征询对杨时“饥食渴饮，手持足行便是道”的看法，朱熹说：“桀、纣亦会手持足履，目视耳听，如何便唤做道。若便以为道，是认欲为理也。”（《朱子语类》卷六二）据朱熹说：如果“认欲为理”，那危害可就大了，其结果将是“只认目之于色，耳之于声，鼻之于嗅，四肢之于安佚为性，却不认仁之于父子，义之于君臣，礼之于宾主，智之于贤者，圣人之于天道是性”（《朱子语类》卷六二）。原来，朱熹和孟子的担心是一致的，害怕人欲的流行会冲决“仁义”的堤防。

除“认欲为理”外，朱熹认为“作用是性”说的另一个弊端是对道德修养的废弃。他说：

> 若便以日用之间，举止动作便是道，则无所适而

非道，无时而非道，然则君子何用恐惧戒谨，何用更学道为？

确实，如果承认人们日常的“举止动作”都是“道”，完全符合伦理规范，当然就无须进行任何修养了。

正确和谬误常常纠结在一起。朱熹区别本能和人性、行为和行为规范、欲与理等范畴，从理论思维的角度看，都是正确的，但他区别这一切只是为了维护儒学伦理观念，这就错了，而且是从根本上错了。

三、“作用是性”说破坏佛教

朱熹对“作用是性”说的批判完全符合禅宗的发展史。既然“佛性”只是目视、耳听、鼻嗅、手持、足行一类的本能与动作，那么，岂不是人人皆有佛性，人人皆佛，无须任何修行吗？禅宗正是如此。它认为“即心是佛”，反对修行、诵经、讲经等宗教行为，主张不修行即是修行，不追求成佛即是成佛。唐代的一个官僚王常侍向临济义玄提问道：

“这一堂僧还看经吗？”
答云：“不看经。”
“还学禅吗？”
“不学禅。”
“经又不看，禅又不学，毕竟作个什么？”

"总教伊成佛做祖去。"(《古尊宿语录》卷四)

禅宗僧侣大师慧海向马祖问道的情况也与此类似。马祖问慧海:

"来此拟须何事?"

答云:"来求佛法。"

"我这里一物也无,求什么佛法?自家宝藏不顾,抛家散走做么?"

慧海问:"阿那个是慧海宝藏?"

"即今问我者,是汝宝藏。一切具足,更无欠少,使用自在,何假外求?"(《景德传灯录》卷六)

在禅宗的某些僧侣看来,"无佛可求,无道可成,无法可得";"求着即转远,不求还在目前"(《古尊宿语录》卷四)。如果追求成佛的话,那就成了"野狐精魅"(《古尊宿语录》卷四)。他们甚至危言耸听地告诫人们:"求佛求法,即是造地狱业。""你若求佛,即被佛魔摄;你若求祖,即被祖魔缚。"(《古尊宿语录》卷四)那么,怎样才能成佛呢?这就是"无事",像一个普通人一样平平常常、自自然然地生活。临济义玄说:"佛法无用功处,只是平常无事,屙屎送尿,着衣吃饭。"(《古尊宿语录》卷四)

作为宗教,必然有一定的教义、教规、仪式,对教徒也有这样那样的修行要求。这一切都否定了,佛被说成是除进食、穿衣、排解大小便之外别无特色的普通人，这也就在事实上否定了宗教。从这个意义上，禅宗对佛教有一定的破坏作用。

其次，如果“佛性”只是作为肉体的人身以及人的本能、感觉、思维、动作，以至穿衣吃饭，岂不是意味着满足人身的需要、本能的需要乃是合理、神圣的吗?

禅宗也正是如此，它并不提倡禁欲主义，并不排斥世俗生活。北宋时的禅宗僧侣慧南公然声称:“避色逃声，何名作者!”主张“放之自然”。(《联灯会要》卷十三）另一著名禅宗僧侣宗杲主张“不坏世间相，而谈实相”，标榜“富贵丛中参得禅”，“茶里饭里，净处秽处，妻儿聚头处，与宾客相酬酢处，办公家职事处，了私门婚嫁处”，是“第一等做工夫，提撕举觉底时节”。(《大慧普觉禅师语录》卷二一）有一位官僚写信告诉他，从寺院回城之后，“着衣吃饭，抱子弄孙，色色仍旧。既无拘滞之情，亦不作奇特之想。宿习旧障，亦稍轻微”。宗杲复函说:“三复斯语，欢喜跃跃，此乃学佛之验也。”(《大慧普觉禅师语录》卷二五）这位禅僧本人也很风流，居然让女信徒住在自己的方丈内，并要首座和尚前去会见，会见之前，说好以“佛法相见”，结果，这位女信徒居然“寸丝不挂，仰卧于床”(《五家正宗赞》卷三)。还有的禅宗僧侣则主张，即使进出“四五百条花柳巷”“二三千处管弦楼”，也“事事无碍，如意自在”(《古尊宿语录》卷四二;《续古尊宿语录》卷二)。禅宗发展到这种地步，当然意味着对佛教教义的彻底背逆。

四、“作用是性”说破坏理学

朱熹对“作用是性”说的批判也完全符合心学的发展史。

据南宋人曾祖道称：陆九渊曾对他说“目能视，耳能听，鼻能知香臭，口能知味，心能思，手足能运动，如何更要甚存诚持敬，硬要将一物去治一物，须要如此做甚？咏归舞雩，自是吾子家风”（《朱子语类》卷一一六）。这一段话以人的本能论证人的道德完美自足，不需要做“存诚持敬”一类修养功夫，和禅宗反对宗教修行是一致的。

陆九渊的上述观点不见于他留存下来的语录或其他著作，可能是他后来有感于自己理论的偏颇，因而删弃了。但是，这种现象到了晚明时期又重新出现。泰州学派的罗汝芳认为人自头至足，一毫一发，都是“灵体贯彻”，因此，只要有一个肉体的形躯便是圣人，他说：“只完全一个形躯，便浑然是个圣人。”（《近溪子集》第二册）他提倡“不学”“不虑”，说是“以不学为学，乃是大学；以不虑为虑，乃是虑而能得也”（《近溪子集》第五册）。他的学生周汝登和杨起元都主张只要平平常常过日子，就是道。周汝登说：“士有士之事，农有农之事，工商有工商之事，入有孝之事，出有弟之事，饥有吃饭之事，寒有着衣之事，如是而已矣。能安于是者，无弗玄，无弗妙也。”（《东越证学录》卷十一）杨起元则更进一步表示，一个人，只要天亮了起床，起床后洗脸，洗脸后梳头，梳头后穿衣戴帽，以后或做事，或见客，该说时说，该动时动，该吃

饭时吃饭，天黑了就睡觉，第二天照样如此，也就是达到了“道”的要求，不必去从事“会语”讲学一类的活动。(《证学编》)

上述主张，对于主张读圣贤书，讲求“戒慎恐惧”等修养功夫的理学来说，自然具有破坏作用。

在“认欲为理”方面，心学也表现出和禅宗类似的情况。

本来，作为道学，不论是理学或心学，都将“人欲”视为道德伦理的大敌，提倡不同形式的禁欲或克欲主义，但在发展过程中，心学却逐渐出现了理欲不分的情况。曾经有人对王阳明表示：“声色货利，恐良知亦不能无。”王阳明对此表示同意。他虽然声称对于初学者来说，必须将声色货利“扫除荡涤”，但又接着说：“能致得良知精精明明，毫发无弊，则声色货利之交，无非天则流行矣。”(《传习录》下）这就对“欲”做了某种程度的肯定。及至李贽，则认为“穿衣吃饭即是人伦物理，除却穿衣吃饭，无伦物矣”(《答邓石阳》,《续焚书》卷一)。这一思想，既肯定人的基本生活欲望是理，又将全部儒学道德规范排除出“理”之外，是极为勇敢的言论。泰州学派还有个赵贞吉，在讲学时居然公开宣称“与老婆好合”便是良知。(《赵大洲先生集》,《耿天台先生全书》卷一)

这里的良知已经没有一丝道学气，而完全等同于人欲了。

晚明时期，出现了一股“尊情反性”“认欲为理”的思潮，士大夫的生活崇尚狂放和纵欲，文艺作品中前所未有地出现了对两性生活的描写。这种情况，不能认为和心学中的这种“认欲为理”的倾向没有关系；近代中国维新运动时期，改良派重铸“心学”，在此基础上提出了反封建、反理学的自然人性论，也不能认为和这种“认欲为理”的倾向没有关系。

五、理论命题的发展自身具有逻辑力量

一种理论体系或一个理论命题的发展趋势除了取决于社会历史条件外，还取决于它自身所具有的逻辑力量。这种逻辑力量有时和提出者的意志一致，有时则相悖逆。“作用是性”说提出者的本意当然是为了维护佛教，而其结果则适得其反。这种悖逆的情况后来在“心学”发展中又惊人相似地重演，这当然不是偶然的。

《朱子学刊》1989 年第 1 辑（创刊号）

宋江的形象塑造与《水浒》的儒学影响

——旁门说《水浒》之一

浔阳楼上，宋江题壁词云“自幼曾攻经史”，这是符合实际的。《水浒》中，宋江的许多言论都可以在儒家著作中找到出处。这里列举三例，以为证明。

一、“隐恶扬善”

《水浒》第三十三回写花荣诉说清风寨知寨刘高及其“婆娘”的劣迹时，宋江劝道：“贤弟差矣！自古道：‘冤仇可解不可结。’他和你是同僚官，虽有些过失，你可隐恶而扬善。贤弟休如此浅见。”

按《论语·子路》篇载：有一个叫叶公的人对孔子说，我的家乡有个正直的人，他的父亲偷了人家的羊，他便亲自去告发。孔子说：我们家乡正直的人和你讲的不一样，“父为子隐，子为父隐”，正直的品德就在这里。其后，孔伋在《中庸》中明确地提出“隐恶扬善”论。又其后，西汉董仲舒在《春秋繁露》中说：“礼，子为父隐恶。”班固在《白虎通》中说：“人臣之义，当掩恶扬美。”可见，宋江的“隐恶扬善”论得自儒学的真传。

二、尊卑“有序”

《水浒》第九十回，燕青在秋林渡射下了数十只鸿雁，惹得宋江大发了一通议论。宋江说：鸿雁是“仁义之禽”，具备“仁、义、礼、智、信”五种道德，在飞行时，“尊者在前，卑者在后，次序而飞”云云。

宋江借鸿雁说教也是有来源的。董仲舒说：雁的性格，“有类于长者”，“长者”在百姓之上，因此，必然懂得“先后”之道和“行列”之治。(《春秋繁露》第七二）唐朝的孔颖达说：“物生自然有尊卑”，例如，鸿雁的“飞行有列”就是天生的，可见，“尊卑自然而有”“天地初分之后，即应有君臣治国”。(《礼记正义序》）上述宋江对燕青的说教，明显地来自董、孔的著作。

三、“理合如此”

征辽后，梁山将士回军东京城下，蔡京奏过天子，传旨教省院出榜禁约：“凡一应出征官员将军头目”，“非奉上司明文呼唤，不许擅自入城。如违，定拟军令拟罪施行”。这个榜文激起了梁山将士的愤怒，“众将得知，亦皆焦躁，尽有反心”。于是，阮氏三兄弟与李俊、张横等水军头领，约请了吴用，计议“就这里杀将起来，把东京劫掠一空，再回梁山泊去”，再次起义。事情为宋江得知，宋江除表示“我党死于九泉，忠心不改”外，又召集大小头领训话，声称：“俺是郓城小吏出身，又犯大罪，托赖你众兄弟扶持，尊我为头，今日得为臣子。自古道，‘成人不自在，自在不成人’，虽然朝廷出榜禁治，理合如此。”

这“理合如此”四字，见于《朱子语类》。

据《礼记·檀弓》记载：晋献公听信谗言，要杀儿子申生，申生拒绝了他的兄弟重耳劝他出逃的建议，遵从父意，自缢而死。朱熹在评论此事时说：“人有妄，天则无妄，若教自家死，便是理合如此，值得听受之。”（《朱子语类》卷九八）在朱熹看来，“君要臣死，不得不死；父要子亡，不得不亡”，晋献公要杀他的儿子申生，申生虽然无辜，也应该遵命自杀，这是“天”意，是“理合如此”。类似的话朱熹还说过多次。

“理”是程朱理学的主要哲学范畴。据程颐、朱熹说：在物质世界产生之前，这个“理”就产生了。它支配着、主宰着天地万物，也支配着、主宰着人与人之间的关系，有君臣，有父子，为子必孝，为臣必忠。它们都是“天然合当如此底道理”。

很明显，程颐、朱熹的“理”是一种为封建制度、封建伦理规范辩护的哲学，它论证的地主阶级统治有理、压迫有理。

宋江的思想和程颐、朱熹的思想有其相似之处，所以，他把晁盖等智取生辰纲，上梁山，杀官军的行动称为“上逆天理”，又把李逵“杀去东京，夺了鸟位”的豪言斥为“不省得道理”；相反，宋王朝禁约梁山将士的措施，则被说成“理合如此”。

通过以上三例，可以看出，《水浒》作者在塑造宋江时受有传统儒学影响。

韩贞的保守思想

陶匠韩贞和樵夫朱恕，都是明代泰州学派中的比较著名的人物。许多思想史著作都乐于提到他们，以证明这一学派的人民性和它的异端色彩。但是，关于他们的思想究竟是怎样的，却很少有人谈到。最近，我从韩氏后人手中得阅《韩先生遗集》，觉得有些问题可以提出来谈谈。

韩贞，别号乐吾，江苏兴化县韩家窑人。正德四年（1509）生，万历十三年（1585）卒。他是泰州学派创始人王艮的再传弟子，王艮子王襞的门人。《韩先生遗集》是韩贞死后由其门弟子编辑而成的。集中仅存诗，无文，说是诗，不过是有韵的语录而已，是研究韩贞思想的重要材料。此外，集内尚有后人编订的《乐吾韩先生遗事》，辑录韩贞生平事迹颇详，也很有价值。本书有万历二十六年（1598）刻本，我所见到的是 1922 年兴化明善子的翻印本。

从集中可以看出，韩贞的思想基本上不曾超出王阳明的主观唯心主义学说的范畴。

韩贞认为物质世界是虚幻的："有意观空空亦物，无心应物物还空。"（《勉朱平夫》）在物质世界之上，有一个支配物质的本体，这就是"心"。万事万物都可以包容在这个"心"内，他说："万有深融方寸内。"（《闲居》）它是那样地神通广大，居然可以"包罗天地大，贯彻古今深"（《勉松泉陆孝卿》）。

不仅如此，这个“心”还是知识、智慧、道德、伦理等的本源，它是先天地自满自足的，不依赖于客观世界，也不依赖于人的实践活动。他说：

> 道即是心心即道。(《勉刘守恒》)
>
> 万理俱在人心。(《示沙子贤良知》)
>
> 虚灵半点不容添，性体空空万善全。(《与魏东岗》)
>
> 人人天地性，个个圣贤心。原不少些子，何须向外寻。(《自在吟》)

既然这个“心”是如此多能，里边一应各物俱全，因而，自然就不必“外寻”，不用去认识客观世界了。在韩贞那里，人的认识变成了对这个本“心”的认识，人的道德修养也就只是对这个本“心”的复归了。

怎样去认识这个本“心”呢？韩贞认为既不在于谙习儒、释、道三家经典，也不在于传经讲道。他说：“此般至理人人有，莫向三家纸上寻。”(《答问三教》) 又说：“千圣难传心里诀，六经未了性中玄。”(《答友二道》)

圣贤和圣贤的经籍都不是最靠得住的，最靠得住的还是自己的心。这里，本来是一个思想解放的缺口，很可以由此引申出一些异端言论来的。可惜，在韩贞这里，这只是一个假设的命题，目的是借此论证他的主观唯心主义，提高“心”的地位和作用而已。他并不曾讲过什么超出封建主义思想体系的话来。韩贞认为，认识和发现这个本“心”的唯一办法就是“直指先天”，是“悟”，它是不能用语言文字来表述的。他说：“直指先天一脉真，此真真处口难陈。若言默会终成垢，才说思通也落尘。”（《答友二首》）又说：“迷时万里源头塞，悟后千年道脉开。”（《简李中秘敏斋先生》）经过“悟”，就可以消灭物我对立、内外对立，即主观和客观的对立，使得物我交融，主观的我吞并了客观的物，达到他所说的“物物性空无内外”（《寄王云衢》）、“心忘物我先天合”（《出游》）的境界。据说“悟”了之后，就可以不受外物干扰：

> 于今养得天君定，劈面风来也不寒。（《勉盛子忠》）

而且，安邦定国的大计也就在其中了：“悟得胸中无一物，澄清天下岂多方。”（《新秋与刘子华夜坐》）

这个“心”是否人人都有呢？韩贞的回答是肯定的。他说：“固知野老能成圣，谁道江鱼不化龙！自是不修修便得，愚夫尧舜本来同。”愚夫和尧舜的本心是一样的，经过修行，一样可以成贤成圣。这一思想看来具有人民性，但是实际上，它不过是禅宗“一切众生皆有佛性”思想的翻版，王阳明等也有类似的看法，我们不应估价过高。而且，更重要的是要看这种思想将把“愚夫”们引导到哪里去，“成圣”的内容和途径是什么。韩贞说：

七情不动天君泰，一念才萌意马狂。(《寄江爱吾》)

理从欲尽源头觅，身向心萌念处修。(《赠孙迎栖》)

有私非入道，无欲始凝神。(《示董子儒》)

这里，韩贞提倡灭“情”、灭“欲”、灭“私”，要人们摒弃客观世界，灭绝一切思维活动，放弃一切生活愿望和欲念，使内心形成一种空无所有的寂灭状态，这是一种僧侣主义、禁欲主义的理论。它只能有利于封建统治阶级而不利于劳动人民反剥削、反压迫、争取生存权利的斗争。

与此相适应，在社会思想上，韩贞便大力提倡清净无为、与世无争，提倡“淡泊”“寂静”顺应“自然”，反对人们的任何改变现实的努力。他说：

且饮三杯欢喜酒，不争一个皱眉钱。尧功舜业浮云过，底事人生不自然！(《樵歌五首》)

世路多歧未许游，得休休处且休休。(《与东村》)

他要人民安分守己，尊敬长上，孝悌为先，不要胡思乱想，安安分分地被统治、被剥削。他曾作过一些格言诗，如《孝亲》《敬长》《安分》《戒非》等，略抄一点：

士农工贾各勤劳，自有荣华自富饶。勿漫起贪登垄断，羡鱼还恐失担樵。(《安分》)

凡百非为不可为，为非何日不招非。(《戒非》)

《韩先生遗集》中还有这样一条记载：隆庆三年，兴化大水，人民生活困苦异常，阶级矛盾顿形紧张，“人心汹汹思乱”，县令请出了韩贞，韩贞便驾了小船，带着门人环游各村，作诗劝喻。诗云：“养生活计细思量，切勿粗心错主张。鱼不忍饥钩上死，鸟因贪食网中亡。安贫颜子声名远，饿死夷齐姓字香。去食去兵留信在，男儿到此立纲常。”据说，“民为之感动”，“故虽卖妻鬻子，而邑中无萑苻之警”云。

封建统治阶级是很善于利用韩贞的。当时兴化县学教谕就曾提出要把韩贞请到城中，馆于净室，让各“约正”都到他那里去听讲，使得“本县之所愿化百姓者，而此老能化之”。

以上所述，韩贞的思想和活动究竟对哪一个阶级有利呢？他在哪些地方表现了泰州学派的人民性和战斗性呢？韩贞的出身确是陶匠，这一点没有任何疑问。但是，陶匠出身的思想家，并不一定反映陶匠或劳动者阶级的利益。统治阶级的思想毕竟是一个时代的统治思想，韩贞的思想还是为当时统治阶级服务的。

泰州学派是一个复杂的学派，其中的一些人确实是假王阳明学派，但是也有很多人并未和王学划清界限，甚至还是王学的奴仆；泰州学派的确也在劳动人民中有过广泛的传播，很多人出身贫苦，但是，并不都具有进步意义。需要充分掌握材料，具体分析，不宜笼统地下结论。

《光明日报》，1962 年 10 月 26 日

关于王艮思想的评价

——与侯外庐等同志商榷

许多年来，明代泰州学派的创始人王艮（1483—1541）被相当多的著作说成是一个进步的思想家，他的学派被说成是具有丰富的人民性和异端色彩。有些人就称之为王学左派，以区别于王守仁的代表封建统治阶级利益的主观唯心主义思想体系。有人说他是农民阶级的代言者，有人说他代表了小生产者的利益……总之，一切都是很好的，很进步的。我认为，这些看法都可以研究。本文拟就王艮思想的几个主要方面，提出一点粗浅的见解。

一、唯物主义还是唯心主义

王艮是王守仁的弟子，他的学说是从王守仁来的，许多方面明显地受了王守仁的影响，但又有些不同。其一就是王守仁谈“致良知”较多，王艮则谈“格物”较多；同时，王艮又认为“百姓日用即道”。于是，有些同志就认为王艮的思想方法是从现实生活中的具体问题出发，他冲出了“玄之又玄”的“良知”的迷雾，认为真理在于现实生活中。如杨荣国同志在其主编的《简明中国思想史》中说：“他（指王艮——引者）指出，‘安身’才是明德亲民之本。‘止至善’就是安身。”“但如何才能证明百姓是否安身呢？他认为应该从日常生活来证明。这样就把王学的主观唯心主义思想改造成为唯物主义的世界观了。”这些意见，牵涉到王艮思想的许多方面，为了论述方便，有些问题我们不得不在下面几节内讨论，本节拟先从一个方面来探讨王艮思想唯物抑唯心的本质。

王艮说：“维皇上帝，降中于民……学也者，学以修此中也。”（《答问补遗》，《王心斋先生全集》）这个“中”在王艮思想里占有极重要的位置，是他许多立论的基础。其语源，从王艮《朱子语录》看，一为《论语·尧曰》的“允执其中”；一为《中庸》的“喜怒哀乐之未发谓之中”。在王艮的学说里，这个“中”又有许多名字，既叫作“良知”，又叫作“天理”，又叫作“天德”“道”“性”，名虽异而实一，“‘道一而已矣’。中也，良知也，性也，一也”（《答问补遗》）。

王艮又说：

> 天理者，天然自有之理也。才欲安排如何便是人欲。（《朱子语录》）
>
> 良知之体……自然天则，不着人力安排。

由以上两段话，结合王艮的其他言论，我们可以得知，这个“中”，或者“天理”“良知”，有几个特点。第一，它是先天的，人心固有的，是上帝早就给你预备下的，“此人之‘天’，即天之‘天’”（《孝箴》）。它是一种认识能力，又是一种处理事务的能力，但又是“不虑而知，不学而能”，“不从闻见而来”的，当你刚离开娘胎时，它就是“现现成成”的了。所以说，“良知一点，分分明明，亭亭当当，不用安排思索”(《与愈纯夫》)，是“天然自足之性”。它无须通过人的各种实践活动去获得，也无须经由人的思维活动去掌握，所谓“不须人为立意做作”“凡涉人为，皆是作伪”，都是这个意思。第二，它永远是自满自足，不增不减，所谓“大行不加，穷居不损”的。人们从上帝那儿获得了这个“中”以后，唯一的任务就是保有它。学习，也就是对这个本来固有的“中”的学习，办法就在于“扫荡清宁”(《答问补遗》)，排除外物，排除人在社会活动中所获得的各种认识：“但无人文意见参搭其间，所谓天道，王德至矣。”他认为，人们对外物所持的各种见解、看法只会损伤这个“中”。他说：“有所见便是妄，妄则不得谓之中矣。”所以他谆谆告诫人们：“学者初得头脑，不可便讨闻见支撑。”“能无为兮无弗为，能无知兮无弗知。”(《示学者》)又说：“良知原有不须知。”“没有良知之外知。”(《次先师答人问良知》)在这个“中”以外，人们是不必给自己增添什么知识的，所以说：“人性上不可添一物。”第三，这个“中”是无人不有，无间贤愚，又是无时不在，无所不包，无所不能，遍宇宙、贯古今的，是“天下之大本”。他说：“此道在天地间遍满流行，无物不有，无时不然，原无古今之异。”(《答徐凤岗节推》)它可以支配万事万物，所谓“虚明之至，无物不复”，人有了这个“中”，便具有了斡旋天地的力量，就是“宇宙在我，万化生身”了。

我们说，唯心主义的表现并不只在于否认客观世界的真实性，主张一切皆空，离却我的“灵明”，便没有山河大地了，它是有许多种情况的。和王守仁比较起来，王艮的思想比较片段、零碎；其特点之一也就在于他对本体论一类的问题没有太大兴趣，因而，他确实没有明确地说过“心外无物”“心外无理”之类的话，但他承认，在客观现实之上、之外，有一个支配现实的永恒的精神性的本体存在；他承认人类有这样一种认识，它是先于物、不依赖于物的，它和人的各种实践活动无关，甚至，也无须人的思维活动去把握——不管怎样，这种思想仍然只能是唯心主义的。

这里，我们要问，被王艮吹嘘得如此神秘的“中”究竟是什么呢？在《答林养初书》中，他说：“明此良知之学，闻天命之性，可谓闻道矣，闻道则中和之气在我矣。以之事亲，斯谓之孝……以之事君，斯谓之忠；以之事长，斯谓之悌。”在《王道论》中，他又说：“天理者，父子有亲，君臣有义，夫妇有别，长幼有序，朋友有信。”原来，不过是封建的伦理道德而已。我们知道，一切道德都是一定的社会政治经济关系的反映，是为一定的阶级服务的。不是道德决定了现实，而是现实决定了道德。王艮把封建道德这一意识形态说成是先天的，永恒的，人人固有的，为它制造了一个神秘的哲学概念，并把它说成是支配现实的本体，不仅是一种头脑倒置的唯心主义思辨哲学，而且，是在论证封建道德的合理性、神圣性、权威性，把统治阶级的私货硬塞给人民。其作用是反动的。

二、所谓“百姓日用之学”

王艮《年谱》载：

> 四十二岁……多指百姓日用以发明良知之学。
>
> 四十六岁……言百姓日用即道。
>
> 五十一岁，以日用现在指点良知。

确实，“百姓日用之学”是王艮思想的重要特征，不充分地揭穿它的实质，就无法理解王艮并对他的思想做出正确评价。

侯外庐同志在《中国思想通史》中认为，这是一个具有首尾一贯的人民性的进步的命题，它把“神”从神权之“神”的宝座上拉下来，寄生在现实世界里。它的含义就是只有劳动人民的生产活动和生活活动才是真理，才是真实的学问（参见人民出版社 1960 年版，第 978–980 页）。这个看法也是值得商榷的。

我认为，这种思想并不是王艮的独创，它是有其先行者的材料为出发点的。《易 · 系辞上传》第五章云：

> 一阴一阳之谓道，继之者善也，成之者性也。仁者见之谓之仁，智者见之谓之智；
>
> 百姓日用而不知，故君子之道鲜矣。

这段话的原意是：道无所不在，它表现在人性上就是“善”，就是“性”，百姓日用生活无不受这个道的支配，也无不体现这个道，但百姓却对之不能认识、领会。王艮的思想就是从这里生发开来的。

其次，王艮的这种思想又是从王守仁那里承袭来的。不妨将两人的话摘抄，做一比较：

> 王守仁：“良知良能，愚夫愚妇与圣人同，但惟圣人能致其良知，而愚夫愚妇不能致，此圣愚之不同处也。”（《传习录》中，《答顾东桥书》）
>
> 王艮：“百姓日用条理处，即是圣人条理处。圣人知，便不失，百姓不知，便会失。”
>
> 王守仁：“与愚夫愚妇同的，是谓同德；与愚夫愚妇异的，是谓异端。”（《传习录》下）
>
> 王艮：“圣人之道，无异于百姓日用；凡有异者，皆谓之异端。”

不难看出，两个人的话并无多大不同，如果我们肯定王艮，势必也应该肯定王守仁——当然，科学研究不能简单地类比，更不能望文生义，以主观猜测来代替古人的思想，我们还需要深入地考察一下王艮的“百姓日用之学”的具体内容。

从上引材料看，王艮承认百姓日用条理处也即圣人条理处，似乎把百姓提高到圣人的地步了。然而，紧接着他又说：

“圣人知，便不失；百姓不知，便会失。”原来，圣愚还是有区别的，虽然圣人之道与愚夫之道——“良知”都是一样的，同出于上帝的赐予，但是，有知有不知，其奈愚夫愚妇“日用而不知”何！所以，“便会失”，就没有圣人的“条理”了。绕了一个圈子，实质不过是假肯定，真否定而已。《王守仁年谱》又说他“指僮仆之往来，视听持行，泛应动作处，不假安排，俱是顺帝之则”。如果说，劳动人民的生产、生活活动就是真理，这自然是个进步的命题，然而，为什么又强调“不假安排，俱是顺帝之则”呢？如果我们联系王艮的先验的“良知”论来考察，那么，就不难明白，所谓“不假安排”者，即出于上帝赋予，人心固有之意也。并不是劳动人民的生活就是真理，而是人民的某些活动在王艮看来体现了这个先验的“良知”，“俱是顺帝之则”而已。在劳动人民的生产、生活活动之上，是有一个起支配作用的“帝之则”，也就是“良知”在那里的。后来，王艮的仲子王襞曾经把这一层意思说得很清楚，他说：“没缘没故，如何能施为作用、穿衣吃饭、待人接物、分青理白，项项不昧的……盖是尔本有具足的良知也。”(《寄会中诸友书》，《王襞集》) 但是，这只是指的百姓日用与“道”一般的情况，是不是人民的生产、生活活动永远与“道”相符，永远是真理呢？并非如此。这一方面王襞和王艮的弟子，族弟王栋都做过阐释。

王襞说：“此圣人与百姓日用同然之体，而圣人者，永不违其真焉者……若百姓则不自知其日用之本真而获持之，一动于欲，一滞于情，遂移其真，而滋其弊，而有不胜之患矣。”

（《上敬庵许司马书》）

王栋说："君子谓百姓日用之道，特指其一时顺应（即不假安排的同义语——笔者），不萌私智者言之……转眼便作跷蹊，非自私则用智，忽入于禽兽之域而亦不自知也。故与道合者才什一，而背于道者恒什九矣。"（《会语续集》，《王栋集》）

可见，"百姓日用之道"的内容并不是如我们有些同志所解释的那样。王襞、王栋的这两段话也反映了泰州学派传人们对人民的鄙视。

前面已经说过，"良知"就是封建道德，因而，王艮所谓"百姓日用之学"只是借日常生活中的一些事例来证明良知的先验性、普遍性，人人固有，人人自具仁义礼智孝悌忠信，人们的日常生活自然而然地符合封建道德的要求，并使烦琐的经院思辨哲学、艰深的封建教义通俗化、具体化而已。这就是所谓"因百姓日用即发明良知""以日用现在指点良知"，细玩"发明""指点"二词，意义自明。

我们的这种看法不是没有根据的。《王守仁年谱》嘉靖十一年条下有这样的记载："（王）汝贞持学太严，先生觉之曰：'学不是累人的。'因指旁斫木匠示之曰：'彼却不曾用功，然亦何尝费事。'"这就是指百姓日用以发明良知的一个例子，它是用斫木者的生产活动来说明修道之方的。《年谱》中这样的记载还有好几条，例如十二年条载，他与同门黄弘纲对食，有客来访黄，黄辞以不在，他就借此说了一通"欺"与"不欺"、"通变而宜"的道理。十三年条载，他与林大钦、王惟贤等同登金山，林乘兴直登山顶，王追得气喘吁吁，他就说：“同行气喘，弗顾，非仁也。”后林跣足坐地，他就说：“隶从失瞻，非礼也。”有老人问他的再传弟子韩贞良心是何物，韩并不解释，却要他脱衣服。老人把衣服一件件脱了，最后脱到裤子，对韩说：“愧不能矣。”韩贞便对他说：“即此便是良心。”（《韩先生遗事》，《韩贞集》）我以为，这也是“以日用现在指点良心”的一个好例子——尽管“良知”，羞惭之心人皆有之，但野老“日用而不知”，所以需要韩贞用这种办法来“指点”之，“发明”之。关于这种传道方式的特点，后来王栋也有几句话表述得很清楚。他说：“个个人心自中正，盖是指点人良知自有的‘中正’示人，非推我所有以与之也。”（《会语续集》）

这就是王艮的“百姓日用之学”的具体内容。

这种情况，在思想史上并不是没有先例的，佛学史上慧能所开创的禅宗南宗一派就有过类似的情况。他们主张众生皆有佛性，圣心，凡心，是一非二；也反对烦琐的经院诵习，主张不立文字的教外别传；认为世界上的许多事物，翠竹、黄花，人的许多活动，包括“运水搬柴”一类生活琐事都体现着“般若”“妙道”。如果我们对南宗的思想基本上是否定的，那么，我们有什么理由把王艮的思想评价得如此之高呢？

实际上，这种使烦琐的思辨哲学简易化、具体化的过程并不始于王艮，宋明以来的许多唯心主义思想家都不主张把“道”说得过分玄虚，而要求人们在“日用间随处体认天理”，王守仁的老师娄谅甚至“见搬木之人得法，便说是道”。明代中叶以后，阶级矛盾更加尖锐，一方面，统治集团内部互相倾轧，另一方面，人民中的反抗情绪，异端思想更为滋长，晚明时期那种烧遍全国的农民起义的大火这时已见端倪。因而，统治阶级自然比任何时候都需要加强对人民的精神统治，加强封建道德律对人民的支配力量。他们不仅对那种客观唯心主义的“支离”之学深致不满，即使是对新起的直指本心，顿悟本体的主观唯心主义的修证方式和思辨哲学也已有怨词，因为那实在是“玄之又玄”，无可捉摸的。他们在寻找一种为人民所易于接受的，更为简易直截而又明确可行的理论和修正方式。王守仁的《传习录》记载过这样一件事：王守仁的学生钱德洪、黄弘纲等在途中对人民讲学，有信有不信，王守仁批评他们道：“你们拿一个圣人去与人讲学，人见圣人来，都怕走了，如何讲得行！须做得个愚夫愚妇，方可与人讲。”王艮正是秉承了师训，迎合了统治阶级的这种要求的。

后来，王栋有两段话也很好地道出了问题的肯綮。他说：“夫子教人，只在言动事为上从实体会，而性天之妙自在其中，故曰‘下学而上达’，更不悬空说个性与天道使人求高望远。”（《会语续集》）又说：“体用原不可分，良知善应处便是本体，孔门论学，多就用处言之，故皆中正平实。后儒病求之者逐事支离，不得其要，从而指示本体，立论始微，而高虚玄远之蔽所自起矣。”（《会语正集》）王艮的“百姓日用之学”正是为了克服这种“高虚玄远之蔽”，适应向下层人民说教的需要而提出来的。所以，他不多谈本体论的问题，没有多少玄微奥妙之词，不要求人们虚谈、虚坐、虚想，而是通过日用去体认良知，“举其至近，而远者自寓其中”，讲的虽然都不出于“人事应酬之实”，而个中却都有“圣人神话之精”（王栋语，《会语正集》）。因而，王艮称自己的理论是“至无而有，至近而神”（《王守仁年谱》）。

这里，应该指出，王栋所说的“高虚玄远之蔽”主要是针对王守仁说的。最初，王守仁提倡一种立地成佛式的顿悟：“一悟本体，即是功夫，人己内外，一齐俱透。”（《传习录》下）但是，这实际上只是一种禅学的呓语，怎样才能达到这种境地，王守仁是拿不出办法来的。所以他后来不得不承认“吾讲学亦尝误人”，说这种修正方式的弊端在于“流入空虚”，学者们只“悬空想个本体，一切事为，俱不着实”。他说，这种修证方式只适于少数“世亦难遇”的“上根之人”，对于广大的钝根，即愚夫愚妇辈则是要求他们“在良知上实用为善去恶功夫”的（《王守仁年谱》嘉靖六年九月及《附录》嘉靖二十九年四月条）。在王守仁死后许多年，他的学生钱德洪还说：“（今）四方学者徒喜领悟之易，而未究其躬践之实，或有离伦彝日用，乐悬虚妙顿以为得者。”（《大学问》跋语。《王文成公全书》）他们主张，不能“离视听言动以求仁”（《王守仁年谱》嘉靖六年九月及《附录》）。可见这一问题他们看得是多么重要。

王艮的“百姓日用之学”正是针对王守仁学说的这种缺失而发的。从这一点来说，王艮是深得乃师真传而又青胜于蓝的。

王艮的这种思想在实际生活中会起什么作用呢？一方面，他把“俗人变成了教士”（马克思语），“满街人都是圣人”（王艮语，王守仁《传习录》下），诱使愚夫愚妇们相信自己也具有成圣成贤的资质，增加和巩固他们修行学道的信心；同时，这种思想又无异是在论证人们的一切举动都应该符合封建道德的要求，把封建道德的作用扩展到人民生活的一切方面，在人民身上捆上无数条精神的绳索。

韩贞说得好："一条直路与天通，只在寻常日用中。"（《勉朱平夫》）这条路通向哪里？——通向封建道德。王艮的"百姓日用之学"是"教化愚蒙"，宣扬封建道德的特殊方法。

三、"淮南格物"的实质是什么

王艮的"百姓日用之学"又是和他的"格物论"紧密相关的。《语录答问补遗》记王艮说：

> "安身者，立天下之大本也。本治而末治，正己而物正也，大人之学也。是故身也者，天地万物之本也；天地万物，末也。……格，絜度也。絜度于本末之间而知本乱而末治者否矣。此格物也。"
>
> "诸生问'格'字之义。子曰：'格'如'格式'之'格'，即后絜矩之谓。吾身是箇矩，天下国家是箇方。絜矩，则知方之不正由矩之不正也。是以只去正矩，却不在方上求，矩正则方正，方正则成格矣。……修身，立本也。立本，安身也。安身以安家而家齐，安身以安国而国治，安身以安天下而天下平也。"

王艮这里解释“格物”二字与宋、明以来的许多理学家、心学家都不一样，就是跟他的老师王守仁也似乎有很大差别，这就是所谓“淮南格物”。

它的具体内容究竟是什么呢?

从上引材料可以看出，“格物”的第一个要求是“絜度于本末之间”，即搞清楚个人（身）与“天地万物”的关系。从主观唯心主义的极端唯我主义出发，王艮认为“我”是天下万物的主宰，是斡旋造化的力量，个人是本，天地万物是末，因而，在这里，王艮提出了他的保身、安身、尊身说和格己正人论。前者是他的处世态度和进退之道，即他个人从事政治活动的方针；两者紧密联系而不可分割，其终极目的都在于治国平天下，为统治者奠定万世江山的基础。

它既然是天下国家的根本，身与道二而一，身存则道存，因而，王艮首先主张必须“爱身如宝”（《明哲保身论》）。他认为一个人既不应该做弃绝现实、洁身自好的隐士，也不应该因从事政治活动而危及个人的生命安全，而主张要“见险知止”，“危邦不入，乱邦不居”。有鉴于前代许多知识分子不为统治者重用的悲剧命运，王艮特别强调要尊身，说:“至尊者此身也，至尊者此道也。”（《答问补遗》）他提醒人们不要轻于出处，一般的小官小职不必干，官职虽高而没有可能施展自己的才能抱负的事儿也不必干；必须要最高统治者“致敬尽礼”，“君相求之，百执事荐之”以后才可出山。那样，就可以大展宏图，做一番事业了。否则，实在不如退居讲学，“为天下万世师”，等候“王者自来取法”的好。结合着明朝的政治情况，王艮自然知道不可能有三顾茅庐的刘备，不可能让他“乘六龙以御天”，因而，他很满足于做一个有影响的在野派，提倡“以见龙为家舍”。

这就是王艮的“进不失本，退不遗末”的安身论，也是他的格物论的第一项内容。

王艮“格物论”的第二项内容是格己正人论，或者说修身论。

身既然是天下国家的根本，因而，要解决社会问题，必须从自身做起。“天下国家不方，还是吾身不方。”社会问题的最终根由还在于个人的道德修养上。身治了，家就齐；家齐则国治；国治则天下平。如何从自身做起呢？这就是修身，进行自身的道德修养，使自己的品德达到一种高度完美的道德境界。王艮说：“格物却正是止至善。”所谓“止至善”，即“止仁、止敬、止慈、止孝、止信”的一套封建道德教条。王艮认为，个人的道德修养完成了，这样，就为天下人树立了表率，就可以推己及人，使人人如己，所谓“矩正而方正”“己正而物正”都是这个意思。天下人都有了高度的道德修养，一切社会问题自然都迎刃而解，天下也就太平了。所以王艮说：“修身是天下国家之本。”如何使天下人都懂得修身的重要，一心向善呢？王艮认为办法就是讲学，他说：“师道立而善人多，善人多而朝廷正。”在他看来，尧舜的事业不过是与人为善，孔子的最伟大之处就在于教人不厌，诲人不倦，以先知觉后知。他说：“讲学是经世第一事业。”通过讲学，使人人都懂得致良知、修身立本之道，据说，这样便是“致中和、位天地、育万物”的事业了。理解了这一点，我们便可以明白王艮为什么那样热心于制五常冠，乘招徭车，周游天下，随处教化愚蒙，后来，又为什么那样热心于开门授徒了。

这就是他的所谓“大成之学”，是他想传给徐樾而终于没有传成的。他说：“与人为善谁同之，尧舜之为乃如此。……只此心中便是圣，说此与人便是师……常将中正觉斯人，便是当时大成圣。”（《大成学歌寄罗念庵》）又说：“修身乃立本，枝叶自新鲜。诚能止至善，大哉圣学全。至易而至简，至近至神焉。”（《送胡尚宾归省》）你看，封建统治者所最关心也最难解决的问题，我王艮居然找到了这样一个实行起来“不费些子气力”的办法，一切社会问题都还原为一个修身齐家的问题：“圣人经世，只是家常事。”这样做下去，就“大明万世还多多”，统治者就可以坐稳江山了。在自己的主观设想的陶醉中，王艮很得意地称自己的学说为“易简之道”。

以修身来解释“格物致知”，这和王守仁并无多大不同，所以王栋说：“格物之说，明翁云：‘格者正也，正其不正，归于正也。’此是格之成功。先师（指王艮——笔者）却云：‘格如格式，有比则推度之义，物之所正取者也。’则自学者用功言之，其究亦同归于正而已矣。但谓之格式，则于格字文义亲切，可以下手用功。明翁所谓正其不正，已自含此意。”（《会语续集》）只不过是王守仁谈“致良知”较多，比较玄虚，王艮则特别突出地谈格物，谈修身，谈己正物正，因而，比较务实，有一条具体的路子好走。这里，王栋《年谱》中又有几句话把问题说得很清楚，他说："越中提出良知要旨，教人体识；淮南指出格物把柄，教人下手。"王艮的格物论不过是王守仁"致良知"说的下手的"把柄"而已，这是一。

第二，实际上，王守仁也并非不谈格物。只是他和王艮的着眼点不同。上文我们已经谈到，有鉴于自己学说的容易流入空虚，因而，王守仁也特别要求学者躬行实践，为"省察克治实功"，"实用为善去恶功夫"，去人欲，存天理，格去其心之非，是从私欲私念发生以后的救治着眼；王艮谈己正物正，一正百正，谈格如格式之格，是从进行正面的封建道德教育和自我修养，用力于私欲私念发生前着眼。但这样，据说就"文义亲切"了。在《会语正集》里，王栋在大力推崇王艮后，曾经激烈地批评过王守仁的这种修正方式，说："察私防欲，圣门从来无此教法。"但依我们看，他们的分歧只是细微末节的问题，其目的都在于推尊封建道德，是基本一致的。

把个人的道德修养视为解决社会问题的根本途径和办法，不仅是一种唯心主义的主观空想，而且，也是一种对人民的精神麻醉剂。在封建社会中，它迎合着封建统治阶级的需要，使人民恪遵封建道德，稳固封建统治秩序，转移人民的视线，削弱人民为争取自身的解放和权益而做的斗争。历史证明，许多反动统治者在其没落前夜，总是慨叹世风日下，侈谈道德的作用；今天，世界上不是还有人在发起什么"重整道德运动"吗？

四、退让、妥协、驯服的说教

要正确地评价王艮，还必须深入地考察他的修身论的具体内容。

“反己”，是王艮修身的第一项要求。他说：“反己是格物的功夫。”（《答问补遗》）所谓反己，指的是反躬自问，是一种自我的道德省察，即在待人接物以及处理一切问题时“反求诸己”，一切责任都在自己身上，一切都是自己不好。王艮提出了许多规条，例如不发怨言，不责备旁人，不妒忌境遇胜过自己的人，不批评别人的过失，“攻己之过，毋攻人之过”；一旦批评了别人，那就是最大的过失；“若说己之过，斯过矣；若说人有过，斯亦过矣”。曾经有过这样一件事：王艮的一个朋友在他面前提到了别人的过失，王艮马上严厉地批评道：“尔过矣，尔何不取法君子，见不贤而自省之不暇，那有许多功夫去较量别人的过失！”（殊不知，王艮这里首先就违背了他自己的戒条！）在对于政治的态度上，王艮主张不评判时政，提倡“居是邦不非其大夫”，“无道，其默足以容”。根据这个要求，王艮甚至对孔子的某些行事也有不满。孔子从其没落的贵族领主立场出发，曾经对季氏舞“八佾”于庭，仲孙、叔孙、季孙三家歌“雍”于堂的僭越行为有所讥刺，王艮认为这是孔子的“早年”之事，不足为训的。对于罪恶，王艮主张容忍、妥协，听其自化，说“恶者容之则恶自化”“容得天下人，然后能教得天下人”，主张要用自己的真诚和努力去感化罪恶。他提倡爱人、敬人、信人，认为要“爱人直到人亦爱，敬人直到人亦敬，信人直到人亦信”，如果人有不爱我、敬我、信我的情况，那就是自己功夫未到家，还要从自己这一方面去努力。他说：

> 故爱人者，人恒爱之，信人者，人恒信之，此感应之道也。于此观之，人不爱我，非特人之不仁，己之不仁可知矣；人不信我，非特人之不信，己之不信可知矣！君子为己之学，自修之不暇，奚暇责人哉！（《勉仁方》）

这是一种什么样的说教呢？无非是叫人退让、妥协、驯服而已。这是一种最坏的奴隶说教，王艮所要建立的也是最坏的奴隶道德。既然大家都自省、自责之不暇，那么，还会有什么统治集团的内部纠纷，人民又怎么会起来和他们的剥削者、压迫者斗争呢？

这真是一剂消弭阶级矛盾的好汤药。“自反然后方能不校”，这样就不会有什么斗争了，王栋道出了王艮这种奴隶道德的秘密。

五、“乐”向何处寻

“去欲”，是王艮修身论的第二项内容。

王艮有一首《乐学歌》，颇为人们所传颂：

人心本自乐，自将私欲缚。私欲一萌时，良知还自觉。一觉便消除，人心依旧乐。

乐是乐此学，学是学此乐……

王艮的学生朱恕字乐斋，再传弟子韩贞字乐吾，可见，“乐学”确实是王艮思想的一个重要特征。有些同志说：王艮主张人心本体就是快乐，这个学说的实质是主张满足和发展人的生理的自然的要求。如果按照这种说法，王艮的思想就带有人文主义色彩了。在中世纪，这自然是进步的。但是，问题并不这样简单。我们必须追问一句：“乐”在哪里？怎样才能“乐”？佛教中的净土宗不也宣扬它的西方佛国为“乐土”，为“极乐世界”吗？

从来的人文主义者都认为，“乐”是离不开社会物质生活的，“乐”就在现实世界里，并不在什么缥缈的天国。唯物主义更认为，“乐”是一种情感，一种心理状态，它永远是人对外界客观事物的一种主观的反映。而王艮呢？则不然。他认为“乐”是先天的，人心固有的。世人为什么常常不“乐”呢？那是因为被“私欲”蒙蔽了。只要回复了这个本然之初，体认了“良知”，也就依然“乐”了。王艮要人们离开现实，特别是物质生活条件，到自己的内心里去找“乐”。他说：“此乐多言无处寻，原来还在自家心。”（《和王寻乐韵》）他认为，现实生活里的“乐”是假“乐”，只有这种人心本有之“乐”才是“自家一个真乐”。有了它，即使境遇再困窘些也没有关系。他在一首《勉友人处困》的诗中曾说过：“若得吾心有主张，便逢颠沛也无伤……愿期学到从容处，肯为区区利欲忙。”后来，王襞把这种思想表述得更清楚：

有有所倚而后乐者，乐以人者也。一失其所矣，则慊然若不足也。无所倚而自乐者，乐以天者也。舒惨欣戚，荣悴得丧，无适而不可也。……无物故乐，有物则否矣；且乐即道也，乐即心也。……（君子）所谓忧者，非如世之胶胶然、役役然以外物为戚者也……（杨希淳《诗引》，《王襞集》卷首）

这就是说，不管客观环境如何，你都是应该乐的；受人剥削，受人压迫，也应该是乐的。一为生活忧愁，一为被压迫、被剥削的命运忧愁，便都是小人，“常戚戚就是小人”（王栋语）。我们知道，在封建社会里，广大劳动人民是生活在苦海中的，他们自然希望过快乐的、幸福的生活，然而，王艮却告诉人们，“乐”不在现实生活里，每个人的内心里都有一个“极乐世界”，到你的内心里去寻“乐”吧！这种理论能起什么作用呢？

而且，问题还不只此。他进一步指出：

良知一萌时，人心依旧乐。（王艮《乐学歌》）

得证则日用头头无非妙动……快乐难名。（王襞《语录遗略》）

原来，“致良知”后就有无限快乐。“良知”是什么？就是封建道德。只要你遵守封建道德，就“快乐难名”了。我们也知道，封建道德是最虚伪、最违反“人性”的，然而，王艮却把它说成有无限快乐在内，这种理论又会起什么作用呢？

樵夫朱恕和陶匠韩贞就是被王艮这种思想毒害了的两个人。他们都是劳动人民出身，生活都是穷困的，但据说都能乐于贫贱。朱恕“疲则弛所负担，趺坐以息，踰时，仰天浩歌，声若金石，适然自得也”。一个姓宗的人送他数十金，希望他另谋生理，可避樵采之劳。朱接金低头沉思后，拒绝说：“子非爱我。吾兹目此，此衷经营念憧憧起矣，是子断送我一生也。”（耿定向《王艮传》）终于没有接受。韩贞呢，穷得常有断炊之危，但据说：“宇内一切龌龊，不撄其中。飘然物外，随境随适……屡空，晏如也。”（宗彝《韩乐吾先生集续》，《韩贞集》）

当劳动人民挣扎在饥饿线上，辗转于统治阶级的压迫之下时，宣传这种“人心本自乐”的理论，其作用只能是帮助剥削者，而不是相反。

六、叛逆还是奴隶

恪守“孝悌”等封建道德，是王艮修身论的第三项要求。

王艮曾经为明王朝制订过一个安邦定国的大计，这就是提倡孝道。他在《与南都诸友书》中说：

> 初月，颁取天下之孝者，无择其贵贱贤愚。次二

月，须取在各司之次位。次三月，颁赏爵禄。次四月，任以官事。次五月，颁以举之司徒。次六月，颁取进诸朝廷，天子拜而受之，登之天府，转以颁诸天下，以能教不能，是以孝者教不孝者也。

据说，只要时时如此，日日如此，月月如此，岁岁如此，在上者，操纵鼓舞，在下者，承流宣化，使得“穷乡下邑”的“愚夫愚妇”皆可与知与能，就可以进入“人人君子，比屋可封”的太平世界了。

王艮也确是“孝道”的身体力行者。他的父亲生了痔疮，疼得很厉害，王艮居然“以口吮之”。王艮为什么这样积极地提倡“孝道”呢？因为在他看来，“孝”是一切封建道德的基础。他曾引述孟子的话说：“人人亲其亲，长其长，而天下平。”“孝者，所以事君也。”又曾引述有若的话说：“‘其为人也孝弟，而好犯上者，鲜矣，不好犯上，而好作乱者，未之有也。’然而天下有争斗者鲜矣。”（《与南都诸友》）原来如此，着重点还在于稳固封建统治秩序上。事情倒确也是这样，封建家族关系是封建秩序的第一环。一个人能恪遵家族的孝道，在整个封建的国家机构中自然是忠臣了。

对于封建道德，王艮是不遗余力宣扬的。在《王道论》中他对于当时人民中所谓“饱食暖衣，逸居无教”的情况是痛心疾首的，认为这是“近于禽兽”，结果必将“伤风败俗，轻生灭伦，贼君弃父，无所不至”，因而，他提倡改革学校制度，选取有“道德仁义”的人来担任学校教师，传授“孝弟忠信礼义廉耻之学”，同时，他又主张适当地变通科举制度，务使天下人知道“德行为重”“六艺为轻”。

对于维护封建等级制度，特别是封建最高统治者的权威，王艮也是不遗余力的。他曾经不止一次地对“无父无君”“弑父弑君”的行为加以唾骂。他说：

君臣大伦，岂一日可忘。君臣上下，名分秩然。

还有这样一件有意思的事。汉光武帝刘秀在做了皇帝后与故人严光共榻，严光在睡梦中把脚伸到了刘秀的肚子上。在历史上，这是一段美谈。但王艮却很不以为然，他认为刘秀与严光共榻，是伸私情，“非尊贤之道”，严光没有辞谢，是“失贵贵之道”。“周武革命”，这是过去许多封建正统的历史学家、思想家都肯定了的，但王艮却有不同看法。他认为纣可伐，但天下不可取，周武王应该去迎立微子，自己则恪守臣职。请看，王艮表现在这里的封建等级观念和“家天下”思想是何等严重！这哪里有一点点人民性的味道呢？

有些同志说王艮态度狂放，有“狂士特点”，说王艮所创立的学派有浓厚的左道色彩，是与正宗圣学不相同的异教旁门，颇有类于“黄巾五斗”云。当然，我们如果只注意他戴着纸糊的怪帽子，捧着笏板，坐着自己设计的蒲轮车“招摇”过市时，是会同意这种看法的。但是，我们可以稍稍研究一下。原来，这种纸糊的怪帽子叫作“五常冠”；五常者，仁义礼智信也。笏板上写的是：“非礼勿视，非礼勿听，非礼勿言，非礼勿动。”王艮平日“行则规圆矩方，坐则焚香默识”，他的行动无一不是谨守着封建道德和礼法的要求。

王艮修身论所培养出来的究竟是封建社会的叛逆者呢，还是奴隶、顺民，这是不难看出来的。

七、结语

上面，我们已经逐条地分析了王艮思想的几个方面，现在，把我们的意见归纳一下，这就是：王艮的思想核心是道德伦理论，他除了积极宣扬“忠孝”等封建伦理纲常外，还在积极宣扬一种退让、妥协、驯服的奴隶道德。他认为封建统治者推广这些东西，就可以挽救它所面临的崩溃危机，奠定万年江山的基础。为了论证封建道德的合理性、神圣性和权威性，他把它说成是先天的，人心固有的，从而陷入了唯心主义。为了向下层人民传播封建道德，克服王守仁学说的“高虚玄远之蔽”，他提出了“百姓日用即道”的学说，其特点是“以日用现在指点良知”，通过日常生活中的某些事例来说明封建道德的先验性、普遍性，从而说明人们应该在日常生活中进行修正，以“用”证“体”，以期成“圣”成“贤”。这样，就使得王守仁的“致良知”说变得切实可行，有了下手的把柄，使宋明以来日渐趋向简易的思辨哲学更为简易，并从而形成了他自己学派的特色。王艮的思想是明代中叶以后阶级矛盾尖锐化的产物，是为统治阶级服务的；其作用，从主要的方面看，应该说是反动的。

在当时，王艮的思想是很受明代统治者的欢迎的。王艮生前，就受到刘节、朱孔阳、吴悌等官僚的荐辟，死后，又有那么多的官吏为他建祭祠，定祀典。本来，明制，谥不及于小臣，尤不及于布衣，但偏偏有那么多人为他请谥，要把他送进孔子庙从祀。真可谓“赢得生前身后名”。这，只要翻一翻《王心斋遗集》卷四《谱余》、卷五《疏传合编》就可以知道。他们说，王艮是“扶天纲地维于不坠”（《李桂轩奠文》）的人，他的学问是“民生日用之饮食”（《耿定向撰传文》），他们特别称道他的学说“简易径截”“匪玄匪虚”。他们更一次又一次地向最高统治者疏陈王艮学说的价值，说是“世道之升降，本于人心；人心之邪正，系乎学术”。他们指出，当时正是“世衰道微”“风会日下”“忠孝节义之念衰于士林”的时候，因而，王艮的学说就是“振觉世之金声”（吴甡《请从祀疏》）了。有意思的是，愈到阶级矛盾紧张，统治阶级面临危机时，这样呼声也愈高。天启三年（1623），竟有二十三个扬州籍京官联名贴出揭帖，为王艮请谥；也就在崇祯三年（1630），经过最高统治者的同意，将王艮的从祀问题下部周咨。据韩贞后人韩载尧先生告诉我，后来，统治者还给韩贞竖了牌坊，给了他一个“东海贤人”的称号呢。如果王艮及其弟子们的思想是具有丰富的人民性和异端色彩的，或者说，是什么“地主阶级反对派”的话，那么，这些现象该如何解释呢？

王艮思想是确曾起过为统治者稳定社会秩序的作用的，当晚明阶级矛盾紧张时，江淮一带只有王艮的家乡安丰场是

“安定”的。一个叫龙紫海的官僚在《请谥奏疏》中说：

> 向者东巡海上，每见风俗多浇恶不可言，独过安丰场，谒艮祠，见其家后裔，雍肃知礼，而一方父老，多敦行孝弟，侈言礼让，皆艮风所遗。

这段话是说明王艮思想的社会实践效果的最好不过的材料了。

这里，也许有人要问：依你这种说法，王艮思想就没有一点积极意义了吗？例如，他也主张，不能让人民“冻馁其身”，还有，他的《鳅鳝赋》流露了那么多的对人民疾苦的同情呢！我说，评价一个思想家必须把它的整个思想当作一个体系来考察，不能只看他的阶级出身，不能孤立地抽出一句话、一篇文章来任意引申；尤其是不能被他的某些美好但却空洞的言辞所迷惑，不要只看他善良的愿望，而要看他提出了什么样的解决社会问题的方案，这些方案在社会实践中将会起什么作用，对哪一个阶级有利。历史上尽管有这样的思想家，他们在某种场合、某种条件下似乎说过一些同情人民的话，例如，王守仁就是如此，但其思想体系仍然是反动的——我们正是根据这样的观点来评价王艮的。

以上所论，未必正确，谨待教。

《新建设》，1963 年第 9 期

附：外老和我

侯外庐先生去世已经一年多了，一直想写篇文章，记录外老和我的一点小关系。

我读外老的书，那还是20世纪50年代，在北大念中文系的时候。因为研究作家，不能不了解并评价作家的思想，这就不能不读几本思想史一类的著作。正是在这种情况下，我开始读《中国思想通史》。说老实话，开始时不大懂，但外老著作的博大精深吸引了我，只好硬着头皮啃。1960年，我被分配到一所名为农业机械学校，而实为培养拖拉机手的短训班里教书，有时也兼管传达室。自然，思想史的知识完全用不上，但我还是继续读外老的书。一次，在书店里发现了一套《中国思想通史》，厚厚的6大本，书价自然不低。尽管当时正值困难时期，经常饥肠辘辘，但我还是把本来准备用来填肚子的钱买了书，并在扉页上写了“购此自励”四字。从此，批批划划，愈读愈有兴味。

外老的书读久了，对思想史也就有了一知半解。这时，我已调到一所中学里教书。一个偶然的机会，我读到了明人韩贞的集子。韩贞是泰州学派传人，当过窑工，历来被作为泰州学派具有丰富人民性的例子。我仔细研读了韩贞的著作，觉得情况并不如此。于是，写了一篇短文发表在《光明日报》上。其后，我继续研读泰州学派创始人王艮的文集，写了一篇长文——《关于王艮思想的评价》。这是篇全面地和外老唱反调的文章。例如,《中国思想通史》认为泰州学派是唯物主义学派，我却认为是唯心主义;《中国思想通史》认为王艮思想具有异端色彩，我却认为王艮是奴隶道德的鼓吹者；如此等等。当时不知天高地厚，还特别加了个副题——与侯外庐等同志商榷，将嵇文甫、吕振羽等前辈学者一概包括在内。文章写成后，寄给《新建设》编辑部，很快排出了清样。责任编辑谭家健同志告诉我，清样送给外老看了，外老认为文章是摆事实、讲道理的，可以发表。

不久，文章出来了，事情也就到此结束了。我当时 20 来岁，年轻、幼稚，不曾更多地去思考外老同意发表反对他的文章这一事实的意义，也不曾想到，应该去拜会一下外老，听听他的教诲。又过了几年，进入“史无前例”的时期，外老当然在劫难逃。某次，我和历史研究所的一位同志闲谈，问起外老和他的几位弟子的处境。这位同志说:“你幸亏没有调来，否则你也跑不掉!”他接着告诉我，外老曾经准备调我到历史研究所思想史研究室工作，但没有调成。听了这位同志的话，我愕然了。我的文章和外老的著作唱反调，而且是那样激烈的反调，外老却要调我到他手下来工作，这是一种何等高尚的风格呀!

自从知道外老要调我而没有调成的消息之后，我就一直想打听其中的奥秘，说法不一。一说是档案不行，一说是忙于“四清”顾不上。我是相信第一说的。我在大学里读书还算用功，但那时候用功读书并不被认为是好学生。加上 1957 年我对揪了那么多右派想不通，不会张眉瞋目地斗右派，1958 年又不会说大话、吹牛皮，因此，被视为白专道路的典型。毕业鉴定有云:“反右斗争中严重右倾，丧失立场。”“标榜通过学术为社会主义服务，拒绝思想改造。”外老要调我这样一个人，自然调不成了。

又过了十多年，我进了近代史研究所，做研究工作。不久又应邀担任《中国哲学》编委。当时，外老是刊物的名誉主编。有一位同志告诉我:“外老对你和李泽厚同志参加编委会表示欢迎。”我听了之后，除了对事隔近 20 年，外老还记得我这一点深为感动外，再次有愕然之感。李泽厚同志是著作等身的海内外名家，外老欢迎他是可以理解的，而我，只不过写过一两篇反对外老的文字，难道也值得外老“欢迎”吗？这以后，在外老家里开过一次编委会，一位同志将我引荐给外老。那时，外老已患病多年，不能正常发音、说话。只见他穿着一身青布中式服装，坐在轮椅里，显得清癯消瘦。我除了问候外老的健康外，什么话也说不出来。

后来，我又逐渐知道了一些事情。某次会上，我见到中国思想史室的黄宣民同志，得悉他正在写《王艮传》。我问他准备怎样写，黄宣民同志说:“外老的意见是要坚持原来的观点。”听了宣民同志的话，我又一次愕然了，原来，外老始终不同意我的观点，那他为什么对我如此关怀呢？又有一次，为外老整理回忆录的朱学文同志告诉我，他曾经问过外老，当年为什么要调杨天石来中国思想史研究室工作？外老的回答是:“这个人当时是中学教师，我断定他将来一定会有成就。”听了朱学文同志的话，我不再愕然，而是肃然起敬了。外老的心胸多么恢宏宽广，他对培育、扶植年轻人又怀着多大的热情呀！

惭愧的是，由于种种原因，这几年我用于思想史研究的时间已经愈来愈少，这是有悖于外老的希望的。今后，不管多么繁忙，我仍然要挤时间，继续读外老的书，在思想史研究方面做一点力所能及的工作。

1988 年 12 月 7 日深夜

儒学在近代中国

——在日本横滨第二次汉字文化圈国际论坛的演讲

尽管孔子一生困顿，命运多蹇，但是，自汉武帝罢黜百家，独尊儒术之后，儒学成为占统治地位的官学，孔子的地位就日益提高，以至于达到“吓人的高度”。（鲁迅:《在现代中国的孔夫子》,《鲁迅全集》第6卷，人民文学出版社1981年版，第316页）在漫长的近两千年的岁月中，很少有人敢向孔子的这种崇高地位挑战。这种情况，到了近代，才有明显改变。随着中国社会的变迁和进步，在西方文化和日本维新思潮的影响下，逐渐出现了非儒反孔思潮。与之相联系，崇儒尊孔的主张以前所未有的复杂形态多样化地表现出来。两种意见互相诋毁，各不相下，成为思想史上引人注目、发人深省的现象。

龚自珍是近代中国第一个对儒学独尊地位提出挑战的人。他在一首诗中写道:

> 兰台序九流，儒家但居一。诸师自有真，未肯附儒术。后代儒亦尊，儒者颜亦厚。
>
> 洋洋朝野间，流亦不止九。不知古九流，存亡今孰多？或言儒先亡，此语又如何？（《自春徂秋，偶有所触，拉杂书之，漫不诠次，得十五首》,《龚自珍全集》）

九流，指的是班固在《汉书·艺文志》中所分列的九个学术流派。龚自珍认为，儒家只是九家中的一家，并无特殊之处；儒家以外的其他各家也都有其符合真理的一面，不需要依附儒术；后代，儒家的地位被愈抬愈高，儒者的脸皮也愈来愈厚。这首诗，表现了龚自珍对儒学独尊地位的强烈不满以及对其他各家历史命运的关心。他甚至发出了儒家可能“先亡”的疑问。龚自珍的时代，中国封建社会已经到了暮色苍茫、悲风四起的“衰世”，龚自珍的疑问反映了一种信仰危机和对一种新的学术派别的憧憬。但是，由于长期儒学独尊的影响，龚自珍没有也不可能彻底摆脱儒学的束缚，他只能借助东汉以来长期衰微的今文经学派，利用其“微言大义”以表达自己的观点。

鸦片战争期间，中国人在西方的坚船利炮面前败下阵来，蒙受了亘古未有的奇耻大辱。先进的知识分子痛定思痛，对儒学的不满和怀疑增长了。魏源等人开始痛骂“腐儒”“庸儒”，开始鄙弃程、朱、陆、王的“心性”之学，主张“师夷长技以制夷”，觉得西洋文化在某些方面比中国高明了。后来，这种向西方学习的要求又从“长技”发展到经济、政治等方面。但是，魏源以下一辈人，如冯桂芬、王韬、薛福成、马建忠、郑观应、陈炽、何启、胡礼垣等，一般地只敢批判程、朱、陆、王等后儒，而不敢批判先儒；只敢批判汉学和宋学，而不敢直接把矛头指向孔学。在他们看来，孔子和儒学还是完美无缺的，其崇高地位是不能动摇的。例如王韬就说过：“盖万世不变者，孔子之道也，儒道也。”（《杞忧生〈易言〉跋》，《弢园文录外编》）这种情况，固然反映出思想家自身的特质，但更多反映出的却是儒学传统的强大力量和深厚影响。

正是在这种儒学传统的重压下，康有为等人的维新变法理论不能不包裹在儒学的外衣中，并力图借助于“孔圣人”的权威。他利用今文经学派的“《公羊》三世说”来阐述自己的以进化论为核心的社会历史观，并利用对古文经的辨伪来动摇人们对传统的信仰。康有为力图说明，西汉经学，根本没有所谓古文经，所有的古文经书都是刘歆的伪造。刘歆之后，两千多年，千百万知识分子，二十个王朝礼乐制度的订立者都上了刘歆的当。这样，在龚自珍之后，康有为就进一步动摇了古文经学派的地位，引起人们对这部分儒学经典的怀疑。当顽固派在祖坟面前叩头礼拜，表示要“恪守祖训”的时候，康有为却在旁边大喝，你这个祖坟是假的。这自然具有思想解放的意义。

同时，康有为又力图说明，孔子是维新变法的祖师爷。他主张“法后王”“削封建”，实行“大一统”，反对“男尊女卑”，创立“选举制”，最高理想是实行民主共和云云。（《孔子改制考》卷十一、九、八、三、十二）因此，康有为称孔子为“万世教主”“制法之王”“生民未有之大成至圣”。康有为建议，清王朝“尊孔圣为国教”，以孔子纪年，全国设教部，地方设教会，每七日还要公举懂“六经”“四书”的人为“讲生”，宣讲“圣经”（《请尊孔圣为国教，立教部、教会，以孔子纪年而废淫祀折》）。

近代以来，有不少人，例如曾国藩、张之洞以及清代统治者尊孔，目的是为了维护旧秩序；戊戌时期的康有为尊孔，目的是为了变法。两种尊孔，迥然不同。但是，康有为笔下的孔子明显地不符合孔子的本来面目，它是维新派按照自己的理想和需要改铸出来的形象。

和康有为比起来，谭嗣同的思想显得激烈、深刻、锐利得多。他怀着满腔悲愤批判儒学所鼓吹的纲常伦理，分析其“惨祸烈毒”，揭露封建统治者以之残酷迫害人民的事实。当时，一位朝鲜人曾说:“地球上不论何国，但读宋明腐儒之书，而自命为礼义之邦者，即是人间地狱。”谭嗣同完全同意这一观点（《仁学》）。他尤为激烈地批判君主专制主义，认为君主是人民推举出来“为民办事”的，可以共举，也可以共废，其恶劣者，“人人得而戮之”。（《仁学》）谭嗣同的思想已经越出改良主义的樊篱，走到革命民主主义的边缘。但是，谭嗣同仍然要挂上孔学的旗号。在谭嗣同笔下，孔子“废君统，倡民主，变不平等为平等”，不仅是维新派，而且简直就是民主主义者（《仁学》）。他认为，孔门传人曾子、子思、孟子、子夏等人还是继承了孔子的民主传统，只是到了荀子，孔学才被篡改为“钳制束缚”的工具，荀学也就因此统治中国两千余年。谭嗣同严格地区分孔学和儒学，认为儒学使孔子之道愈见狭小，起了恶劣作用（《仁学》）。因此，他以马丁·路德自励，立志为恢复“孔教”的本来面目而奋斗。

在维新派中，严复对西学有精深的研究，因此，他的维新思想的理论基础以及批判儒学的理论武器都不是取自儒学自身，而是取自西方自然科学和社会政治学说。他不仅批判“宋明腐儒”，而且破天荒地提出“‘六经’且有不可用者”(《辟韩》,《严复集》)。出于对儒家学派的强烈不满，严复甚至认为秦始皇焚书坑儒的行为也并不过分。他以热烈的语言赞扬西学的完美与严整，认为中学重三纲，西学重平等；中学亲亲，西学尚贤；中学以孝治天下，西学以公治天下；中学尊主，西学隆民；中学夸多识，西学尊亲知；中学委天数，西学恃人力……这是近代中国思想史上最初也是最鲜明的中西文化比较论，标志着在“西学”冲击下，中国人对传统文化的进一步怀疑和否定(《论世变之亟》)。尽管如此，严复仍然维护孔子的权威，认为孔教不谈鬼神，不谈格致，专明人事，平实易行，千万不能破坏。(《保教余义》) 他甚至认为，精通西学之后，才能更好地理解中国圣人的“精意微言”(《救亡决论》)。

戊戌维新是一次政治改革运动，也是一次思想启蒙运动。它本应对孔子和儒学的独尊地位有较大的冲击，但是，历史展示给人们的情景却是，孔子的地位还要继续高上去。这里，我们再一次看到了传统的强大力量和历史缠住现实的痛苦情况。

作为弟子，梁启超支持过康有为的保教论。戊戌政变后，梁启超流亡日本，于 1902 年发表《保教非所以尊孔论》，开始反对师说。他认为，孔子是哲学家、经学家、教育家，而非宗教家；保教之说束缚国民思想。他指出，孔子思想中有“通义”和“别义”两部分，前者万世不易，后者则“与时推移”，应该博采佛教、耶教以及古代希腊以至“欧美近世诸哲”

的学说，进一步光大孔学。(《新民丛报》第2号）尽管梁启超仍然断言，孔学将“悬日月，塞天地”，“万古不能灭”，但他承认孔学中有不适用、不够用的部分，毕竟是有意义的进步。

真正动摇了孔子和儒学独尊地位的是以章太炎为代表的革命党人。19世纪末20世纪初，作为维新思潮的反映，日本社会出现了一些非儒反孔的著作家，如远藤隆吉、白河次郎、久保天随等。在他们的影响和启迪下，章太炎一方面肯定孔子是中国古代优秀的历史学家、教育普及家和无神论者，同时，也发表了不少对孔子和儒学的激烈批评。1902年，他在《訄书》修订本中指出，孔子的名望远远超过了实际，其学术也并不十分高明，荀子、孟子都比他强得多。1906年，他在东京中国留学生大会上发表演说，批评孔子“最是胆小”，“不敢去联合平民，推翻贵族政体”。又说：孔教的最大污点，是使人不脱富贵利禄的思想。他明确表示：“孔教是断不可用的。”(《民报》第6号）其后，他又根据《庄子》《墨子》等书的记载，在《诸子学说》中，批评孔子“哗众取宠”“污邪诈伪”“热衷竞进”，是个道德品质不好的人。由此，他进一步批评历史上的儒家学派投机善变，议论模糊，认为无论就道德言，就理想言，儒家均不可用。(《国粹学报》丙午（1906）第8、9号）1908年，日本《东亚月报》刊登孔子像，章太炎就此著文发挥说：孔子已经死了两千多年了，他的思想早已成为过去，“于此新世界者，形势礼俗岂有相关”？（《答梦庵》,《民报》第21号）

章太炎对孔子和儒学的批评并不科学。第一，他的批评根据不少出于《庄子》《墨子》，庄、墨都是儒家的对立面，所述并不可靠。第二，章太炎的批评矛头在许多地方实际指向康有为。在他所描绘的孔子形象中，我们依稀可见康有为的面影。现实的斗争需要常常使人不能严谨地对待历史，虽章太炎这样的大学问家亦不能免。然而，章太炎将中国封建社会的至圣先师作为议论、批评的对象，仍然是了不起的大事。在章太炎之后，各种批评孔子的言论就多起来了。

1903 年，上海爱国学社的刊物《童子世界》载文认为："（孔子）如今看起来，也是很坏。"（君衍《法古》,《童子世界》第 31 期）《中国白话报》载文认为，孔子是个"顶喜欢依赖皇帝的东西"。（林獬:《国民意见书》,《中国白话报》第 18 期）同盟会员宁调元直呼孔子为"民贼"。他说："古之所谓至圣，今之所谓民贼也。"（《宁调元集》，湖南人民出版社 1988 年版，第 395 页）1912 年，民国建立，南京临时政府教育部通令废除中小学读经课程。时任教育部长的蔡元培明确宣布："尊孔与信教自由相违。"（《对于新教育之意见》,《民立报》1912 年 2 月 10 日）同年 7 月，蔡元培主持临时教育会议，进一步通过"学校不拜孔子案"。（《临时教育会议日记》,《教育杂志》4 卷 6 号）这样，孔学作为官学的地位就被否定了。

随着非儒反孔言论的增加和孔学作为官学地位的否定，崇儒尊孔的呼吁也日益强烈。辛亥革命前后发表崇儒尊孔言论的人很复杂。一种是革命派，如《国粹学报》的邓实、黄节等，他们视孔子为中国文化的代表；一种是康有为等保皇党，以孔学作为反对革命、维护君主制的工具；一种是清朝统治者及袁世凯、张勋等军阀，利用孔学维护其统治或复辟君主制；一种是某些外国传教士或来华人士，如林乐知（Y.J.Allen）、李提摩太（T.Richard）、李佳白（G.Reid）、庄士敦（R.F.Johnston）、盖沙令（H.Keyserling）、尉礼贤（R.Wilhelm）、有贺长雄等。1906年，清政府颁布《教育宗旨》，宣称孔子不仅是“中国万世不祧之宗”，而且是“五洲生民共仰之圣”。(《学部奏请宣示教育宗旨折》,《大清教育新法令》第1册第2编）1913年6月，袁世凯发布尊孔令，宣称孔学“反之人心而安，放之四海而准”(《袁大总统书牍汇编》卷2）。8月，孔教会代表陈焕章等上书，请定孔教为国教。10月，《天坛宪法草案》规定:“国民教育，以孔子之道为修身大本。”1914年9月，袁世凯在北京举行了盛大的祭孔典礼。袁世凯复辟帝制失败后，康有为于1916年9月再次上书，要求“以孔教为大教，编入宪法，复祀孔子之拜跪”(《致总统总理书》,《孔教十年大事》卷八）。他说:“不拜孔子，留此膝何为?”(《致总统总理书》,《孔教十年大事》卷八）1917年3月，各省尊孔团体在上海组织全国公民尊孔联合会，发动所谓“国教请愿运动”。同年7月，张勋拥废帝溥仪复辟。

为什么近代的守旧复辟势力都崇儒尊孔，这不能不引起先进知识分子的思考，于是，一场新的非儒反孔热潮因而兴起。

五四前夜发表批孔文章的先锋是易白沙，主将则是陈独秀，吴虞、鲁迅、李大钊等人都做出了巨大贡献。当时对孔子和儒学的批判主要集中在以下几个方面：

一、孔子和儒学维护尊卑等级制度，是历代帝王专制的护符。易白沙称：孔子“尊君权，漫无限制，易演成独夫专制之弊”。他阐述了历代帝王以孔子为傀儡，借以巩固其统治的情况，说明不能不归咎于孔子自身（《康南海与中央电》,《青年》1 卷 6 号）。李大钊认为：“孔子生于专制之社会，专制之时代，自不能不就当时之政治制度而立说，故其说确足以代表专制社会之道德，亦确足为专制君主所利用资以为护符也。”（《自然的伦理观与孔子》,《李大钊文集》上）陈独秀提出：“孔教与帝制有不可离散之因缘。”（《驳康有为致总统总理书》,《新青年》2 卷 2 号）吴虞也说：“孔氏主尊卑贵贱之阶级制度，由天尊地卑演而为君尊臣卑，父尊子卑，夫尊妇卑。尊卑既严，贵贱遂别。”因此，“专制之威愈演愈烈”。(《儒家主张阶级制度之害》,《吴虞文录》)

二、儒学伦理是片面的、不平等的、人压迫人的“奴隶道德”。陈独秀认为：君为臣纲，则民于君为附属品；父为子纲，则子于父为附属品；夫为妻纲，则妻于夫为附属品；由此产生的忠、孝、节等道德都是不平等的“以己属人”的“奴隶道德”（《一九一六年》,《新青年》1 卷 5 号）。于是，“君虐臣，父虐子，姑虐媳，夫虐妻，主虐奴，长虐幼”，种种人压迫人的现象因而发生（《答傅桂馨》,《新青年》3 卷 1 号）。吴虞从分析孝、悌等伦理规范入手，揭示中国古代的宗法家族制度和专制政治之间的关系，说明儒学伦理“专为君亲长上而设”，目的在要人们“不要犯上作乱”，把中国弄成一个“制造顺民的大工厂”。他说：“麻木不仁的礼教，数千年来不知冤枉害死了多少无辜的人。”（《吴虞文录》）鲁迅则通过“狂人”之口，以形象的文学语言说明中国历史一面充塞“仁义道德”的说教，一面充塞着血淋淋的“吃人”现象的残酷现实。吴虞盛赞鲁迅的这一发现，说是“把吃人的内容和仁义道德的表面看得清清楚楚”，“孔二先生的礼教讲到极点，就非吃人、杀人不成功”（《吴虞文录》）。

三、孔子之道不适用于现代生活。陈独秀认为：宇宙间一切物质、精神，无时不在变迁进化之途。一定的学说产生并适应于一定的社会，社会变迁了，学说也应随之变迁。他说：现代社会以经济为命脉，盛行个人独立主义，经济上财产独立，伦理上个人人格独立，崇尚自由平等，而儒学则以纲常阶级（等级）为教，恰恰与此相反（《孔子之道与现代生活》，《新青年》2卷4号）。他们坚决反对在民国宪法上载入以孔子之道为修身大本一类字眼。在当时，他们尤其着重指出，专制与自由不相容，孔子之道与共和制势不两立。吴虞说：“共和之政立，儒教尊卑贵贱不平等之义，当然劣败而归于淘汰。”（《吴虞文录》，第7页）陈独秀则斩钉截铁地表示“孔教与共和乃绝对两不相容之物”“主张尊孔，势必立君”“势必复辟”（《复辟与尊孔》，《新青年》3卷6号）。李大钊在“五四”前就认为孔子其人“已为残骸遗骨，其学说之精神已不适于今日之时代精神”（《自然的伦理观与孔子》，《李大钊文集》上）；“五四”后，他又对此做了深层分析，说明孔学是“中国二千余年来未曾变动的农业经济组织反映出来的产物”。他说：“不但中国，就是日本、高丽、越南等国，因为他们的农业经济组织和中国大体相似，也受了孔门伦理的影响不少。”他并进一步指出，西洋的工业经济打进东方以后，孔子的学说就“根本动摇”了（《由经济上解释中国近代思想变动的原因》，《李大钊文集》下）。

四、孔子缺少民主学风，孔子和儒学的独尊地位阻碍思想和文化的发展。易白沙认为：孔子讲学，不许问难，易演成思想专制之弊（《孔子平议》，《青年》1卷6号）。陈独秀认为：九流百家，无非国粹，汉武帝罢黜百家，是一种思想、学术上的专制主义，不仅遮盖了其他各家的光辉，而且窒息人们的聪明才智，摧残创造活力和独立思考精神，为害较之政治上的君主专制主义还要厉害。（《宪法与孔教》，《新青年》2卷3号）李大钊认为：自孟子辟杨、墨之后，儒学形成了一种排拒异说的作风，自以为包揽天下的一切真理，完全听不得不同意见，动辄指斥别人为“淫词邪说”。他说：“真理正义，且或在邪说淫词之中也。”（《民彝与政治》，《李大钊文集》上）易白沙、陈独秀都指出，“人间万事，以竞争而兴，专占而萎败”，即以孔学本身而论，独尊的结果是失去竞争、辩难的对象，必然日形衰败（《答常乃德》，《新青年》2卷6号）。据此，陈独秀等声称：“无论何种学派，均不能定于一尊。”“各家之学，亦无须定尊于一人。”（《答吴又陵》，《新青年》2卷5号；易白沙：《孔子平议》下，《新青年》2卷1号）

“五四”时期，陈独秀诸人对孔子和儒学的批判大体如上。经过“五四”，在中国封建社会中长期树立起来的孔子和儒学的独尊地位遂轰然倒塌。

真理是无边无际的大海。任何人、任何学派对真理的认识都是有限的、局部的，以为一个人、一个学派可以穷尽全部真理，以为在这个人、这个学派的思想学说中不包含任何谬误，可以适用于一切时代，一切地域，并以之作为检验真理的标准，都是一种可笑的幻想和迷信。“五四”时期陈独秀诸人批判这种迷信，推倒了孔子和儒学的独尊地位，不仅是一次反封建的思想革命，而且是一次思想解放运动，其意义是深远的。

应该指出的是，陈独秀等人并不全盘否定孔子和儒学，尤其不否定孔子在当时的历史地位和价值。一个人、一个学派在当时当地的作用和它在后世的作用常常有所不同。前者可以称为当时价值，后者可以称为后世价值。由于时代、地域和传述者的情况不同，一个人、一个学派的后世价值是复杂多变的。陈独秀等人，包括最偏激的钱玄同在内，都一致认为孔子“自是当时之伟人”，他们所否定的主要是孔子的后世价值，特别是它在20世纪初年中国的现实价值。陈独秀说：“吾人讨论学术，尚论古人，首当问其学说、教义尚足以实行于今世而有益与否？非谓其于当时之社会毫无价值也。”（《答常乃德》，《新青年》3卷2号）20世纪初年，中国人的任务是追求民主和科学，建设现代化的国家与社会，康有为、袁世凯们却力图利用尊孔维护旧道德、旧文化，复辟封建专制主义，这自然不能不引起先进知识分子的反击，所以陈独秀又说：“愚之非难孔子之动机，非因孔子之道之不适于今世，乃以今之妄人强欲以不适今世之孔道支配今世之社会国家，将为文明进化之大阻力也。”（《复辟与尊孔》，《新青年》3卷6号）显然，“五四”时期的非儒反孔思潮乃是一场从属于现实政治斗争的思想斗争，而不是严格的科学讨论。它不可能是全面的、辩证的、充分理智的，而必然带有片面、绝对和情绪化的特征。这表现在谈孔子和儒学的当时价值少，谈现实价值多；谈积极面少，谈消极面多；谈教育学、文献学方面的贡献少，谈政治学和伦理学方面的缺陷多。至于在工业化的过程中，如何利用孔学作为调整人际关系的凝聚剂，在高度工业化之后，如何利用孔学作为现代文明弊病的修正剂，这些问题，更非"五四"时期的思想家所能想见。

在世界文化史上，儒学是一个博大、深刻、有着鲜明特征的思想体系。它既有保守、落后的封建性一面，曾经长期成为中国人民的精神枷锁，今后也将成为中国人民走向现代化的精神障碍；但是，它也有反映人类社会普遍需要、普遍特点和普遍规律的真理性一面。有些思想，经过改造和转换，会成为有益于现代社会的成分。李大钊曾经说过："孔子之道有几分合于此真理者，我则取之；否者，斥之。"这是一种正确的态度，但是，"五四"时期的人们没有可能做到这一点。历史地、科学地、全面地评价孔子和儒学，探讨它的当时价值和在今天的现实价值，评估它的未来价值，这是当代中国人的任务，也是一切关心儒学命运的人们的共同任务。在某种意义上说，它也许是一项永远说不完的话题。

1991 年 11 月于日本横滨

蒋介石与宋明理学

——在贵阳孔学堂的演讲

我今天演讲的题目是“蒋介石与宋明理学”。很坦率地讲，我今天略微有点紧张，为什么呢？我最近若干年一直以蒋介石作为自己的研究中心，应该说对于蒋介石比较熟悉。但是我们这一次是“中华文化四海行”，总得讲一点文化方面的问题。想了想，蒋介石一辈子信奉、研究宋明理学，实践宋明理学，所以我就把题目确定下来，讲“蒋介石与宋明理学”。

可是要讲这个问题，对我而言有两点困难，“宋明理学”所使用的一些概念、范畴和我们当代生活距离比较远，怎么样把它通俗化，讲明白，有一定的困难。

其次，我个人研究“宋明理学”是三十年以前的事情了。当年曾经写过几本小书，然而这些年来，中国哲学史的研究有了很大的发展。我三十年以前的一些知识，哪些地方已经落后了，我现在不敢说。

但是，这个题目我觉得还是一个很重要的题目。重要性之一，是宋明理学是中国儒学一个重要的发展阶段，也是中国文化的一个重要的发展阶段。如果我们不懂得宋明理学，恐怕很难懂得中国哲学，很难懂得中国文化。其次，我们要研究民国史，研究国民党，研究蒋介石也都需要懂得宋明理学。

一、宋明理学与朱熹、王阳明的分歧

宋明理学，我们在习惯上也称之为“宋明道学”。中国儒家的前辈两千多年以前就在讨论一个问题，就是人和动物区别在什么地方？

孟子讲过一段话，他说“人之所以异于禽兽者几希”，讨论人和动物的差别，“几希”是很小很小的意思。儒家学派认为，人和动物的重要差别之一就在于人有道德伦理观念。所以说，从很早的时候开始，儒家学派就开始讨论人的道德伦理观念问题：道德伦理是什么？从哪里来？它和自然、和人类社会有什么样的关系？对于人类和社会它的作用是什么？宋明理学就是对上述问题的讨论和回答。因此，宋明理学我们可以称它为道德哲学，它是从哲学上来回答道德的问题。

中国儒学的发展经过几个阶段，一开始，就是我们大家熟悉的先秦的儒学，这是土生土长的中国思想、中国哲学。先秦儒学之后，唐代是佛学盛行的历史时期。中唐以后，有些学者将佛学加进儒学，出现“援佛入儒”的现象。到了宋朝，中国的儒学吸收了唐代佛学的内容，就发展成为宋明新儒学，也就是我们通常所讲的“宋明理学”。可以说不了解“宋明理学”就不可能了解儒学和中国文化。

“宋明理学”的最高的范畴是“理”，或者称之为“道”，或者称之为“性”。“宋明理学”是将儒学的伦理观念哲学化，将伦理上升为天地的本源，人性的本源，从而提出了一系列的修养方法，它的目的是希望人成为“圣人”和“贤人”。这是中国哲学和西方哲学，特别是和古希腊哲学一个重要的不同点。

西方哲学，特别是古希腊哲学，教人认识自然，成为智者，成为很聪明的人。而中国古代哲学呢？它教人认识人的本身，成为道德完美的“圣人”。

“宋明理学”有两大流派，一派叫“朱熹学派”，或者称为“程朱学派”，北宋的程颐、程颢弟兄二人和南宋的朱熹所创建的学派。“朱熹学派”的基本思想就是三个字，“性即理”。什么意思呢？就是说天上的“性”降到人心中，就成为“理”。这个理从哪儿来的？朱熹认为这个“理”是老天爷降到人心里来的。它是独立于人的感觉之外的一种客观精神。我这样讲，大家可能觉得比较抽象，用现代语言来讲，朱熹所讲的“理”，实际上是规律和伦理二者的综合。

朱熹举例说，我们现在坐的椅子一定要有四只脚，如果四只脚的椅子你抽去一只脚，那么这把椅子一定要倒下来。另外，朱熹还讲过，我们大家每天早晨起来都要照镜子，镜子是可以照人的，脸洗干净了没有，这就要照镜子。没有哪一个傻瓜拿着木板子来照的。朱熹还讲水一定是往下流的，那火焰呢？一定是往上烧的。朱熹讲的这几个现象都是自然界的必然现象。

朱熹实际上讲的是自然界的规律。四只脚的椅子为什么抽掉一只脚要倒，这在今天的物理学上可以解释。为什么镜子可以照人，木板子不能照人，这在物理学上也是可以解释的。朱熹学派所讲的“理”具有必然性，具有规律的内容。

朱熹所讲的“理”有双重含义：一种“理”叫“在物之理”，就是刚才讲的椅子、镜子、水、火这些“物”所具有的“理”。同时，还有“在心之理”，在人的头脑里面，或者说，在人的思想里面的这种“理”。这种“理”叫什么？就是通常所讲的忠、孝、仁、义这样一系列的道德伦理概念。所以说，朱熹所说的“理”具有两方面的内容：一个讲的是物质的规律，物的必然性，另外，就是讲的人的道德伦理观念。朱熹的“理”是把客观物质世界的规律和人的道德伦理综合在一起，用人必须遵守规律来论证人必须服从忠、孝、仁、义这样一些伦理道德观念。

朱熹认为，这个“理”是天赋于人，老天爷给人的，人人先天具足，生下来就什么都有，什么都完美无缺。那么，为什么人还有千差万别呢？主要是由于“气禀”不同，金、木、水、火、土，这五行叫气，有的人“金气”多一点，有的人“水气”多一点，有的人可能别的什么气多一点，或少一点，这种情况，叫“气禀之偏”，偏于某一方面了，不全了，不完美无缺了。

另外，朱熹认为，还有人的物质欲望这个因素也会影响人的天赋之“理”的表现，朱熹把它叫作“物欲之私”。一个“气禀”，一个“物欲”，使人先天具有的这种“理”被蒙蔽了，遮盖了。怎么办？朱熹认为，有两条路线可以解决。一条路线叫向外用功，一条路线叫向内用功。什么叫向外用功呢？就是“今天格一物，明天格一物”“今日穷一理，明日穷一理。“格”的物多了，穷的理多了，你的天赋之“理”也就恢复了，回来了。朱熹所说的这个“格”字，你可以把它当成研究去理解。今天研究一件事，一个物，明天你再研究一件事，一个物；今天你去讨论、探索一个道理，明天再去探讨另外一个道理。朱熹认为，天地之大，万物之多，要一件件，一个事物一个事物地去研究，去探索，这个叫“格物”。

朱熹认为，“穷理之要，必在读书”。在探讨、研究自然和社会各种事物的时候，最重要的是读书，就是说，你要去探讨真理，首先要做的是读书，特别要读儒家学派的书。

今日格物，明日格物，这叫向外用功。还有另外一条路线叫向内用功，什么意思？就是要省、察、克、治。省是反省自己。察，考察自己。克是克服自己。治，是治理管好自己。这些讲的都是人的自我道德修养。朱熹提倡，要用一种很严肃、很诚恳的精神去进行省、察、克、治等，自我修养。态度很严肃，很诚恳，这叫“主敬”，“敬”就是要严肃，要恭恭敬敬、诚诚恳恳，和我们今天提倡“敬业”精神的“敬”，意思差不多。

向外用功也好，向内用功也好，干吗呢？目的是把人的各种欲望，特别是不正当的物质欲望去掉，把老天爷给你的伦理道德观念保存起来，发扬起来，这就叫“去人欲、存天理”。朱熹认为这样做了之后，人就不是一个普通的人，就成为圣人，成为贤人了。

朱熹还提出来，“要先知后行”。在知行关系问题上，朱熹主张首先要知，比如说你从北京到贵阳来，你首先要了解一下贵阳在什么地方？怎么样才能从北京到贵阳，所以要“先知”，将“知”放在第一位，先要认识，先要了解，然后你才能够行，去进行道德修养。

朱熹的学问是明清时期的官方哲学，长期在思想界占据着主流和统治地位，统治者觉得这一派的学说很稳妥，很正当，没有多大弊病，也没有偏激不当之处，所以除了南宋后期一段很短的时间外，统治者大都提倡这一学派，表彰这一学派。

朱熹学派之外另外一个学派就是“阳明学派”——明朝的浙江人王阳明所创立的学派。这个学派的创始人是南宋的陆九渊，所以又称为“陆王学派”。贵州的学者，贵州的百姓可能都知道“阳明学派”。昨天我们到贵阳，下午就参观“阳明祠”。我也了解到，贵阳附近有一个地方叫修文，修文有“阳明洞”，是王阳明修养的地方。王阳明当年在贵州，特别在文教方面留下了深刻影响，是著名的儒学大师之一。

“阳明学派”跟“朱熹学派”有很多不同的地方。朱熹认为“性即理”，王阳明则认为“心即理”，还说什么“心外无物”“心外无理”。什么是“心”？讲的不是存在于人体内的永远跳动的物质的心，而是讲的人的感觉和知觉。王阳明认为，人的感觉、知觉和人的伦理观念是同一体。他有一段很著名的论证：耳朵是人一生下来就能听，具有很高的听力，眼睛是人一生下来就能看，具有很高的视力，这就叫“耳自聪，目自明”，是人的天赋生理功能，不需要后天的学习和培养。每个人都是这样，除了先天的遗传的残疾人，正常的人一生下来都如此，王阳明把人的这种能力叫“良能”。由此，王阳明认为人有一种天赋道德观念，见父必定知孝，见兄必定知悌，懂得孝敬父母，尊敬兄长。在王阳明学派看来，人的伦理道德观念，忠、孝、仁、义这些道德观念，和人的生理功能是综合体，是一致的，叫“良知”。

既然人生下来耳朵就能听，眼睛就能看，与生俱来，本无欠缺，不必他求，人人如此，自然，不需要再去学习，不需要再去追求，这就叫“心即理”。与“心即理”相联系的是王阳明的“致良知”学说。王阳明认为，良知就是人的天赋道德观念，人一生下来，就有道德观念，它是完整的，不学而知，不虑而能，既不需要学习，而且也不需要思考。这样的话，就必然得出一个结论，如果道德观念是不需要学习，不需要思考，不需要后天培养的话，那么向内用功，恢复这个“良知”就可以了，何必要像朱熹那样主张向外用功，费那么多精力去研究万事万物呢！这个恢复天赋“良知”的过程，王阳明称之为“致良知”。

王阳明主张一个人最重要的不是要去研究天，研究地，研究世界上的万事万物。而是首先要发明、找到天赋的人的本心。如果你能将道德观念作为自己的主宰，懂得道德观念是怎么回事，那么人的各种各样的、不正当的欲望就会自动消除。这就是所谓“主于道，则欲消”。所以“阳明学派”和“朱熹学派”都主张“去人欲，存天理”。但是，途径不同。朱熹是主张格物穷理，一件件事物去研究，一个道理一个道理地去探讨，而王阳明则主张，只要把人的本心所具有的道德观念恢复了，发现了，那么各种各样的不正当的欲望自然就会消除。

在知行关系上，朱熹主张知先行后，先要知然后才能行，王阳明主张知行合一，不分先后。

阳明学派以朱学的反对派的面貌出现，他强调人的感觉、知觉，人的思维，也就是强调人的主观精神。在反对权威主义，教条主义，本本主义这些方面起过思想解放的作用。但是，由于强调人的主观精神，强调人的感觉、知觉，而人的感觉、知觉又因人而异，没有标准，没有规范，因此历代的统治者对王学总是不放心。觉得它有可能从这里出现一个缺口，产生一些异端的思想，所以历代统治者大部分不把王阳明学派列为正宗的儒学。

明清以来"程朱学派""陆王学派"经常互相攻击。其争论的要点如下：

第一，"支离"与"简易"之争。王阳明这一派批评朱熹那一派"支离"。什么叫"支离"？就是说，你要培养自己的道德观念，直接向自己的内心去找寻就可以了，干吗兜着圈子、绕着弯子去了解天地万物，这叫"支"，"支"就是兜圈子，绕弯子。"离"，就是离开了培养道德观念这个根本的目的。为什么镜子可以照人，木板子不能照人，你研究了半天，把原理搞清楚了，对你培养道德观念有何作用？王阳明年轻的时候，有一天他对着竹子观察、研究，想从竹子的生长悟出道德应该怎么培养，怎么成为圣人、贤人。大家想，你对着竹子在那里发呆，在那里朝思暮想，当然对你的道德观念的形成没有作用。所以说，王阳明认为朱熹的办法"支离"。"支"，走了岔路，绕了弯子，"离"，离开了道德培养这个根本目的。

朱熹学派批评陆王学派“简易”：不必研究万事万物，也不必读书穷理，太简单，太容易了。

第二，“宗经”与“六经注我”之争。朱熹主张，“六经”，孔子、孟子的著作是“理”的最完备的体现，世上的人，都必须将六经和孔、孟著作做根本，做规范，不能离开，更不能背弃。“阳明学派”认为，“宗经”、读经都并不太重要，如果我掌握了“道”，把自己的道德修养这个问题解决了，“六经”不过是对我自己思想的一个解释罢了，这叫“六经注我”。按照这一说法，圣人孔子、孟子讲的话，不过是我心里面想讲的话。在这里，“我”处于第一位，作为标准、作为规范的就不是“六经”，不是孔子、孟子的话，而是“我”了。

第三，“读书穷理”与“束书不观，游谈无根”之争。朱熹主张“读书穷理”，要多读书，一书不读，则缺乏一份道理。“阳明学派”由于强调首先要发明人的本心，所以不那么强调读书，特别不强调多读书，苦读书，其末流就产生一个偏向，叫什么？“束书不观”，把书捆起来根本不用去看，“游谈无根”，海阔天空地神聊、神侃，没有根据。

第四，“窒欲”与“认欲为理”之争。“朱熹学派”主张人的欲望是坏东西，要尽可能把它堵塞了，窒息了。他认为“阳明学派”有可能产生一个偏向，就是把人的欲望，人的生理欲望看成是合理的，符合伦理道德的。

这两个学派在明清时代互相批评，互相攻击，一直吵嚷不休。

以上是我讲的第一点。希望大家对于“宋明理学”，对于“朱熹学派”和“阳明学派”的基本内容有一个概略的了解。

二、蒋介石与宋明理学

蒋介石少年顽劣，是一个调皮、顽劣、很坏的小孩，养成了许许多多坏的毛病。蒋介石自己讲，“狭邪自娱，沉迷久之”。“狭邪”什么意思？泡妞儿，搞“三陪”，蒋介石承认，青年时期，有很多时间泡在妓院里面，泡在“三陪”这种场所。

蒋介石还有八个字，都是他自己的回忆，说年轻时候“荒淫无度，惰事乖方”。惰事，做事不勤快；乖方，不正派，不正确。蒋介石还讲自己少年时，“师友不良，德业不讲”，老师既不怎么样，交的朋友都是些狐群狗党，完全不讲求个人的道德修养，到了今天，我要想“正心修身，困知勉行”，已经晚了。可见，蒋介石年轻的时候，生活相当荒唐，相当不正派。

蒋介石什么时候开始改变的呢？大的关节是1916年，1916年有一个人叫陈其美，被暗杀了，蒋介石很悲伤。陈其美是辛亥时期的一个革命家，孙中山的助手，是陈其美把蒋介石介绍给孙中山，是陈其美介绍蒋介石参加同盟会，成为革命者，可以说，陈其美是蒋介石参加革命的引路人。

1916年，陈其美被袁世凯派人在上海暗杀了，这件事情给了蒋介石非常大的刺激，所以他就立志要学习陈其美，要做陈其美的接班人。而且，这以后蒋介石就立下一个志愿，他要做中华民国的模范。

怎么样学习陈其美？怎么样做中华民国的模范呢？蒋介石找到的办法就是学习儒家学派的理论。儒家学派认为修身是人生的第一大事，也是各项事业的起点。儒家的重要著作《礼记》里面有一个篇目叫《大学》，里面讲什么呢？“大学之道在明明德”，说的是，一个人最大、最重要的学问是，首先要研究，要弄明白自身本有的无比光辉的道德（明明德，第一个“明”是动词），而且《大学》里面又规定了修身、齐家、治国、平天下这样一套人生的程序。

怎样“修身”？到了宋明时代，道学家们在孔子“克己复礼”思想的基础上进一步提出了以“去人欲，存天理”为核心的一系列修身主张。一方面将儒学伦理规范上升到天理的高度；一方面前所未有地、细致地设计了各种遏制人欲的办法。这一套，正适合蒋介石修身，做中华民国模范的需要。蒋介石为什么信仰儒学，为什么特别信仰宋明理学，主要的目的在修身，进行个人道德修养。

我们还是用蒋介石自己的话来说吧。蒋自称：“回沪后，乃即东渡亡命。”1912 年那一年，蒋介石把另外一个革命党人陶成章刺杀了，事后他逃到日本，到了日本以后，专门研究宋明理学，力求端正品行，改变自己原来许许多多的坏毛病。在这个时候看谁的书呢？看曾国藩的书。看到什么程度？看到眼睛都坏了。蒋介石还说，民国三、四年间，就是 1914 到 1915 年这段时候，感到自己在道德方面有很大的进步，常常感到昨天错了，今天努力不够。为什么会有这种感觉呢？其原因在于经常读曾国藩、王阳明、胡林翼三个人的著作，觉得有心得，有收获，甚至于做梦的时候也忘不了这三个人的著作。

从此以后，蒋介石一生经常处于反省过程中。宋明时候，有些理学家有一个小本，这个小本叫“功过簿”。什么叫“功过簿”？做什么好事了，在这个本上画个红圈；做什么坏事了，画个黑圈。有什么好的念头了，画红圈；有什么坏的念头了，画黑圈。蒋介石没有“功过簿”，但是他有日记，日记就发挥了“功过簿”同样的作用。蒋介石的日记从1915年开始一直记到1972年，前后记了53年。蒋介石记日记的作用之一就是：自我反省，克己复礼。

我举一些比较具体的例子：例如：

1920年1月17日，蒋介石日记说：“中夜，自检过失，反复不能成寐。”这一段是说，半夜检讨自己的毛病，反反复复，睡不着了。

1922年10月25日日记说：“今日仍有几过，慎之。”这段日记是说，检查的结果，发现几处毛病，提醒自己要当心。

1925年2月4日的日记说：“存、养、省、察功夫，近日未能致力。”存，保存自己的良好道德。养，培养自己的良好道德。省，反省。察，检查。蒋介石提醒自己，近来，有几天没有下工夫进行个人的道德修养了。

1925年9月8日，蒋的日记又讲：“每日做事，自问有无疚心。朝夕以为相惕。”要求自己每天做事的时候，自问有没有感到惭愧、自咎的地方，早晨、晚上都要这样想想，提高警觉。

蒋介石为什么要这样检讨，每天反省呢？蒋介石年轻时候有许多坏毛病，其中最大的毛病是好色。蒋介石为了要做中华民国的模范，为了道德自我完成，所以他跟自己的好色这个毛病进行过长期的、反复的斗争。为了说明这一点，我们还是看他的日记吧：

1919 年 3 月，那段时候，蒋介石被孙中山派到福建去带兵打仗，在福建建立一块革命的根据地。中间，蒋介石请假回上海，路过香港，3 月 8 日，他的日记说："好色为自污、自贱之端，戒之、慎之。"提醒自己谨慎小心，别犯错误。但是，这一天，蒋介石"见色起意"，看到一个漂亮的女孩子，动了念头，于是在日记里面为自己"记过一次"。

第二天，他又写日记，勉励自己要经受住花花世界的考验，说是："日读曾文正书，而未能守其窒欲之箴。在闽不见可欲，故无邪心，今初抵香港，游思顿起，吾人砥砺德行，乃在繁华之境乎！"曾文正，就是曾国藩，他要求人们堵塞、遏制物质欲望。蒋介石检讨自己，虽然每天读曾国藩的书，但是，却未能遵从他的"窒欲"的教训。在福建时没有见到漂亮女孩子，所以没有产生过"邪心"，现在到了香港，各种各样的念头（游思）就都冒出来了，这可是"砥砺德行"，进行个人道德修养的好机会呀！

蒋介石把繁华世界看成是锻炼自己品德的好机会。这一段时期，蒋介石的日记里面留下了大量的自我控制和自我放纵的记载。

例如：1920年1月6日，日记说："今日邪心勃发，幸未堕落耳。如再不强制，乃与禽兽何异！"这一天，蒋介石有了"邪心"，很强烈，但是幸亏自我控制，没有堕落。蒋介石说，如果不强行控制，抑制冲动，那与禽兽有何区别！

过了几天，1月14日，蒋介石晚上外出游荡，大概游荡到妓院或者是"三陪"的场所里去了，蒋介石在日记中骂自己说："身份不知堕落于何地！"

第二天，蒋介石从外面回来的路上又起"邪念"，日记说："何窒欲之难也！"遏制、堵塞自己的欲望怎么这样困难呀！

1月25日，蒋介石在路上走着走着，又产生了不正当的念头，日记说："徒行顿起邪念。"宋明理学家主张"一念之萌"，就是一个念头刚刚产生时，就要考虑这个念头是"天理"还是"人欲"。如果这个念头是好念头，符合道德观念，那就"敬以存之"，恭恭敬敬地严肃地把这个念头保存下来；如果这个念头属于人的欲望，那就"敬以克之"，很严肃地克服它。我刚才举的这些日记，大体上都属于"敬以克之"一类。

年轻的朋友可能没有经过"文化大革命"，年纪大的朋友都经过"文革"。"文革"的时候林彪曾经讲过一句话，叫"狠斗私字一闪念"，就是你这个脑子里有个念头一闪，如果这个念头不对，就要"狠斗"。大家看了我上面介绍的日记，蒋介石是不是有一点"狠斗私字一闪念"的味道？我刚才讲到，蒋介石早年身上有许多坏的毛病，在他的修养过程里面，有的毛病得到克服，克服得不错。例如，我刚才讲到的，蒋介石早年好色，生活放荡。但是从中年以后，这个毛病改得就比较好了。所以我们今天要找蒋介石的绯闻，中年以后找不到（有些这方面的传闻，不可靠）。但是有些坏毛病是终身难改。例如，蒋介石爱骂人，爱发脾气，这些毛病几乎跟着蒋介石一辈子，蒋介石想改，但是没改掉。

三、蒋介石与王学

蒋介石初次研究王学在民国初年，也就是在 1914 到 1915 年间，蒋介石想改自己的坏毛病的时候。我讲他读了三个人的著作，其中一个就是王阳明。

蒋介石再次研究王学在 20 世纪 20 年代到 30 年代。1926 年 11 月 17 日，蒋介石从江西九江出发，在车里面读《阳明格言》。1931 年 7 月 26 日，读王阳明的《年谱》，觉得“有益”。8 月 31 日日记记载：“今日看《阳明集》，认此为救国之本，当提倡之。”当时，蒋介石正在想办法对付广东的地方政府，他觉得可以从王阳明的书里面找到救国的道理。

蒋介石最肯定、最欣赏王阳明的“知行合一”学说，但是孙中山却最不喜欢王学，在《孙文学说》中给过严厉批判。蒋介石在 1932 年 5 月、1950 年 7 月，两次出面演讲，说明王阳明和孙中山在“知”的认识上各有不同，但在重视“行”这一点上完全一致。

四、蒋介石与朱学

民国初年，蒋介石读曾国藩的书，是他研究朱学的开始。蒋介石再次研究朱学，约在 20 世纪 20 年代末。1929 年 7 月 18 日，他的日记记载，正在读朱熹的全集《朱子全书》。1933 年 8 月 13 日、14 日，蒋介石住在庐山下面的白鹿洞，这是当年朱熹讲学的地方，蒋介石在日记中写道："所游之地，所到之处，皆为当年朱子亲历之境，身入圣域胜地，而不能身体力行，复兴中华固有之道德而发扬光大之，岂不有忝所生乎？"到了朱熹当年讲学的地方，蒋介石觉得不能够像朱熹那样，身体力行，发扬光大中华的固有道德、文化，觉得很惭愧，白活了。

蒋介石研究朱熹的学问有一个特点，他试图把德国的黑格尔哲学和朱熹的哲学结合起来。1940 年 2 月 1 日他有一篇日记，记述阅读中国学者研究黑格尔的书《黑格尔学术》，联系朱熹的"太极学说"，觉得有心得，认为朱熹的学说实在是"中华唯一哲理"，给了朱熹哲学非常高的评价。

蒋介石还将自己和朱熹比较。朱熹生前，曾经认为自己的短处在于"急迫浮露"，没有"雍容深厚"的风度。2 月 17 日，蒋介石检讨自己，认为朱熹的短处正是自己的毛病，急躁、外露，不冷静，不含蓄，不从容，不深厚。

可以看出，蒋介石对于阳明学派，对朱熹学派都给予高度的评价。但是，在四十年代，蒋介石思想却有很大的转变，这个转变就表现在对于“理学”的怀疑和对“颜李学派”的肯定上。所以，蒋介石并不是一辈子都信奉“宋明理学”的，有一段时期，他对“宋明理学”是怀疑的。这一点，到目前为止还很少有人知道。

五、对颜（元）、李（塨）学派的赞扬，对理学的怀疑

1942年，蒋介石看梁启超的一本书,《中国近三百年学术史》，里面有一章，论述“颜李学术”。颜是颜元，李是李塨。都是明末清初的学者。梁启超把他们称为“实践实用主义”。蒋介石日记说，我花半天的工夫把“颜李学术”这一章读完了，非常敬佩颜、李这两个人学术的伟大。以他们两个人的学术成就，实在可以称为“汉唐以来罕有之大儒”。而且，他们的学术完全和我提倡的“行的道理”相同。蒋介石说，原来我自己很得意，认为“不行不能知”是自己的一大发明，可谓“发前人所未发”。现在发现，颜元先生在我之前已经讲过“不知只是不行”这样的话，感到敬佩和安慰。当年孔祥熙在孔子诞辰时要我发表《孔学宗旨》一文，因为心不自安，没有发表，否则还要作文更正。现在，读了《颜李学术》之后，对于宋明的“程朱陆王”之说“更增疑问”了。

《大学》里有一句话，叫“致知在格物”。对于这一句话，历来的儒家有很多很多解释。其中有唯物主义的解释，也有唯心主义的解释。蒋介石在1942年8月28日的日记中讲，什么叫格物呢？“格物之格，以研究而后分析，分析而后明别，确

定其物事之理性是也。简言之，分析其事物之理性，谓之格物也。”将“格物”解释为去研究、去分析事物的道理，这是唯物主义的解释。

过了几天，蒋介石又在日记中写道：“《颜李学案》在途中得以窥见大略，开拓我此生之学业最大，若不见此，几乎为程朱陆王之学误此一生矣。”还是赞扬颜元、李塨学说，后悔朱熹、王阳明等人的学说害了自己。

第二年，1943 年 8 月，蒋介石在《上星期反省录》又写道：习斋（就是颜元）、庶谷（就是李塨）的话，都是“先获我心”之言。自从去年我在兰州读到了他们的书，对于中国学术传统的观念，就“彻底改变”，这些改变，都由颜、李的书“得益而来”。还写道：本周看梁任公著《近三百年中国学术史》，读到“颜李学案”手不能释卷，更觉此书重要。

我讲上面的情况，就是说明蒋虽然崇拜朱熹和王阳明的学说，但是在 20 世纪 40 年代，一度对“朱熹学派”和“阳明学派”产生怀疑。大家看中国哲学史的话，你会发现颜元的学术、李塨的学术被公认为符合唯物主义思想。

六、晚年蒋介石对“朱学”“王学”的新认识

蒋介石到台湾以后重视科学，提出“科学第一”的思想，哲学思想也随之变化。1949 年，蒋介石丢掉中国大陆，到了台湾，很沉痛地进行自我反省。提了八个字的新口号叫“科学第一，教育优先”。这时，对于“朱学”，对于“王学”，有

了新的认识。

开始的时候，他对王阳明还是很佩服，感叹阳明的学问简易精博，愿“终身私淑”，做王阳明的学生。什么叫“终身私淑”，就是没有正式拜师，但终身愿意当王阳明的学生。

但是这一时期，他再度阅读“颜习斋学案”，表示要重新研究。同时，对于朱熹、王阳明两个学派之间的争论也有批评，认为像王阳明这样的学者把朱熹的学说看成敌人，大可不必，这就是“意气之争”。他说：“此种心物之理，不能固执一偏（不能够只看一个方面）。阳明以晦庵（朱熹）为有误，则可照其已意解释，不必以敌对相视也。”他表示，阳明说“理在心”可以，但认为“物无理”，则不可。他说：“至今科学之理，则物有其理更明矣。”

蒋介石对王阳明的最严厉的批评表现在 1962 年 6 月 22 日的日记里面，他说：“阳明认为心之外无物，乃是陷于极端唯心主义。试问无物，何有人的世界耶？”这是蒋介石晚年对王阳明学说的最严厉的批评。到了 1968 年，他继续研究朱熹和王阳明关于“无极而太极”的辩论，认为朱熹的学问“近于科学”，而王阳明的学问“近于唯心”。

蒋介石批评王阳明对“物”的解释。对什么是“物”，王阳明有自己特别的解释。他说什么是物，事就是物。所以蒋介石批评王阳明“将具体之实物于不理，乃对于中国科学研究发生不利之影响”。例如，王阳明早年研究竹子，但他不懂得生物学，也不懂得物理学，所以研究不得法，在竹子面前苦思苦想了半天，最后失败了。到了 1970 年 5 月，蒋介石去世之前 5 年，他又写了一段话，他说：“致知在格物，在近时科学原理读之，尤觉其释词正确。”他说，千年以前，持有这一思想，除了朱熹以外没有第二个人。这是因为，当时儒家有所谓唯心论，只知道有“心之理”，而没有“物之理”。所以对朱熹的“格物致知”之说“诋毁排斥，无所不至”，以致中国之大，到现在还很落后，很衰落，受到世界各国的欺负、侮辱。

蒋介石夸奖朱熹说：自孔子删《诗》《书》，作《春秋》以来，能够使中华文化连续不断地发展的，朱熹是“第一人”。这就表明，蒋介石从原来欣赏王学到欣赏朱学，充分肯定朱熹在保存和发展中国文化上的功绩了。

1970 年 10 月，蒋介石再次在日记中批评王阳明的“事物观”。他说：“（阳明）以事为物，事物不分”，这是阳明“格物”之说的“最大错误”，“难怪后之学者认为其唯心论也”。他表示：“事为内心，物为外表，不能混为一谈。”

王阳明曾经在贵州生活、工作了很长一段时期。贵州有些学者对于阳明学评价比较高，和蒋介石这里的评价有很大的差距。其实，朱学与王学各有其特点，各有其贡献，也各有其局限和消极影响。我们的任务是消除门户派别和地域之界，实事求是还原其本来面目，科学地、全面地评价其学说和影响。蒋介石在日记里表述的看法可以作为进一步研究“宋明理学”的一种参考意见。我借今天讲座的机会，把它们介绍出来，跟贵州的学者共同研究，共同讨论。

蒋介石重视宋明理学，重视个人的道德修养，这使他在个人修身上做出了成绩。刚才我讲到，蒋介石早年生活荒唐，但是，中年、晚年生活比较正派。除了“修身”之外，我觉得他在“齐家”方面也还做出了一些成绩。

这里我讲蒋氏家族几个人的例子：

一个是宋美龄。宋美龄一生虽然是蒋介石的夫人，但是不干政，她干政的几件事情都是好事情。例如抗战期间她到美国访问，游说美国朝野，争取美国同情和支援中国抗战，这是好事情。例如，宋美龄曾经支持中国建设空军，对于抗战时候中国空军的建设起了好的作用。

蒋介石培养蒋经国也培养得不错，蒋经国对于建设台湾，开放党禁，开放老兵回乡探亲，对于促进海峡两岸的交流做出了贡献。

蒋纬国，蒋纬国不是蒋介石的亲儿子，是戴季陶的儿子。抗战胜利以后国民党的大员从重庆到了南京、上海，搞“五子登科”，抢五样东西，抢什么呢？抢房子，抢车子（小汽车），抢条子（金条），抢票子（钞票），抢婊子（姨太太）。蒋纬国也趁这个机会在上海抢了一座别墅，蒋介石知道以后，在日记里边写了一段话。说“此子败坏家风”，让蒋经国通知蒋纬国，赶快把抢来的别墅交回去。蒋孝文是蒋介石的长孙，是蒋介石最疼爱的一个孙子。有一年在台湾结婚，和他的新婚夫人向公家要了一辆敞篷吉普车，到日月潭去兜风。蒋介石知道以后，在日记里写了一段话，大意是“招摇过市，影响太坏”，马上通知蒋孝文把吉普车退回公家。上述事例说明，蒋介石研究“宋明理学”，除了个人修身，自己进行道德修养之外，在“齐家”方面应该说也还做得可以。

儒家学说是讲“修身、齐家、治国、平天下”的，在“治国、平天下”方面，应该说蒋介石的成绩很差。在这一方面“宋明理学”没有能够向蒋介石提供有积极意义的内容。毕竟“宋明理学”是中世纪的思想遗产，解决不了二十世纪中国的问题。

七、理与欲——人类的永恒矛盾

“理与欲”，道德伦理和人的欲望之间存在着永恒的矛盾。只要有人类，一定会有道德观念和人的欲望之间的矛盾。人类永存，理和欲的矛盾永存。

人的欲望，人的需要，是人类社会和文明不断发展，不断进化的驱动力。例如，口之于味，使人类发展出各种各样的美食。目之于色，使人类发展出缤纷艳丽的色彩、图案和绘画。耳之于声，使人类发展出各种优美动听的旋律。足之于行，人想走得更快，于是就创造了汽车、火车。人想像鸟那样飞翔，于是就发明了飞机。如此等等。因此我们说人的欲望，人的需要不是罪恶。不能禁欲、窒欲。

但是人的欲望是无穷的，是难以完全满足的，听任物欲横流是危险的，可怕的。所以要用“理”，用道德伦理观念来约束，来控制欲望，这个思想叫“以理制欲”，用道德，用伦理来控制、约束人的欲望，这个思想我认为还是合理的，是正当的。

我们一方面要反对僧侣主义，反对禁欲主义，同时又要反对纵欲主义，享乐主义，反对奢靡之风。儒学，特别是“宋明理学”提出了理和欲的矛盾，主张“以理制欲”，是对人类思想史的重大贡献。

宋儒曾经讲十六个字，叫十六字“心传”:“人心惟危，道心惟微，惟精惟一、允执厥中。”什么意思？“人心”，指人的生理上的欲望，“惟危”，很危险;“道心”，指人的道德观念，伦理观念，“惟微”，微细而不能够看到。那么我们应该怎么办？“惟精”就是精益求精，“惟一”就是专心致志，“永执厥中”，就是保持一个恰当的标准，采取恰当的处理。“中”，就是《中庸》所讲的“中”，“无过无不及”，既不要过头、过激，超越、超前，也不要落后、不足，不到位。我觉得这“十六个字”有道理，人必须正确地处理道德伦理和人的欲望之间的关系。

作为政府，作为执政党，应该充分发展物质生产和精神生产，最大限度地满足人民群众的合理的物质和精神的欲望。但是，也必须提倡道德观念和个人修养，将依法治国和以德治国结合起来。就是说，人的物质欲望，人的精神欲望是合理的，正当的。所以，国家、政府、执政党，应该充分地发展物质生产，充分地发展精神生产，满足人民的群众的合理的欲望。但是，还必须提倡道德观念，提倡个人修养。一方面依法治国，一方面以德治国，前天王蒙同志已经讲得很多了，我这里就不多讲了。所以说以理制欲，用道德伦理来约束、控制人的欲望，这是防治资本主义社会物欲泛滥病的有效药剂。资本主义社会最大的弊病就在于贫富两极分化，金钱万能，物欲横流。用什么来解决资本主义的病症？这就要提倡以理制欲。我觉得，这也是反腐、防腐的有效良药。这些年，我们揭露了不少腐败分子，揭露了不少贪官，他们之所以成为腐败分子，成为贪官，原因何在？不就是不能够控制自己对金钱的欲望，不能控制自己肉体的欲望嘛！贪污了一千万还不够，还要贪污两千万，贪污三千万，贪污上亿。一个二奶不够，还要两个二奶，三个二奶，几十个二奶。所有的腐败分子，所有的我们现在已经抓出来的“老虎”，都在于他们不懂得“以理制欲”，用道德来控制自己的欲望。

以上是我今天报告的全部内容，就到此为止。谢谢大家听我冗长而不大好懂的讲演，谢谢大家！

2013 年 6 月 28 日于贵阳，略有增补

朱熹的“变天”诗

朱熹是哲学家，不过，他很喜欢写诗。他的诗，也有写得很不坏的。这些，先不谈，想谈的是给他带来麻烦，差一点惹下大祸的诗。

福建崇安是朱熹的第二故乡，该地的武夷山是有名的风景区。南宋淳熙十年（1183），朱熹在那里修了一座别墅，称为武夷精舍，是收徒讲学的地方。第二年（淳熙十一年），朱熹在精舍闲居时，曾和朋友们乘着小船，游山玩水，颇得其乐，高兴之余，写了十首《棹歌》。棹歌者，船歌也。这十首歌是：

武夷山上有仙灵，山下寒流曲曲清。
欲识个中奇绝处，棹歌闲听两三声。

一曲溪边上钓船，幔亭峰影蘸晴川。
虹桥一断无消息，万壑千岩锁翠烟。

二曲亭亭玉女峰，插花临水为谁容？
道人不复阳台梦，兴入前山翠几重。

三曲君看架壑船，不知停棹几何年？

桑田海水今如许，泡沫风灯敢自怜！

四曲东西两石岸，岩花垂露碧毵毵。
金鸡叫罢无人见，月满空山水满潭。

五曲山高云气深，长时烟雨暗平林。
林间有客无人识，欸乃声中万古心。

六曲苍屏逸碧湾，茅茨终日掩柴关。
客来依棹岩花落，猿鸟不惊春意闲。

七曲移船上碧滩，隐屏仙掌更回看。
却怜昨夜峰头雨，添得飞泉几道寒。

八曲风烟势欲开，鼓楼岩下几萦回。
莫言此处无佳景，自是游人上不来。

九曲将穷眼豁然，桑麻雨露见平川。
渔郎更觅桃源路，除是人间别有天。

武夷山有四十九峰、八十七岩、九曲溪、桃源洞、流香洞、卧龙潭、虎啸岩等名胜。本诗当是歌咏九曲溪之作。第一首总写，第二首以下分写各曲。十首诗除了略有沧海桑田之叹外，主要写自然景色，可以说毫无政治内容。朱熹意想不到的是，十年之后，这首诗却成了他梦想“变天”的证据。

在对道学的态度上，南宋王朝有道学与反道学之争。绍熙五年（1194），支持道学的宰相赵汝愚被免去相位，赶出朝廷，发遣边地，最后病死衡州。在此同时，受到赵汝愚支持的朱熹也受到激烈攻击。御史沈继祖上疏，指责朱熹有“不孝其亲”“不敬其君”“不忠于国”“欺侮朝廷”“哭吊汝愚”“有害风教”等六大罪。其中作为重要证据的就是《武夷棹歌》中的一句诗。他说：当赵汝愚病死衡州，朝野交庆的时候，朱熹却以“死党”身份，带着百余名门徒在野外号哭，并且在诗中写道：“除是人间别有天”。在古代，“天”是皇帝的象征。“除是人间别有天”，不是梦想“变天”是什么？所以沈继祖厉词问道：“人间岂别有一天耶？其言意岂止怨望而已！”按照他的这种逻辑定罪，将朱熹充军、监禁以至杀头都是可以的。然而，正如读者已经知道的，此诗写于十年前，是一首风景诗。“别有天”者，别有洞天，别有境界，别有天地之意，是写自然界的景色变换的，和赵汝愚案根本无关。

为了证明朱熹有“变天”的企图，沈继祖又写道：

> 剽窃张载、程颐之书，寓以吃菜事魔之妖术，以簧鼓后进，张浮驾诞，私立评题，收招四方无行义之徒，以益其党伍，相与餐粗食淡，衣褒带博，或会徒于广信鹅湖之寺，或呈身于长沙敬简之堂，潜行匿迹，如鬼如蜮，士大夫之沽名嗜利觊其为助者，又从而誉之、荐之，根株既固，肘腋既成，遂以匹夫窃人

主之柄，而用之于私室，飞书走疏，所至回应。

朱熹及其门徒们饮食简单，“餐粗食淡”，这是事实，但是沈继祖却和“吃菜事魔之妖术”联系起来，问题可就严重了。宋代民间有摩尼教，尊奉汉代黄巾起义的领袖张角为教祖，那是被认为“吃菜事魔”的，后来发展为有名的方腊起义。沈继祖那么写，朱熹岂不成了方腊第二了吗？

沈继祖说朱熹“或会徒于广信鹅湖之寺，或呈身于长沙敬简之堂”，也是事实。但是，一次是和陆九渊见面，一次是和张栻见面，所讨论的都是道学中的基本理论问题，用今天的话来说，都是学术问题，并未议论时政，然而，在沈继祖的笔下，那是“黑帮”和“黑帮”之间的“黑会”。“潜行匿迹，如鬼如蜮”，不是“黑帮”“黑会”是什么！

沈继祖深文周纳，目的是在政治上将朱熹打倒，使他“永世不得翻身”，但是，沈继祖觉得还不够，于是在疏文中继续提出朱熹的其他罪名，如：收取高额学费，巧计夺朋友之财、接受贿赂等，其中有一条虽不算大问题，但却使朱熹浑身臭烘烘的罪名是：诱引尼姑二人做小老婆，出去做官时公然随身带着，云云。

笔者不拟在这里讨论宋代道学和反道学斗争的是非曲直，本文只想指出，对政敌的这种斗争方式是不可取的。“文革”中有“批倒批臭”一语，意思是不仅要在政治上将人打倒，而且要在思想、道德、生活等方面将人批臭，于是，无中生有、无限上纲、武断事实、牵强附会、任意解释、罗织入罪等手段一一使出，无所不用其极。一般人以为“批倒批臭”是“文革”的“新事物”，史无前例，其实，这倒是敝国的国粹，古已有之的。其例证之一就是上述朱老夫子的遭遇。

图书在版编目（CIP）数据

朱熹：孔子之后第一儒 / 杨天石著 . — 北京：东方出版社，2019.1
ISBN 978-7-5207-0663-6

Ⅰ . ①朱…　Ⅱ . ①杨…　Ⅲ . ①朱熹（1130–1200）—人物研究
Ⅳ . ① B244.75

中国版本图书馆 CIP 数据核字（2018）第 259100 号

朱熹：孔子之后第一儒
（ZHU XI: KONGZI ZHIHOU DI–YIRU）

作　　者：杨天石
责任编辑：闫　妮
出　　版：东方出版社
发　　行：人民东方出版传媒有限公司
地　　址：北京市东城区东四十条 113 号
邮　　编：100007
印　　刷：三河市天润建兴印务有限公司
版　　次：2019 年 1 月第 1 版
印　　次：2019 年 1 月第 1 次印刷
开　　本：889 毫米 ×1194 毫米　1/32
印　　张：10
字　　数：170 千字
书　　号：ISBN 978-7-5207-0663-6
定　　价：45.00 元
发行电话：（010）85924663　85924644　85924641